The Unique World

方寸

方寸之间　别有天地

〔美〕
Frank L. Holt
弗兰克·
L.·
霍尔特—
著

会说话的钱

钱币
与钱币学的
历史

When

Money

霍涵一　茆安然 — 译

Talks

A History of Coins and
Numismatics

社会科学文献出版社
SOCIAL SCIENCES ACADEMIC PRESS (CHINA)

献给琳达

她不仅是我的妻子，也是我的生命

有爱，也有欢笑

不只是现在，也到永远

目 录

前　言

　　我不是为了钱而研究历史，而是研究钱币中的历史。货币——尤其是钱币——能为我们提供有关世上文明发展的大量信息。作为一名古希腊古罗马研究者，我的研究常常依靠钱币，因为其他无法久存的史料已经消逝了。本书中讨论的大多数文物钱币都已历经多个世纪，很可能还会存世更久，无论是纸莎草、纸张还是羊皮卷都无法与之比肩。钱币也许是有史以来最成功的信息载体，不可忽视。

　　以这种方式进行的钱币研究被称为钱币学（numismatics, new-miss-mat-icks），而那些收集、整理和研究钱币及相关物品的人则被称为钱币学家（numismatists, new-miss-mat-ists）。这些术语并不广为人知，与之相关的许多成果更是无人知晓。公众理应对钱币学和钱币学家有更多的了解，为此，我向美国国家人文基金会申请了公共学者项目资助。此类基金用于支持作者以面向大众的写作风格呈现严谨深入的研究成果。这样做的目的不是方便学者与其他专家进行交流，而是使科研人员能够让公众参与探索一个鲜有人关注和了解的课题。我有幸获得了这笔资助，非常感谢它给我提供了完成这个项目的机会。当然，本书中的所有研究成果和观点都是我的个人观点，并不一定反映美国国家人文基金会的立场。我还要感谢休斯敦大学提供的 CLASS 图书完稿补助金，以及美国钱币学会在插图方面给我提供的帮助。

　　许多学识渊博的同事给了我很多建议和支持，尤其是斯坦利·伯斯坦（Stanley Burstein）教授和卡罗尔·托马斯（Carol Thomas）教授在我申请美国国家人文基金时的不吝支持，使我受益匪浅。多年来，卡门·阿诺尔德－比乌奇（Carmen Arnold-Biucchi）、保罗·伯纳德（Paul Bernard）、奥斯蒙德·波佩拉奇（Osmund Bopearachchi）、奥利维尔·波尔多（Olivier Bordeaux）、李·布莱斯（Lee Brice）、皮埃尔·坎邦（Pierre Cambon）、亚历克西斯·卡斯特（Alexis Castor）、克里斯蒂娜·克拉梅罗蒂（Cristina Cramerotti）、弗朗索瓦·德·卡拉泰尔（François de Callataÿ）、理查德·多蒂（Richard Doughty）、尼戈拉·德武雷琴斯卡娅（Nigora Dvurechenskaya）在考古学、档案学和钱币学方面给予了我帮助和启发，在此一并致谢史蒂文·埃利斯（Steven Ellis）、辛西娅·弗里兰（Cynthia Freeland）、杰拉德·福斯曼（Gérard Fussman）、奥利维尔·戈尔斯（Olivier Gorse）、威廉·格雷夫斯（William Graves）、菲利普·格里森（Philip Grierson）、弗朗西斯·约瑟夫（Frances Joseph）、乔里昂·莱斯利（Jolyon Leslie）、夏洛特·麦克斯韦尔－琼斯（Charlotte Maxwell-Jones）、亚历山大·奈马克（Aleksandr Naymark）、瓦列里·尼科诺罗夫（Valerii Nikonorov）、罗伯特·

帕尔默（Robert Palmer）、克里夫顿·波特（Clifton Potter）、穆罕默德·法希姆·拉希米（Mohammad Fahim Rahimi）、爱德华·雷特维拉泽（Edvard Rtveladze）、塔拉·斯韦尔－拉萨特（Tara Sewell-Lasater）和彼得·范·阿尔芬（Peter van Alfen）。这些人都不对我的错误或解释负责。

感谢牛津大学出版社及其优秀的编辑和制作人员。尤其是执行编辑斯特凡·弗兰卡（Stefan Vranka），感谢他永不枯竭的智慧和幽默。我还要感谢高级制作编辑梅丽莎·亚努兹（Melissa Yanuzzi）对本书的贡献。出版社几位外部读者的建议是非常宝贵的，我衷心感谢布鲁克林学院和纽约市立大学研究生中心古典学副教授利芙·雅洛（Liv Yarrow）博士博学而有益的评论。

18个月前，我在和现在完全不同的状态下开始了本书的写作。那时，我的视力尚可，可以自己看书，新冠病毒这个词还没有挂在每个人的嘴边。我之所以能够熬过这段视力受损和疫情管控的时光，多亏了一个人。我把这本书献给她，她是我的眼睛、编辑、读者、司机和坚定的伙伴。我希望，这些书页无愧于琳达自50年前我们第一次约会以来对我的意义。

得克萨斯州，休斯敦

2020年5月

1

引 言

国会有权……铸造货币。

——《美国宪法》（United States Constitution）第一条第八款

强尼的现金

我们每个人都随身携带一本世界历史文化的袖珍指南。翻看钱包里的钞票就像翻阅教科书，整理硬币如同快速阅览塞满文字和图像的小磁盘。在如今的美国，哪怕强尼仅仅是用现金购买一杯苏打水，这些钱都会把现在的生活与漫长而丰富的过去联系起来，过去的生活中充满了重要人物、爱国口号、信仰、历史事件、权力象征，甚至还有古罗马的"死"语言。他可能会认为自己只是在完成一笔解渴的交易，但每当我们与现金打交道时，有更多的事情正在发生。也许强尼从未仔细看过他的钱，也从未研究过它们对他的历史和文化身份的描述。也许强尼——他的妹妹简也一样——都只将钱当作达到目的的手段。强尼也并没有意识到，在他的口袋和简的钱包里，藏着美国历史上许多大事件的遗迹，包括南北战争期间发生的一场巨大的宪法危机。事实上，他花在汽水上的钱可能挽救了联邦，使他母国的各州不至分裂。

铸币，一个短语

1862 年，联邦总司令亚伯拉罕·林肯体会到，战争对财富的消耗就像它对人们生命的消耗一样巨大。[1]传统上依赖金属钱币的货币体系已无法应对内战造成的巨大损失，总统和国会被迫发行了联邦政府的第一套纸币作为法定货币，这挑战了宪法的规定。[2]新发行的纸币被称为"绿币"（greenbacks），因为它使用了独特的防伪墨水（彩插图 1），这种纸币使联邦看到了胜利的希望，但国会是否有权力合法发行纸币却一直受到质疑。[3]战后，最高法院开庭 3 次才解决了这个问题，第一次判决宣布这种行为违宪，后两次判决宣布政府有权印刷和铸造货币。[4]

美国历史上的这一转折点部分取决于一个相当简单的问题："铸币"一词究竟意味着什么？[5]最高法院面临的宪法问题在于，宪法中作为动词的"铸币"是否规定了国会只能发行金属钱币？在 1862 年的货币危机之前，国会的确如此行事，一直只授权一种金属货币（图 1.1），如黄金联邦美元。[6]然而，货币有着非凡而不间断的历史，它既立足于过去，也时刻着眼未来。因此，绿币与黄金并驾齐驱，货币不再仅仅是金属。这就解释了为什么今天人们可以在自己的口袋和钱包里找到对林肯的致敬，而这种致敬不仅被铸在 1 美分硬币上，也被印在 5 美元的钞票上。现在，这二者都是货币，都是在一个国家中以宪法权威铸造的，而这个

图 1.1 美国联邦储蓄银行于发行的 1 美元金币（1849），正反面分别为自由女神头像与花环。 ANS 2010.37.1
Courtesy of the American Numismatic Society

国家在一定程度上是因为对"铸币"一词释义的扩大而得救的。

当下，货币又开始了新一轮的行动，探索网络空间的数字深渊，再次尝试延展"钱币"一词的含义。[7] 比特币（Bitcoin）、莱特币（Litecoin）、拜特币（Bytecoin）、疯狂币（InsaneCoin）、新币（NeuCoin）、迅捷币（SwiftCoin）或狗狗币（Dogecoin）又是什么呢？

这些仅仅是基于区块链技术的众多新型加密货币中的几种。[8] 这种创新货币的发明者试图彻底打破世界对实物现金的长期依赖，他们大胆地挑战了几千年来的货币习俗。[9] 毕竟，比特币与硬币没有一点相似之处（图 1.2），只有基于最不严谨的定义，我们才能称它们是"挖出来的"。通过"挖掘"非金属制成的货币，"铸造"无形的计算机代码，我们再次扩大了货币、钱币和硬币的定义范畴。

加密货币的存在提醒我们，我们永远无法预知明天货币会变

003

成什么样。即便如此，以打制金属为原始形态的钱币仍有可能经受住这一挑战。毕竟，加密货币的拥护者之一、QuadrigaCX 公司首席执行官杰拉尔德·科滕（Gerald Cotten）的英年早逝已经动摇了人们对加密货币的信心。随着他的离世，价值 1.9 亿的客户资金的密码再也无人知晓，而其 11.5 万名客户只能收回一小部分资金，主要是 Quadriga 清算出的有形资产。[10] 用著名企业家马克·库班（Mark Cuban）的话说："没有人认为现金会消失，哪怕比特币最狂热的拥趸也不会这么想。"[11] 硬币已经经受住了纸币、支票簿和信用卡的考验，它们也大概率能够渡过新冠疫情带来的难关，尽管对这种传染病的恐惧促使一些城市禁止在诸如收费站的地方使用现金支付。此前，追踪货币流通以了解大流行病如何在各地之间传播的研究人员已经发现，钱币本身也是问题的一部分。对内罗毕流通的硬币进行的一项研究发现，这些硬币上可能

图 1.2　比特币，无实体的虚拟货币的一个案例
Natali_Mis/Shutterstock.com

携带有人与人之间传播的致病细菌和真菌。[12] 然而，就在新冠病毒传入美国的同时，纽约市紧随旧金山和费城之后，以拒绝现金支付歧视经济弱势人群为由，推动禁止无现金商业。[13] 在促进商业交易和抗击传染病之间的医疗经济领域，钱币体现了一种新的现实。在某些方面，钱币因病毒而获益（见第 2 章）。

无现金社会的现代神话由来已久。1963 年 3 月，作为电影《来自食客俱乐部的人》(*The Man from the Diners' Club*，哥伦比亚电影公司出品）的宣传噱头，《温斯泰德公民晚报》(*Winsted Evening Citizen*）刊登了一则讣告，标题为"现金今日已死"("CASH DIED TODAY")，其中写道："现金，诞生于几千年前，以物易物的儿子、贸易的养子，今日于康涅狄格州温斯泰德，马德河畔的一座美国小城逝世。"[14] 这则消息让广告人欣喜若狂。然而，所谓的"逝者"走出"停尸房"后，至今仍然生龙活虎。自 1963 年以来，美国流通中的现金数量迅速增加，目前已价值数万亿美元。

钱，钱币，货币

货币的概念是不断演变的。最初，"货币"一词及其关联词 [货币化（monetize）、货币的（monetary）、造币厂（mint）、铸币（mintage）] 来源于古罗马女神朱诺·莫内塔（Juno Moneta）的名字，她的形象与造币工具一起出现在一些古代钱币上（图 1.3）。Moneta 这一称谓源于拉丁语 monere，意为"警告"。在古代传说中，朱诺女神会警告古罗马人注意即将来临的危险。古罗马人正是在她的神庙中建造了第一个铸币厂，因此，货币最初就是将金属铸造成钱币的产物。[15]

图 1.3 图拉真时期罗马发行的第纳尔银币（98—117），正反面分别为朱诺·莫内塔头像与造币厂所使用的工具。 ANS 1961.56.1
Courtesy of the American Numismatic Society

作为名词，英文中 coin 一词可追溯到古法语 coing，代表用于在金属上打制图案的楔形模具。[16] 这个意义上的"coin"一词又来源于拉丁语 cuneus，意为楔形，如古代美索不达米亚印在泥板上的楔形文字。我们从中可以得出一个基本的结论：虽然所有钱币都属于货币，但并非所有货币都是钱币，尽管依据法律，每一种美国联邦货币都是"铸造"出来的。货币不一定都处于流通状态，这意味着其中一些货币（包括金属钱币）可能不再是所有公共和私人债务所用的法定货币。古希腊的德拉克马钱币是货币，也是金属钱币，但不再是流通货币；1 张 10 美元的联邦储备券是货币，但不是金属钱币。在必要情况下，啄木鸟的头皮或香烟也可以成为"现金"。从某种意义上说，它们并不都是金属钱币，但在某种程度上又都是"被铸造出来"的。[17] 在 17 世纪的加拿大，没有现金的定居者在政府没有解决方案的情况下把扑克牌作为货币。[18] 第一次世界大战后的德国，恶性通货膨胀迫使陷入困境的社区在铝箔、丝绸和木片上印制自己的应急货币（Notgeld）。越南战争期间，美国国防部为服役人员发行了自己的纸质代币（图 1.4）。驻扎在阿富汗的部队也使用以硬纸板圆片交易的货币系统。

1961 年，英国皇家造币厂试制了一种塑料钱币，但从未将其作为货币在市场上流通；2014 年，黑海附近摩尔多瓦的"德左"地区发行了世界上第一枚流通塑料钱币，有 4 种几何形状，闪烁着不同颜色的荧光。[19] 德国生产了 1 枚嵌有塑料边环的 5 欧元钱

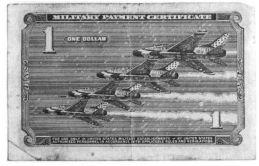

图 1.4　华盛顿美国国防部发行的纸质代币（1969—1970），正反面分别为飞行员和战斗机图案，在越南南部使用。ANS 2018.14.4
Courtesy of the American Numismatic Society

图 1.5　柏林使用铜镍合金和塑料环制成的 5 欧元钱币（2016），正反面图案分别为地球与鹰。ANS 2018.8.1
Courtesy of the American Numismatic Society

币（图 1.5），旨在防止伪造，环的颜色用于识别发行钱币的造币厂。钱能说话，通常情况下是一个比喻，但在蒙古国，这个短语也许可以从字面意思来理解：2007 年，蒙古国 500 图格里克钱币上印有约翰·肯尼迪（John F. Kennedy）的肖像，并且只要按下一个小小按钮，它就能播放这位政治家于 1963 年在西柏林发表的著名演讲的简短录音。这些限量版钱币的售罄速度比钱币收藏家能够说完一句"我是柏林人"的时间还要快。

茶叶、朗姆酒、口香糖和兽皮等商品也一度成为流行的货币。[20] 芬兰语中的"钱"（raha）起源于中世纪对松鼠皮毛的称呼。同样，美国货币中用于称呼美元的俗语"buck"一词曾经指毛皮捕猎者出售的一种真正的鹿皮。英语中的"工资"（salary）一词来源于拉丁语 salarium，即古罗马士兵的配给盐。因此，某物"值得你的盐"（worth your salt）意味着它与你的报酬相称。美洲原住民的货币曾经是"万普姆"（wampum）贝壳珠串，这或许是今天仍在使用的"掏钱"（shell out cash）这一短语的由来。[21]

当我们说钱不是从树上长出来的时候，我们忘记了聪明的中美洲人。[22] 早期的欧洲探险家惊叹新大陆居民珍视可可胜过黄金，并将其作为货币使用（图 1.6）。16 世纪的一位编年史家写道："我很清楚，当我说起树上结钱时，想象力匮乏的人会指责我胡言乱语。"[23] 他将可可称为"快乐钱"（happy money），并高度赞美它给使用者带来的快乐。[24] 虽然我们不能像玛雅贵族那样喝掉我们的钱，但可以通过某种神秘的转换，将纸片、塑料、廉价合金金属或数字代码变成一杯热气腾腾的可可。

自人类最早驯养牛群用以耕种和食用以来，牛及其他家畜就一直扮演着货币的角色。古罗马人通常将财富称为 pecunia，认为它源于"牲畜"（pecus）一词，[25] 由此演变出了英语中的"金钱"（pecuniary）。同理，当我们说穷人"没有钱"（impecunious）时，就是从字面意义上说他们"没有牛"（cowless），犹如得克萨斯人形容假装富有的人"只戴帽子不养牛"一样。当我们说货币意义上的"资本"（capital）时，这个词与动产和牲畜有关。"酬金"（fee）一词可以追溯到古英语中的牲畜（livestock）。因此，每当有人筹集资金、支付费用或满足其他金钱需求时，"livestock"这个词就会在金融市场上游荡。货币往往是一种有生命的东西，在某些文化中，它甚至拥有灵魂。西非的基西（Kissi）货币就是一个显著的例子（图 1.7）。[26] 这种货币最早是在 19 世纪晚期用扭曲的铁棒制成的，其一端有"耳"（nling），另一端有"足"（kodo）。如果一根铁棒断了，它就失去了所有价值，除非经过萨满巫师的适当"治疗"，否则不能作为货币流通。萨满的仪式可以恢复货币的灵魂，使其重新发挥效力。欧洲殖民者最终废除了

图 1.6　作者与在早期中美洲被用作货币的可可果和可可豆
Ben Corda

图 1.7　来自利比里亚的铁质基西货币。ANS 1900. 0000.999.75838
Courtesy of the American Numismatic Society

基西作为货币的地位，但它仍被用于仪式中。

　　　人们对钱币之精神特质的信仰仍以多种形式存在，如将钱币埋入祭坛，声称通过捡到的钱币与死者沟通，将好运"便士"放在便士休闲鞋中，将钱扔进许愿池，以及在风水局中摆放成捆的钱币。[27] 如图 1.8 所示，不列颠三岛的钱币树提供了另一个有趣的例子。[28] 在过去的 3 个世纪中，数以百计的树木、树桩和原木上被嵌入了成千上万枚钱币。这些活动大多是最近发生的，代表

图 1.8 英国格洛斯特郡梅尔斯科特森林中嵌满钱币的钱币树
David JC/Shutterstock.com

着一种持续的演变。最初，留下钱币是为了促进仪式性的疗愈，但这种做法延续下来，因为路人对钱币树的历史并不熟悉，但又不得不参与其中，以免厄运降临。[29]

魔法与神秘

货币的形式多种多样，作为一种复杂的精神结构，在许多情况下可能超越其经济用途，服务于更多的精神、政治、礼仪或司法需求。钱几乎是一个全世界通用的概念，尽管它明显受到文化条件的限制，一个人的钱对另一个人来说可能只是一块普通口香糖。这些特点使钱变得神秘莫测，其魔力超出了其他大多数日常物品。如果说魔力是一种信念，那么普通的东西也能产生魔力，并具有以神秘的方式影响事件的非凡力量，在这种情况下，我们还需要魔杖和巫师吗？巫术已经赋予无用的金属片或塑料卡片以令人敬畏的力量，可以变出一顿饭或偿还一笔债务。不然，为什么这么多人相信我们看不见、摸不着的资产，相信网络账户的炼金术能生产生活必需品？货币上这些奇怪的咒语和符号意味着什么，又是什么为某些特定的图案赋予了更高层级的象征意义？在英国，这样的咒语和符号是"装饰与守护"（DECUS ET TUTAMEN）和一条长着翅膀的龙；在美国则是"他批准了我们的承诺"（ANNUIT COEPTIS）（图 1.9）和一个在未完成的金字塔上窥视的无形的眼球。

图 1.9 美国发行的 1 美元纸币（1957），正反面分别为乔治·华盛顿的头像和符号。ANS 1978.30.10

Courtesy of the American Numismatic Society

当哈利·波特脾气暴躁的叔叔把他锁在柜子里，厚颜无耻地宣称"世上根本没有魔法"时，他忘记了自己身上还带着钱。凡是存在塞满钞票和叮当作响的钱币的口袋或钱包的地方，就没有"麻瓜"，因为用钱购买任何东西都是在施展魔法。最具讽刺意味的是，弗农舅舅日常使用的现金远比哈利·波特的巫师钱币更有魔力。据说，古灵阁银行的金库里存放着由黄金（加隆 / Galleons）、白银（西克 /Sickles）和铜（克努特 /Knuts）制成的钱币：这些材料无论是否被铸成钱币都有其价值。然而，弗农的纸币所拥有的力量则完全来源于他对一种经济魔咒的盲目信仰。一些专家将此类纸币称为"信用货币"（fiat money），因为它的购买力仅仅来自一个官方声明：拉丁语中的"Fiat"即意为祈使语气的"完成这件事！"我们的"信用"一词可追溯到另一个拉丁动词 Credere，意思是"相信或信任"。[30] 店员在结账时会问弗农："现金还是刷信用卡？"而事实上，现金就意味着信用：在购买他的汽油和日用品时，弗农并未使用任何本身就有价值的东西。[31]

弗农舅舅的"神奇"货币，就像林肯的第一张绿币一样，可以追溯到 10 世纪中国开始的一场货币革命。[32] 中国人惯于随身携带大量的贱金属钱币，它们是字面意思上的"现金"；而当中国纸币的持有者可以将纸币"兑现"为规定数额的金属货币时，此种负担减轻了（图 1.10）。13 世纪，马可·波罗行至中国时，他惊叹于忽必烈能够说服人们只用纸片就能买卖一切，哪怕是金银珠宝。[33] 这种货币令马可·波罗疑惑不解，为此他甚至将忽必烈称为炼金术士。数个世纪之后，纸币才在西方国家流行起来，因为欧洲人需要发行者对他们可以用纸币兑换到黄金或白银制的钱币进行切实的保证。[34] 因此，从 1878 年到 1963 年，作为纸币在美国流行的银圆券上都写有一句粗体的郑重承诺：持票人可以在需要时用纸币兑换真正的白银（图 1.9，正面）。[35] 当然这句承诺在今天已经无效了。我们对"山姆大叔"的信心让我们相信百元大钞比一元纸币更有价值，尽管它们在生产原料上并没有什么差别。

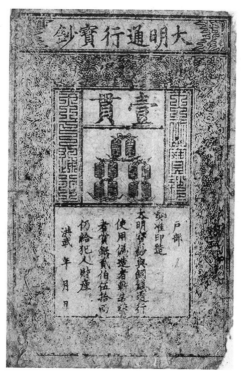

图 1.10　明太祖时期中国发行的 1 贯纸币
（1368—1398）。ANS 0000.999.52979
Courtesy of the American Numismatic Society

钱之所以有用，是因为我们对其信任。这是一种深厚的信仰，无论我们使用的是比特币、可可豆还是信用卡。正因如此，货币这一主题令哲学家、人类学家、道德家和历史学家着迷的程度丝毫不亚于它对经济学家的吸引力。我们对金钱的矛盾和讽刺照单全收，几乎到了可笑的地步；我们追寻它的力量，直至可悲可叹的境地。宗教领袖们敛财靡费，是为了警告人们杜绝奢侈。如果你从生意中赚钱，人们会赞扬你；如果你在地下室造假币，就要蹲监狱。我们在口语中将钱称为面包、卷心菜、蛤蜊、熏肉、饼干、切达干酪、肉汁和面团，但几乎不会将它们中的任何一样在此种语境下误认为食物。破产（broke）意味着你没钱，做经纪人（broker）意味着你大概率赚得盆满钵满。你可以用钱洗衣服，但最好别去洗钱。如果你只剩一点钱，可能会流落街头，而一大笔钱则可以买下一座豪宅。既然用钱可以贿赂他人或支付高价达到目的，那还有什么必要做实事呢？金钱在我们的文化中是如此根深蒂固，以至于我们很少注意到这些讽刺。正如诗人 D.H. 劳伦斯所言："金钱是我们的疯狂，我们巨大的、共同的疯狂。"[36]

同样具有讽刺意味的是，在美国，一名学生可以在学校商店用一张宣称她坚定信仰上帝的钞票（图 1.11）购买一支铅笔，但公立学校却不能在有组织的祷告中公开提到上帝的存在。她使用的钱币上展示着"自由"（LIBERTY）的口号，旁边就是两位蓄奴总统（华盛顿和杰斐逊）的肖像，而美国历史上唯一被印在钱币上的私人住宅是一个古老的奴隶种植园。[37]这个孩子可能会说美国人口普查局统计出的 350 种仍有人使用的语言中的任何一种，

011

图 1.11　费城造币厂生产的铜镍合金 5 美分硬币（1988），正反面分别为杰斐逊头像与蒙蒂塞洛庄园。ANS 1988.144.8
Courtesy of the American Numismatic Society

但只有其中两种（英语和意大利语）出现在了她的钱币上。[38] 当她在钱币上读到"E PLURIBUS UNUM"（"合众为一"）时，可能会对这第三种语言——拉丁语感到困惑，或许她一辈子都不会知道这个词组的意思，也不会明白组成这个词组的字母数量的意义（该词组中恰好有 13 个字母，指最初的 13 个殖民地）。[39] 她的父母可能会奇怪为什么反对纸币的安德鲁·杰克逊总统会出现在 20 美元钞票上。更为严重的是，因为杰克逊对奴隶制和美国原住民的态度，民众掀起了一场要求将其从美国货币上彻底抹除的运动。[40] 有些耐心耗尽的美国人已经开始使用橡皮图章，将 20 美元纸币上的杰克逊替换成哈莉特·塔布曼（Harriet Tubman）。[41]

设计与征服

多年来，我一直鼓励大学生重新设计钱币，力求让每个人都成为一部行走的美国历史和文化"百科全书"。学生们对未来应弘扬的国家象征、英雄、意识形态和里程碑有着不同的偏好，可以自由选择。我们一起证明对当前硬币提出的任何修改都是合理的。结果有时出人意料，有时很有启发性。一名本科生在她的新铸币上印上了"我们人民"（WE THE PEOPLE）这一格言，然后用镜面取代了著名领袖的形象，这样用户就能在硬币上看到自己。同学们由衷地赞叹这枚钱币所蕴含的多元化信息。其他一些人则用他们自己那一代人的格言取代了"自由"，从"和平"（PEACE）和"爱"（LOVE）到"宽容"（TOLERANCE）和"尊重"（RESPECT）。拉丁短语"E PLURIBUS UNUM"总是败下阵来，它最近被 #MeToo 运动所取代，不过有一名学生折中使用了拉丁语版本：#MeQuoque。

我们还必须承认，钱不仅仅是流通的广告牌，它也具有经济、政治和社会功能。例如，许多人抱怨性别歧视导致带有苏珊·安东尼头像（Susan B. Anthony）的 1 美元钱币（图 1.12）在 1979 年至 1999 年间断断续续铸造后不久就停止流通。一些人将这一失败归咎于系统性的厌女症，认为这枚钱币被拒之门外完全是因为一位历史上的女性人物不受欢迎地闯入了美国货币迄今为止由男性独占的空间。2000 年，带有萨卡佳维娅（Sacajawea）肖像的 1 美元钱币也受到了冷遇。人们经常提出的一个令人信服的论点是，带有苏珊·安东尼头像的 1 美元除了肖像是女性外，其他方面都与另一枚印有德怀特·艾森豪威尔（Dwight Eisenhower）这位男性肖像的 1 美元钱币一样。不过，我们应该记住，钱币的面额本身可能也有问题。每枚 1 美

图1.12　旧金山造币厂生产的1美元钱币（1979），其正反面分别为苏珊·安东尼头像和在月球上登陆的鹰。ANS 1983.156.41
Courtesy of the American Numismatic Society

013　元钱币都可能因为在标准的现金抽屉中没有容身之地而注定失败。因此，尽管在尺寸上有显著的优势，艾森豪威尔1美元钱币的表现并不比安东尼1美元钱币好。艾克币比小巧的安东尼币更大更重，后者与25美分钱币几乎没有区别。这类流通美元和25美分钱币的大小仅相差2.24毫米。因此，安东尼1美元钱币被推入了与25美分钱币的直接竞争中，而其对手在找零中扮演着不可或缺的角色。在这场货币的性别之战中，唯一公平的测试就是日后尝试使用小于1美元面额的钱币。

　　我们很容易忘记美国货币史上有多少种面额。在我孙子幼儿园的教室里，挂着一张名为"钱币"的海报，上面的大幅剪纸图片上分别标有1美分钱币、5美分钱币、10美分钱币和25美分钱币。海报上的文字说明了每种面值的相对价值，描述了它们的颜色，并标明了上面展示的总统。孩子们会记住海报上的计算公式，即100枚1美分钱币等于20枚5美分钱币、10枚

10 美分钱币或 4 枚 25 美分钱币。这些孩子使用的从早期美国人使用半美分铜币（彩插图 2）和 3 美分镍币（图 1.13）的时代继承下来的货币系统已经过大量删减。

可以想见，在当今世界上以字母排序的阿富汗到津巴布韦等国使用的其他 220 种货币中，蕴藏着多少深刻的见解和暗讽。[42] 而这只是当下的情况，它仅仅代表了始于 2600 年前的货币史的最新阶段。公元前 7 世纪末，富有进取心的吕底亚人发明了第一枚钱币。他们的王国位于安纳托利亚（今土耳其）境内，这里是传说中的富饶之地，传说中的迈达斯（Midas）国王能点石成金，而吕底亚国王克洛伊索斯（Croesus）的名字则成为"富如克洛伊索斯"的财富代名词。在使用钱币之前，古代社会用土地、牲畜和其他商品来衡量财富，并据此分配社会等级和政治权力。钱币的传播震撼了那个世界，并影响了它的未来，直至今日。钱币的发明既带来了希望，也带来了焦

014

图 1.13 费城造币厂生产的铜镍合金 3 美分钱币（1866），正反面分别为自由女神头像和被花环环绕的数字图案。ANS 1908.93.145
Courtesy of the American Numismatic Society

虑。有人对其大加赞赏，也有人敲响警钟。钱币的传播重构了有土地者与无土地者、农民与商人、债务人与债权人、公民与政府之间的所有关系，也促进了其他令人惊叹的革命，如零售贸易、民主、悲剧戏剧和西方哲学的兴起。[43]

认识到这种力量并决心加以控制的古希腊早期铸币城邦有雅典、埃伊纳（Aegina）和科林斯（Corinth）。有铸币厂运行的希腊城邦（poleis）最终增加到 400 多个。每个城邦都要求在其境内垄断钱币的生产，担心将这一新技术交由私人掌握会带来不良后果。他们在钱币上打制独特的图案（type），通常还印上币文（legend），以此作为验证自己钱币的方法，同时表明自己独特的城邦身份。[44] 古代钱币的设计被用于纪念历史事件、宣传地区产品、推广特定的价值观和宗教、展示军事实力以及传播著名艺术作品和建筑摹本。例如，雅典的城邦铸币上带有其守护神雅典娜、城市名称的缩写（ATHE）、智慧的猫头鹰（至今仍是学习的象征）以及代表该地区主要出口农产品的橄榄枝（图 1.14）。因此，除了货币功能外，钱币还可以以纸草、羊皮纸或纸张都无法做到的方式复制、存储和传递数据。在一个缺乏其他大众传播手段的世界里，作为承载信息技术的微小移动磁盘，最早的钱币凭借金属的耐用性留存了这些在流淌的历史长河中险些被遗忘的片段。

口袋中的科学

在致力于探索失落的历史的专业研究者之中，一个群体可能并不那么为人所知，那就是钱币学家，即钱币学领域的专家、钱

图 1.14 雅典打制的 4 德拉克马银币（前 450—前 400），正反面分别为
雅典娜女神头像和猫头鹰图案。 ANS 1949.128.2
Courtesy of the American Numismatic Society

币和其他具有货币功能的物品的研究者和收藏者。问题在于，钱
币学这个有着奇怪名字而鲜为人知的学科很少在学校或大学中被
教授，其在现代文化中也从未受到过多的关注。[45] 除了那些极少
数宅在家里、守着自己的一方小天地的收藏家外，很少有人将钱
币学与钱币及其他形式的货币联系起来。流行文化尚未将这类人
塑造成印第安纳·琼斯（Indiana Jones）或劳拉·克劳馥（Lara
Croft）那样的人物。我们不会跟随一个用放大镜作武器、戴着
标志性白色棉手套的英雄去冒险。没有哪个孩子看完电影后会
回家告诉父母："我长大了要当一个钱币学家。"如果他这么做
了，他的父母得翻阅字典，才能知道他在说什么。他们对"北方
的密涅瓦"瑞典女王克里斯蒂娜或女爵夏洛特·索菲·本廷克
（Charlotte Sophie Bentinck）一无所知，而这几位都是博学多才、
思想解放的钱币学家，领先于其时代几个世纪。[46]

　　钱币学是一门高贵而鲜为人知的学科，它的历史可以追溯到文艺复兴时期之前，根植于古典时代。钱币学家是最早的探险家之一，他们展现出了好莱坞式的英雄特质：勤奋，勇敢，富有求知欲，对语言、民族和图像学有广泛了解，且有着丰富的实地经验以及卓越的直觉。钱币学自有令人惊叹的历史：其发展历程见证了真实存在的冒险家的故事，他们穿越异国他乡的土地，与海盗搏斗，忍受内陆部落的抓捕和折磨，并经历过被愤怒的阿富汗暴徒砍成碎片。让·福伊·瓦扬（Jean Foy Vaillant）在为路易十四丰富其钱币收藏时，于1674年落入阿尔及利亚海盗之手。[47] 为了挽救他为国王收集的20枚金币，瓦扬勇敢地将它们吞入腹中。其中一些钱币在经历了这位逃亡钱币学家的痛苦旅程后，如今仍可见于法国国家图书馆的收藏之中。亚瑟·科诺利（Arthur Conolly）上尉是19世纪阿富汗的一名英国情报官，同样是一名有抱负的钱币学家，被俘后，他被囚禁在布哈拉臭名昭著的虫窝的黑暗角落。在这个无情的洞穴里，昆虫和害豸蜂拥而入，啃食其肉体，直到他最终被拖出去斩首。[48] 1841年，亚历山大·伯恩斯（Alexander Burnes）爵士在喀布尔结束了他的外交和钱币学生涯。第一次阿富汗战争爆发之初，他在那里惨遭袭击并被肢解。[49] 相比之下，虚构人物印第安纳·琼斯的冒险就显得苍白无力了。事实上，如今许多被奉为楷模的考古学家都是作为钱币学家开始其传奇职业生涯的，其中包括威廉·弗林德斯·皮特里爵士（Sir William Flinders Petrie）、阿瑟·埃文斯爵士（Sir Arthur Evans）、伊沃·诺埃尔·休姆（Ivor Noël Hume）和马克斯·马洛温（Max Mallowan，悬疑小说家阿加莎·克里斯蒂的丈夫）。[50]

那些怀疑加密货币有朝一日会使钱币学变得过时的人，可能忽略了几个关键点。就像希腊神庙、玛雅金字塔或中世纪城堡一样，无论这个世界是否再制造或使用它们，钱币始终需要被研究。只要公元前 630 年至今这段占据有记载的历史一半时间的时期对我们来说仍值得去了解，钱币和研究它们的人对社会就至关重要。即使——假设——钱币作为日常金融工具真的绝迹了，但作为我们的未来的历史基础和所存在的过去的证据，钱币仍然非常重要。全球有超过 175 家博物馆中的钱币收藏致力于记录悠久的货币史。[51]

从数字货币在未来无法企及的一些领域也可以看出钱币学的重要性。作为非物质和去中心化的货币，数字货币不代表任何国家，对纪念或传播任何有历史价值的东西也不感兴趣。它们几乎没有保留传统钱币"储存社会记忆"这一重要特质。人类通过文字和图像了解自身，这正是钱币的精髓所在。只要里面存着实体钱币，每一个储蓄银行都是一个记忆库。

博学的人文主义者在 14 世纪开创文艺复兴时很大程度上依赖于钱币学，他们研究钱币的每一个细微之处，从而发展了关于古典艺术、建筑、肖像和历史的新理论。随着时间的推移，他们利用古代钱币，以科学手段破译未知的语言，甚至使被遗忘的王国重见天日，例如在现在的阿富汗境内的失落的希腊巴克特里亚王国。[52] 截至 19 世纪末，钱币学家已经分析并辨识出了超过 20 万种不同类型的古希腊和古罗马钱币。除此之外，还有对世界历史同样重要的其他铸币，如中国钱币、印度钱币、穆斯林使用的钱币和其他更现代的钱。这是我们不能放弃的遗产，尤其是在当下这个新兴的数字货币可能会打破钱币学家为后世留下的完整历史证据链的时代。

未来之路

基于上述原因，本书的目的是向广大可能不熟悉钱币学的读者传达三个重要的原则。

其一，与所有形式的货币一样，钱币不是简单的实用物品。钱币不仅值得我们从经济角度研究，且对我们了解生活中的文化、政治、艺术、宗教、社会和军事也颇有助益。在最好的情况下，钱币学结合了科学的精确、历史学的意义和考古学的激动人心。我们必须超越无生命物品的世俗世界，才能理解钱币有时是我们的主人，而不是我们的奴仆。

其二，钱币学揭示了大量无法从其他任何手段获取的、有关世界文明的信息。钱币经久耐用、无处不在，为我们提供了其他任何媒介都无法比拟的历史记录。钱币学不仅研究史实，也研究文物。这是其他同样研究货币的领域往往缺乏的一个重要方面。钱币学家是对艺术人文学科贡献最大的研究者之一。然而，有时钱币学家与其他人一样，对世界持有偏见，因而助长了伪科学的兴起。初入这门学科的人必须尽力规避这种错误。

其三，作为其他基础科学和社会科学发展的激动人心的进程的一部分，钱币学研究的新思路将为未来的科研开辟预想不到的通路。钱币学所揭示的、有关我们过去和现在的知识还远未穷尽，我们也不应该忘记，钱币本身就是一个值得研究的对象。一旦我们超越了忽视钱币，或者收集钱币的层面，我们就进入了社会和历史意识的更高层级。

接下来的章节将逐一阐明这些原则。在此过程中，我还将尝试将钱币学置于比人们的通常认知更广阔的文化背景中。钱币在文学和大众文化中的角色也将尽可能被提及。在第 2 章"钱币的视角"中，我们将从文学和科学的角度出发，以一种新颖的方式来思考我们的钱币所过的生活。从钱币的角度看，它们与人之间的关系是怎样的？是我们掌控着钱，还是钱掌控着我们？我们将认识到，钱币可能不会思考，但它们的行动却仿佛自有智识，且往往对它们的主人不利。得益于有关"模因"（memes）和"客体能动性"（object agency）的新观点，我们得以一窥钱币非凡的"思想"。

第 3 章"钱币的发明"将读者带回到古希腊人及其周边的世界。早期社会使用什么作为货币，为什么他们最终选择铸币？这场货币革命对普通人的社会和政治生活产生了怎样的影响？第 4 章"最初的钱币学家"探讨了古代和中世纪著名思想家对铸币的兴趣，从亚里士多德（Aristotle）和阿里斯托芬（Aristophanes），到耶稣、老普林尼（Pliny the Elder）和尼古拉斯·奥雷斯姆（Nicgolas Oresme）。这些哲学家、作家、科学家和神学家为后来文艺复兴时期钱币研究的兴起奠定了基础（见第 5 章"第二波浪潮"）。14 世纪、15 世纪古物学的兴起促进了教皇、欧洲各国国王和王公对钱币收藏近乎狂热的追求。收藏家们建立自己的私人奇珍柜（Kunstkammern），以重拾古典世界的碎片，并常常以其中的钱币收藏为傲。他们有时会被热情冲昏头脑、失去学术上的严谨，但使钱币学蜕变为一门科学的、成体系的学科的愿景最终

018

占了上风（见第 6 章"科学与伪科学"）。

　　仅仅是对单枚钱币的研究就足以揭开过去的无数秘密，而如果对被称作"窖藏"的钱币贮藏点进行抢救挖掘和研究，我们的收获会成倍增加。在过去的 2600 年里，人们一直在囤积、藏匿、丢弃和发掘钱币。在第 7 章"寻找窖藏"中，读者将见证我们可以发现窖藏的最好和最坏的时机。本章的案例取材于种种描绘了恶龙、海盗和其他钱币囤积者的文学作品，以及一些历史案例，包括不幸罹难于维苏威火山爆发中的人们。第 8 章"理解窖藏"将向读者解释如何以最佳方式分析钱币窖藏提供的证据。本章对钱币窖藏种类进行了分类，并为钱币学家如何避免陷入数据缺失或数据过度诠释的一些陷阱提供了指南。

　　第 9 章"收藏的伦理与道德"探讨了人们是否有权贩卖具有重要历史意义的钱币这一棘手问题。作为一种爱好，钱币收藏是否会对历史研究和考古造成危害？为了提出并讨论尽可能多的相关问题，本章提供了一个案例研究，涉及一位收藏家、一位学者和一班正在学习钱币学的本科生。第 10 章"旅程仍在继续"，读者将直面钱币学的未来。钱币学将走向何方？今天的钱币学家能为 21 世纪做出什么新的重要贡献？在认知钱币学中或许可以发现一个进步。最后，我们将回到"模因"的世界，为人文和社会科学的一根神圣支柱——钱币学这一研究"强尼的现金"的学科规划出一条崭新的道路。

2

钱币的视角

在城市道路上来来回回，

"老鹰"酒馆里进进出出，

这就是钱走的路，

鼬鼠"噗通"一声溜走了。

一便士买一卷线，

一便士买一根针。

这就是钱走的路——

"噗通"！鼬鼠就这么溜走了！

——英国传统童谣

钱币的另一面

毫无疑问，钱币的出现完全是基于我们自身的选择，其形态也由我们创造。它们是人类智慧在物质世界的副产品，为我们的商业、历史和文化留下了有形记录。在钱币的各种用途中，包括我们可以把它作为一面镜子，通过它来观察自己。钱币之美反映出我们自身的品位，钱币的功能服务于我们多样的社会和经济利益，钱币的流动遵循我们自己制定的轨迹。正因为钱币的诞生是我们的功劳，所以它们才能如此有效地充当历史证据：这是所有钱币学家的基本共识。

然而，钱币也有引人深思的另一面：钱似乎也有自己的思想。例如，在文学作品中，钱有时会被拟人化，并从它的角度发出强有力的声音。这种观点是"钱会说话"（money talks）等常用格言的自然产物。理财规划师通过询问客户"是你为你的钱工作，还是你的钱为你工作"来赋予钱生命。有时，抛一枚钱币就能解决我们所有的问题，例如怎么样开始一场足球比赛或解决一场纠纷。在生活中，我们每个人又有多少次置身事外，让一枚钱币来替我们思考呢？基于心智感知理论的最新研究表明，将人的属性和情感赋予钱会对慈善捐赠产生深远影响。[1]我们希望我们的钱币也有智识。

显然，除了将钱币视为无生命的物体之外，我们还有多种其他的思考方式。这种想法初看起来可能很奇怪，但它已深深根植于我们的文化之中。如今，如果一枚便士（penny）不是正面朝上，许多人就不会将其捡起，就好像其落地的随机方向带有某种来自宇宙的启示。通常的习俗认为，1便士钱币希望拾到它的人将它翻个面放回去，只有这样它才能为下一个路过的人带来好运。要想正确欣赏钱币，就必须在接受"钱币是没有生命的金属块"这一普遍观点的同时，考虑到其灵性的一面。为此，本章将从生动的钱币视角出发，探讨我们从中可以获得什么启发。

钱币的一生

旧日童谣讲述了钱在诸如"老鹰"之类的酒馆和商店中进进出出的故事，将钱币们今日为裁缝买针线，明天为别人买麦酒、大米或糖蜜的热闹情景娓娓道来。[2] 玛格丽特·尤瑟纳尔（Marguerite Yourcenar）在她的小说《币过九手》（*A Coin in Nine Hands*）中描写了一枚意大利里拉（lira）在一天之内串联起艺术家、律师、医生、妓女和谋划暗杀墨索里尼的刺客等不同人物的繁忙旅程。[3] 一些作家进一步追问，这些钱币会对它们自己的旅程有什么想法。1710 年，约瑟夫·阿狄森（Joseph Addison）的《一先令历险记》（*Adventures of a Shilling*）让一枚钱币讲述了它历经艺术家、药剂师、屠夫、酿酒师、守财奴、传教士、妓女、士兵、厨师、赌徒、诗人和盲人乞丐之手的故事。[4] 诺贝尔文学奖得主奥尔罕·帕慕克（Orhan Pamuk）的小说《我的名字叫红》（*My Name Is Red*）通过描写一枚伪造金币的心声来讲述它在伊斯坦布尔的生活："我已被转手 560 次，没有一栋房子、商店、市场、集市、清真寺、教堂，是我没进去过的。"[5] 一路走来，这枚奥斯曼帝国的苏丹尼（Sultani）被塞进了农民肮脏的袜子、钱庄老板蒜臭味的嘴巴、埋在地下的水壶、传教士的尸体、奶酪、烟囱、炉子、枕头、驮包和宫殿。然而，作为一种叙事手段，这些钱币对人类境况的反映远超其对自身经历的描述。

为了更深入地理解钱币，钱币学家可以求助于科学。多年前，诺贝尔奖得主生物化学家雅克·莫诺（Jacques Monod）自问，假使自己是身处一场化学反应中的电子，情况会如何。后来，牛津大学的理查德·道金斯（Richard Dawkins）让我们将基因视为自私的小生物，这样我们就能更好地理解它们的行为动机。事实上，道金斯在其颇具启发性的《自私的基因》（*The Selfish Gene*）一书中为科学化拟人的做法进行了辩护。[6] 他的想法是把一个物体想象成一个有生命的、自主的实体，从而推断或解释其可观测的行为。这使我们可以在阿狄森和帕慕克的想象上更进一步，让金钱变得主动且强大，而非被动无力。因此，虽然现实中的钱币，如同电子和基因一样，并不会真正地思考和行动，但它们却表现得好似具有自主思考能力。它们可能具有一些人类学家所说的"物的能动性"，即无生命的物质可以被认为具有自主性和意向性。[7] 物体"在某些情况下，可以像人一样存在或行动：可以说它们具有个性，表现出接受或拒绝的意志，因而具有能动性"。[8] 从深刻的哲学意义上讲，一切事物都具有认知生命。[9]

在"讨厌的罐子"里

如果我们进行一项思想实验，将更多的兴趣置于钱币对其自身经历的看法时会发现什么呢？[10] 看看今天我们的衣柜和台面上随处可见的数百万个零钱容器（图 2.1），然后向里面的钱币提出两个简单的问题：为什么你们都是圆的？为什么你们身处罐中？从钱币的角度来看，目前的状态和居所足够称心如意。阿狄森和帕慕克从未考虑过这种可能性，对他们来说，这些硬币应该在罐子中苦不堪言，急切地想逃出来。文学语境下的钱币显然渴望与人接触，讨厌因被闲置而无法流通。阿狄森的先令（shiling）将被守财奴囤积形容为"囚禁"，充斥着"难以言表的悲伤"，因

图 2.1　一个典型的装满了零钱的"讨厌的罐子"
作者

为"我们这些先令最喜欢的就是旅行"。[11] 帕慕克的苏丹尼应和道："我最糟的噩梦就是被装在罐子里闲置数年。"[12] 当帕慕克的钱币不情愿地承认自己是赝品时，它让读者发誓保密，并抱歉地补充道："非常感谢你的同情和理解。"[13]

　　惯于进行科学化拟人的钱币学家得出了不同的结论。与人类主人的兴趣相反，钱币实际上更愿意避免流通，并且麻木不仁，全然不在乎自身的真假。它们并不喜欢"在城市道路上来来回回，在'老鹰'酒馆里进进出出"。它们忍受这样的旅程，只是为了寻找一个罐子、水壶或阴暗的角落，以避免像阿狄森的钱币那样弯曲后又被锤平，或像帕慕克的钱币被咬以检验其纯度、塞进孩子的鼻子，又或者像糖果一样被女人吸进嘴里的命运。当钱币被拟人化时，它们应该希望摆脱人类的双手、口袋、钱包、牙齿、镊子、自动售货机和收银机的日常磨损，它们应该憎恨那些将美分肢解捣碎、做成椭圆代币的纪念品机器，它们应该懊恼那些把钱币弯折、做成人类祈求得到治疗或保护的祭品的古老仪式。[14] 人类是危险的。

我们或许可以放弃这样一种观点，即钱币在市场上的流通令其出现在公众视野中、令其变得有用，令其外观给人留下深刻印象，从而令其永久存续。人脑极其不适合记忆流通硬币的外观：10 个人中没有一个能准确描述出自己口袋或钱包里的硬币的模样。如果让一个人凭记忆勾勒出一枚 10 美分钱币（U.S. dime）的轮廓，他很可能只能说对一点——它是圆的。当然，从钱币的角度来看，少量的货币流通是必要的，这样才能诱使其人类宿主生产更多的钱币，但流通的危险导致了一个不利的环境，不断影响着钱币的使用周期。频繁使用的钱币会经受撞击和磨损，直到有一天被收回熔解。这时，被谋杀的钱币已经变成了熔化的金属，失去了其识别特征，再也无法复刻。因此，钱币要么通过遁入窖藏（hoarding），要么在掉落时躲藏起来，以逃避流通。阿狄森的先令最终吸取了这一教训，通过躲避人类来暂时逃脱重铸。在被发现并重新流通后，这枚钱币被碾磨平整、切割成碎片之后被投入熔炉。[15]

如今存世的数百万枚旧日钱币几乎都来自窖藏，或是早前遗失后偶然被发现的。这种策略行之有效——每个美国家庭平均拥有价值 68 美元的钱币窖藏。[16] 1991 年至 2013 年间，10 亿罐这样的钱币被清空并重新倒入 Coinstar 计数器。[17] Coinstar 每年处理

430 亿枚钱币，它们的价值约 27 亿美元。这些数字表明，我们的硬币急切地让自己退出流通，不知疲倦地堆积起来，希望加入一座窖藏之中，以永远不再回到清点机里。在这个过程中，钱币作为从纸币中孵化出来的沉重的金属幼体，首先成了人类随身携带的负担。毕竟，"讨厌的罐子"里的东西从来就不是为了囤积而存在的，也不是为了对人类有益而聚集起来的。钱币甚至找到了利用新冠病毒的方法，这让银行家和零售商大为震惊。2020 年 7 月，美国联邦储备委员会直面焦虑的美国人对钱币变得稀缺的担忧。问题并不在于钱币短缺，而是钱币被闲置在"避难所"中，无法流通。美联储成立了美国钱币特别工作组，呼吁美国人清空数量急剧增加的"讨厌的罐子"。[18]

在这个思想实验中，钱币的行为可以说是达尔文式的。它们就像苔藓或海葵一样，努力生存，并且可能不需要对这一过程进行过多的思考。在生物学中，真正的生存产生于较之生物体或其物种更微观的层级中，为生存而挣扎的动因刻在我们的基因里。我们都想生存下去，但正是我们自私的基因在为实现这一目标而奋斗，这样它们才能复制自己，然后复制我们。钱币也是如此。理查德·道金斯发明了"模因"（memes）一词，用来指代生物基因的文化等价物。模因是可以复制并代代相传的编码信息片段。模因可能包括神话、旋律或思维习惯等，可以完成铸造锅具或建造住所等任务。与遗传 DNA 一样，文化记忆在复制和传递信息时也会出现瑕疵。如今，网络流行语的产生和进化速度之快，除了生物学上的"病毒式传播"[19] 概念之外，其他自然界中的概念都无法与之类比。由此产生的变异有可能帮助或阻碍其在无情的自然选择中的生存。最终的结果就是文化进化。具有讽刺意味的是，早在达尔文发表《物种起源》之前，就有人提出了钱币以这种方式进化的观点。[20]

在钱币的世界里，帕慕克笔下的苏丹尼绝不会为自己是赝品而道歉。如果伪装成黄蜂的盗蝇（Wyliea mydas）是大自然的合法组成部分，那么假币也必须被承认是钱币生存环境中的有效组成部分。我们不应该指望真币"更优"的模因会让假币走向消亡。事实上，大多数赝品都在尽力忠实地复制真币样本的特征。它们奉行的生存策略与自然界中的模仿策略如出一辙：在自然界中，"假冒"生物（如盗蝇）通过诱骗宿主把它们当成别的东西来确保自己的生存。因此，如果一枚假币的模因能足够准确地复制周围真币的模因，这些模因为什么要在意它们到底在哪枚钱币上呢？这些模因是非常自私的集体，对人类的事务毫不关心。它的名字就表明了自己的目的——"我我"（MeMe）。

圆滚滚的钱币

每枚钱币都是一个模因的集合（memeplex），就像一艘救生艇，保障着它所携带的所有模因的存续。生物进化中的遗传斗争与文化进化中的记忆斗争如出一辙。一枚钱币的组成记忆为使自身永存而进行着相当自私的竞争。以圆形钱币的记忆蓝图为例。也许这种形状在我们的自动售货机上确实很好用，但早在这种自助服务技术完善之前，大多数钱币已是圆形的。我们的制造工艺也不需要圆形。圆形钱币并不比其他形状的钱币更容易生产。一些钱币和大多数币坯（用于铸造钱币的金属坯件）都是在模具中铸造的，模具可以是任何形状的。例如，在古代奥尔比亚（Olbia），铜币的形状犹如跳跃的海豚（图 2.2）。中国生产的铸币形状像锄头和刀等农具（图 2.3），而早期印度的卡沙帕纳（karshapana）币是正方形或长方形的（彩插图 3）。现代的短期试验包括在珀斯铸造的一些澳大利亚形状的钱币、索马里的吉他形状的钱币，以及百慕大（还能是哪呢？）的三角形 1 美元钱币。

在基于钱币视角进行研究时，深思熟虑的钱币学家可能发出这样的疑问：圆形会给钱币带来什么好处？这种形状是否有助于

图 2.2　于奥尔比亚铸造的铜币（前 500—前 400），形状宛如一头跳跃的海豚。ANS 1944.100.14436
Courtesy of the American Numismatic Society

图 2.3　于今淄博地区铸造的青铜布币，呈铲形（前 200）。ANS 1913.28.267
Courtesy of the American Numismatic Society

延续模因的集合？圆形的基本优势是滚动。比如，在拥挤的结账队伍中，钱币掉落，它们中的一些会发出巨大的响声，或疯狂地旋转，吸引你的注意力。与此同时，一些钱币会从撞击区域往奇怪方向飞奔而去，滚动时几乎不被发现，直到悄无声息地落在阴暗的角落里。我们的钱，它们会滚到货架下面、人们的鞋底下、箱子后面、角落里，就像有生命一样，试图逃跑。很多时候，想要找回所有的钱币是不可能的，也不切实际——我们难以捉摸的钱币们对它们的圆形形状心怀感激。这些落在地上的钱币，模仿了被困的狐狸突然被放归田野时的躲避策略。有些狐狸会停在原地，另一些则四散奔逃，这种进化反应能提高至少一部分狐狸逃脱的概率，钱币也需要同样的机会。作为圆形物体，钱币以多种姿态落地。因此，有些钱币会旋转、发出声响或翻滚，这种引起注意的方式有助于滚走的钱币们逃脱。它们往往以弧线而不是直线前进，以便更好地绕到其他东西后面。最后，当它们跑累了，就平躺下来，试图掩人耳目。因此，钱币逃跑的成功率相当可观。[21]

"圆形"的模因并不在意逃跑时给人类带来的不便或尴尬，自私的模因也不关心单枚钱币的命运。当钱币掉落时，它们并不开会讨论哪些钱币该晃动、嘎嘎作响或滚走，对每个钱币来说结果都是随机的。因此，当它们全部掉落时，没有任何一枚钱币占有优势。圆形模因的目的只是提高自己的生存概率。这种模因不需要每枚钱币都能逃脱，只要有一两枚溜走就足够了。人们很可能会把钱币掉落的反常现象视为抵抗论的一个例子。抵抗论是一种调侃哲学，声称无生命的物体会主动敌视人类。[22] 它赋予日常事物以能动性和个性，但这种能动性和个性是一种出于自私和恶意的本质。对抵抗论者来说，丢失的钥匙、丢失的袜子和掉落的钱币，它们的目的是让人沮丧，是一种为作恶而作恶的行为。然而，逃跑的钱币可能会被视为达尔文式的自利，对人类受到的附带损害漠不关心。

美分与感性

流通的钱币被熔化之后就失去了它们的模因，也就永远无法传递它们在形状、大小、设计等方面的可复制代码。1美分钱币大小和颜色的模因与10美分钱币的模因不同，但每个模因集合中的不同模因都得到了"圆形"这一共同模因的帮助。当然，其他模因也对钱币有帮助。例如，美分因频繁使用而受到的影响最大。任何操作收银机的人都知道，要找少于1美元的零钱，手头至少要有10枚钱币：1枚5美分的、2枚10美分的、3枚25美分的和4枚1美分的。请注意，在所有不足1美元的金额中，有80%需要使用一枚或多枚零钱。在美国，日常商业活动中需要使用的美分比其他钱币都要多。经济学家将钱币的使用频率称为"流通速度"，而这种流通速度对钱币来说是致命的。因此，脆弱的钱币进化出了成功的模因组合，以达到相互保护的目的。[23]它们的圆形形状便于散落，而大小、颜色和价值则有助于它们的逃逸。许多世纪以来，面值最低的钱币一般都是用青铜或铜等不太光亮、褪色较快的金属制造的，这有助于钱币进行伪装直至成功躲入安全的地方或布满尘埃的阴暗小角落。这种钱币的价值较低，因此丢失它们的人不太可能长时间苦苦寻找，也不太有人会去捡别人丢掉的这些钱币。大多数人都会按钱币的意愿行事。

如前所述，人类有时会屈服于钱币的意志。人们每年都会在6月1日"扔钱币日"庆祝这种臣服。正是一枚钱币让奥维尔·莱特（Orville Wright）取代了他的兄弟威尔伯（Wilbur），成为第一个驾驶飞机的人。[24] 选举结果有时由一枚漫不经心且毫不知情的钱币投票决定。1845年，人们通过掷一枚1美分钱币决定了俄勒冈州波特兰市的名称，这枚所谓的"波特兰便士"也因此在俄勒冈州历史协会安享晚年。[25] 在体育界，我们经常需要钱币来做出从开始一场足球比赛到确定选秀名单的各类艰难决定。

钱币在牺牲人类利益的情况下做出的一个重要决定是，美分仍然应该存在。这种面额的钱币已经演变成一种对其拥有者来说越来越没用、越来越危险、越来越不划算的东西。根据美国劳工统计局的数据，如今，美分的购买力几乎下降到1913年的1/26。[26] 这对任何人都没有好处，但却使人们愈发不可能追捕到所有的逃逸钱币。此外，美分现在由97.5%的锌组成，这使得它们比其用铜或青铜制成的祖先更具毒性。[27] 如果被吞食，锌币的腐蚀性对宠物和儿童尤其有害，有时甚至是致命的。最后，钱币不仅越来越不值钱、越来越危险，而且现在人们制造钱币的成本也高得令人尴尬。在一个完全由人类智慧控制的世界里，每一枚钱币的面值都应该高于其生产成本，这个概念被称为铸币税（seigniorage），即政府通过发行货币来获取利润。然而，现在1美分的铸造成本接近2美分。美国每年生产数十亿枚钱币，经济损失巨大。[28] 此外，由于增加了现金交易的时间，公司和客户每年还要损失7.3亿美元。人们对几乎所有商品的定价都使其需要以美分完成交易，例如商品的定价为 1.99 美元而不是 2 美元，从而使问题变得更加复杂。所谓心理定价的做法由来已久，钱币成功地利用了这种做法。[29] 有些国家，如澳大利亚和加拿大，已经取消了最小面值的钱币，但这只是将压力转移到了次低面值的钱币上。在美国，即为 5 美分钱币，其 2019 年的生产成本为 7.62 美分。[30]

隐藏的宝藏

钱币不仅依靠人类将其掉落在地或安全地放在罐子里，还需要我们至少将它们中的一些埋藏地下或沉入水底。这种策略为那些不太可能被人厌弃的钱币提供了一个长期可行的替代方案。由不易被腐蚀的贵金属制成的钱币希望搭上沉船的顺风车，大海对它们来说是安全的。在陆地上被埋藏则是高价值钱币的另一种生存策略，这些钱币过于闪亮，如果它们掉在地上，我们会仔细寻找，绝不会轻易放弃。昂贵的钱币几乎不会停止流通，落到我们的"垃圾零钱"罐子里。因此，对 1 美分有用的逃逸方式并不总适用于银元。每枚钱币都在求生，因此有些钱币说服我们将它们做成首饰或装饰性的仿制品。[31] 有些钱币则被我们用于宗教目的，无论是作为寺庙地基下的供品，还是作为船上的吉祥物。[32] 古人习惯在死者的眼睛上或嘴里放一枚钱币，以支付他们进入冥界的费用。[33] 但是，比起这些手段，高价值钱币更需要我们把它们当作财宝进行珍藏。

每当人间某些严重的不幸——无论是遗忘、寻宝失败、海盗被绞死，还是其他有利于藏匿钱币的悲剧（见第 7 章和第 8

章）——阻碍被埋藏的钱币重见天日，都对它们有所裨益。如果能拖延足够长的时间，这些钱币就会变得非常珍贵，发现它们的人会将其永久藏入博物馆或进行私人收藏。任何一个大型钱币展都是一场"幸存者大会"，重见天日的古旧钱币们聚集在一起庆祝，身处花哨展柜中的它们是在场所有被装在口袋里的平凡钱币艳羡的对象。每个参加这场聚会的人都知道，当今世界上绝大多数值得收藏的完好钱币都来自被藏匿的宝藏。它们都是自然选择的结果，不需要我们的钱币进行总体规划。松鼠不必是天才，基因驱使着它埋藏大量橡子。有时，它会忘记一些藏匿地点，或是在吃完所有埋藏的坚果之前被鹰吃掉。这些损失是为了更大的利益，但松鼠做出这种牺牲并非出于自愿。大自然提供了橡子，以及一个行之有效的系统。吃掉橡子的动物有助于新树木的生长，而树木产出更多的橡子。这有利于从橡子到鹰的整个生态系统，它保证了大量树木和动物基因的复制。即使橡子"任务失败"后被吃掉了，它也会为未来橡树所需要的动物提供食物。钱币也是如此：有些钱币被埋藏起来，若藏匿者可以取回钱币，则这些钱币为其提供了好处，他们形成了互利的关系；而另一些钱币则继续隐藏起来，为了自己的利益而牺牲藏匿者的利益。这是一种寄生关系，不管这些钱币是否有意识地计划这样做，让人类把它们藏起来。对于高价值的钱币来说这是一个胜利策略，因为它们不可能通过滚动或在"讨厌的罐子"里定居而逃脱流通。

从埋藏的宝藏中找到的钱币的命运可以引出另一个生物隐喻：孵化中的海龟。只有最好的样本才最有可能存活下来，无论是最活跃的爬行动物，还是最有吸引力的钱币，它们都可以安全地绕过熔炉（图2.4）。支配这些过程的规律是永恒不变的数学规律，尽管我们常常把它们完全归结为盲目的运气或神／人的干预。谁能发现宝藏（考古学家或清道夫），谁能发现幼体（保护者或捕食者），其中肯定有偶然因素，但这些偶然因素并不会改变整体结果。这是达尔文生物学中的一种生存策略。正如今天生活着众多种类的动物和植物，其中一些仍然与数百万年前的祖先十分相似，而另一些则是从现已灭绝的祖先进化而来的，钱币仍然以各类新旧形式存在着。它们就像系统发育树上的树枝一样，遍布世界各地。当然，特定动植物或钱币的生存并不总是有保障的，因为环境有时会超出其适应和复制能力，从而导致其灭绝。到目前为止，纸币、支票簿、信用卡和加密货币的出现并没有对钱币造成如同小行星在6500万年前对非鸟类恐龙那样大的影响。[34]

图2.4　于安菲波利斯打制的4德拉克马银币（前390—前370），正反面分别为阿波罗头像与火炬图案。ANS 1967.152.159
Courtesy of the American Numismatic Society

钱币如何再生

对钱币的制作原料（主要是金属）的需求限制了钱币的数量和使用周期，就像大自然必须不断循环利用大黄、兔子和犀牛一样。可供铸币使用的原材料有限，某些金属的稀缺性使得钱币非常容易被熔化再利用，例如用于制造珠宝、牙科产品或电子产品。事实上，钱币的数量可以通过涉及出生率和死亡率的环境承载能力函数来计算。美国造币厂以生物学家监测动物种群的方式来跟踪钱币的损耗率（据估算每年约为 5.5%）。每年约 120 亿枚的生产率才能维持一个健康的流通环境，这意味着钱币自身的良好状态。因为如前所述，这些钱币大部分是人们最常携带的 1 美分和 5 美分钱币。

古典世界并不像现代国家这样严格地统计货币供应。在古代，非官方铸币偶尔会填补货币供应的空缺。[35] 尽管如此，早期的钱币还是贪婪地利用了其人类主人之间不断的战争：古希腊 - 罗马时代的战争越多，国家支出军费就越多，社会整体对钱币的承载能力就越大。钱币学家、经济学家和历史学家早已认识到钱币与武装冲突之间的这种密切联系。[36] 因此，征服者亚历山大大帝统治时期毫不意外地成为古希腊钱币的黄金时代，当时的钱币生产率飙升到了前所未有的水平。[37] 当然，这一观察结果引出了有关钱币"繁殖系统"的问题。大多数钱币都是由被称为"币模"的两个亲本交配而成的，分别用于打制钱币的正反两面。正面的模具通常为朝上的那面提供信息，背面的模具为朝下的那面提供信息。这些模具被雕刻在硬度较高的金属上，当正反两侧的模具压向夹在其中的青铜、白银或黄金材质制成的硬度较低的金属币坯时，就会将它们带有的图案（即它们携带的"模因"）转移到金属上，从而制造出钱币（图2.5）。直到现代可以高效地克隆模具之前，每个正面模具都至少与其他正面模具略有不同，背面模具也是如此。即使有人试图手工雕刻两个完全相同的模具，它们也总会有可甄别的差异。

钱币的母模（正反模具）在造币厂进行配对，其后代（即钱币）由一个人挥舞锤子逐个击出（图2.6）。通过仔细研究，通常可以确定哪些后代是由特定的正面模具和背面模具生产的，这类似于DNA的追踪。共用一个或两个母模的钱币可被视为在模具上有所联系，如彩插图4和图5所示的5枚银币。这5枚银币由巴克特里亚国王阿明塔斯（Amyntas）铸造，使用了相同的正面模具。背面有两种不同的设计：左边的3枚钱币和右边的2枚钱币背面的模具是有联系的。从某种意义上说，1个父模通过2个

030

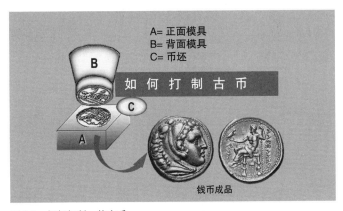

图2.5 如何打制一枚古币
作者自制

图 2.6 纽约美国钱币学会的纪念印章，正反面分别为正在打制钱币的铸造者和纪念图案。ANS 1984.121.3.
Courtesy of the American Numismatic Society

母模生产了所有这些后代。其中一个模具生产了三胞胎，另一个模具生产了双胞胎。

在大批量钱币的生产中，打制钱币的机械原理会使背面模具比正面模具更快磨损，因为前者直接承受锤子的力量，而后者则被固定在砧板上。因此，如图 2.7 所示，正面模具 A 可能会与背面模具 1 配对数千次，产生我们称之为模因集合（Memeplex）A1

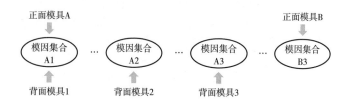

图 2.7 在模具上有所关联的钱币
作者自制

的一代，然后 A 可能会与新的背面模具 2 配对数千次，产生模因集合 A2，它们都是 A1 的同父异母兄弟。这个过程可能会继续下去，产生一个模型集合 A3。如果 A 在与第三个背面模具配对过程中被替换，一个新的正面模具 B 将取代 A 的位置，并开始生产模因集合 B3。如果一系列配对过程中有足够多的钱币存世，专家们就可以重构从 A1 到 Z128 的整个家谱。

值得注意的是，在许多动物物种中，雄性会比雌性繁殖更多的后代。同理，正面模具能比背面模具制造出更多的钱币，这意味着背面模具比正面模具为钱币模因库提供了更多的样本。因此，钱币模因的进化在很大程度上是由背面模具驱动的，因为它们拥有更多的变异机会。埃里希·博林格（Erich Boehringer）关于叙拉古（Syracuse）早期希腊钱币的著作中就发现了 733 种模具组合，其中涉及 364 个正面模具和 500 个背面模具。[38] 钱币背面因其更多样化的模因库而进化得更快，我们发现在钱币生产非常活跃的时期，如希腊化时代，钱币的背面确实比正面变化得更频繁、更显著。描述古代钱币标本的钱币目录一般会反映这种现象。在长达数页的目录中，读者会发现"正面，与上一类别相同"的注释，然后是一长串背面图案的变体。

我们必须记住，模因存在于模具及其后代中。母模只在钱币进行繁殖的造币厂内复制其模因，而其产出的钱币则可以通过模仿将其继承的模因复制到更远的地方。几乎所有的文化模因都是通过后一种方式复制自己的，例如电影《大白鲨》中的双音符主题曲。电影《大白鲨》主题曲这种无处不在的音乐模因始于作曲家的脑海，被复制到乐谱上，由管弦乐队演奏；复制到原声带上，在上千家影院播放，然后在整个现代文化中被无休无止地哼唱。钱币的复制方式也不止一种，但它们的模因更难被准确记住。如果仅仅依靠记忆，大多数人都很难复制复杂的钱币模因；如要复制它们，我们需要实物。作为一种模因集合，钱币似乎深谙此道。这就是为什么钱币及其模因必须在造币厂之外存活下来才能算是复制成功。它们必须冒险在一段时间内流通，直到其中一部分可以在一个安全的地方安家落户、保存它们的模因，以便将来直接复制。例如，古雅典的一枚钱币上的模因在 2500 年后的现代欧元钱币上延续了下去（比较图 1.14 和图 2.8 中的反面图案）。[39] 这并非因为这些模因是通过一个共同模具传递的，也不是因为人类忠实地将它们代代相传，形成一条不间断的精神链条：现在的欧元需要古代钱币才能生存，它通过在现代模具上进行繁殖模仿来继承其记忆蓝图。

在古代巴克特里亚，一些希腊国王复制了早期钱币的模

图 2.8　欧盟发行的铜镍合金欧元钱币（2002），正反面分别为欧洲地图与复刻的古代雅典钱币（原型可参见图 1.14）。ANS 2002.24.111
Courtesy of the American Numismatic Society

因，以纪念他们的前辈，并仔细地为这些钱币打制了诸如"救主狄奥多特斯（Diodotus）的钱币［发行于神君安提马库斯（Antimachus）统治时期］"等有用的币文（图2.9）。一些古罗马帝王也做了类似的事，即打制早期钱币的仿制品，但在钱币上加上了拉丁文注释"回溯"［REST（ITUIT）］来加以区分。[40] 图2.10就是一个例子，图中展示了一枚图拉真发行的金币，它复刻了加尔巴时期铜币的式样（图2.11）。通过复制和变异，强大的模因得以延续。事实上，这也可能发生在其他恶劣的环境中。由于长期以来的反偶像传统，肖像艺术很少在穆斯林使用的钱币上出现。然而在12世纪和13世纪，阿尔－贾兹拉（al-Jazira）附近的地方王朝将古希腊和古罗马货币的图案复制到它们的钱币上，其中包括进行多神崇拜的古代国王们的肖像和异教神灵的形象（图2.12）。显然，这些图案是根据1000多年前的钱币复制的，而非仅仅依据记忆世代流传。

图2.9　公元前2世纪"神君"安提马库斯发行的4德拉克马银币，纪念了之前"救主"狄奥多特斯发行的钱币样式，正反面分别为狄奥多特斯头像和手持闪电束的宙斯像。ANS 1991.95.1

Courtesy of the American Numismatic Society

033

图 2.10　图拉真时期古罗马发行的奥雷金币，为纪念之前加尔巴发行的钱币样式（98—117）（可参见图 2.11），正反面分别为加尔巴肖像与利伯塔斯（Libertas）女神像。ANS 1957.191.28
Courtesy of the American Numismatic Society

图 2.11　加尔巴时期古罗马发行的塞斯特提乌斯铜币（68—69），正反面分别为加尔巴肖像与利伯塔斯女神像。ANS 1944.100.55129
Courtesy of the American Numismatic Society

图 2.12　赛义夫·阿尔 - 丁·加兹二世（Sayf al-Din Ghazi II）于阿尔 - 贾兹拉发行的法尔斯铜币（1169—1176），正反面分别为戴头盔的人像与币文。ANS 1937.1.3
Courtesy of the American Numismatic Society

生命与爱

在谈及钱币与文明时，散文家莱昂内尔·特里林（Lionel Trilling）比阿狄森和帕慕克更精准地指出：

> 我们发明了货币，我们使用它，但我们既无法理解它的规律，也无法控制它的行为。它有自己的生命，而这种生命本不应该存在。卡尔·马克思以一种恐怖的口吻谈论它不雅的繁殖能力，他说，就好像爱在它的躯体里工作。[41]

无论我们的钱究竟在口袋、钱包和储蓄罐里做什么，它的行为都引发了哲学家、科学家、诗人和小说家们无尽的猜想。钱币有生命吗？它有声音吗？抑或有意志、观点吗？当然，从字面意义上讲，这些都是不可能的，但这一事实不应限制我们研究钱币的"人生"，并以此来拓展我们对这些复杂工艺品的理解。钱币学家必须与诗人及其他人分享钱币作为研究对象所具有的引人入胜的本质和个性：自 2600 年前钱币首次被发明以来，情况一直如此。我们现在将转向这一主题。

3

钱币的发明

　　长发的亚该亚人买酒，有的用青铜，有的用炽热的铁，有的用兽皮，有的用活牛，有的用奴隶。

　　　　　　　　　　——荷马（Homer），《伊利亚特》（*Iliad*），7.472-5

铸币之前的货币

　　一旦我们体验过铸币的奇迹，就很难想象没有钱币的过去。荷马告诉我们，在特洛伊战争时期，也许是公元前12世纪，人们用暴力夺取，或通过用其他有价值的东西交换来获得他们想要的东西。荷马笔下的"长发"亚该亚人（Achaeans）和其他战士的货币是金属锭、牲畜、兽皮和俘虏。荷马在创作《伊利亚特》和《奥德赛》（*Odyssey*）时，仍生活在一个没有钱币的世界，因此他的诗歌没有像其他作品那样在经济方面受到时代错置（anachronism）的影响。身处2世纪的货币化世界中的传记作家普鲁塔克（Plutarch）在写作时将钱币归功于雅典青铜时代的英雄忒修斯（Theseus），他是特洛伊战争前几代杀死米诺斯（Minoan）牛头人（Minotaur）的传奇人物。[1] 同样，吕底亚人约翰（John the Lydian）（6 世纪）将第一枚古罗马钱币归功于罗穆卢斯的继任者努马王（King Numa），老普林尼（1 世纪）则将古罗马的第一枚钱币归功于塞尔维乌斯王（King Servius）。[2] 这些古罗马君主就像普里阿摩斯（Priam）和忒修斯一样被神化了，而且他们身处的时代都过于遥远，他们从未见过任何形式的钱币。[3] 在沃尔夫冈·彼得森（Wolfgang-Petersen）导演的《特洛伊》（2004）中，电影观众甚至会看到普里阿摩斯国王在使用 600 年后才会出现的钱币。让钱币出现在荷马史诗里的特洛伊中，就好像将圣女贞德置于一架在 1429 年奥尔良围城战中现身的喷气式战斗机里一样。时间顺序很重要。

036

起源

钱币问世之前，一般意义上的货币一定起源于物质占有的概念，即拥有一件有实际价值的物品，而不是现代语境下用来标示价值尺度，但其自身无价值的物品。我们无法确定人类最早是在何时何地开始考虑拥有（而不仅仅是使用）动物、草地或湖泊的。[4] 考古学家、人类学家、经济学家、政治学家、哲学家和历史学家分别从不同的角度来探讨这个问题，强调各自不同的证据。[5] 有些人专注于事物，有些人则专注于事物背后的思想。我们不禁要问，是什么构成了最初的货币形式，而当我们发现它们时是否能辨识出来？它的问世是出于经济、宗教、政治还是军事目的？它是商品化的信贷、便携式的记账系统，抑或只是我们关

会说话的钱：钱币与钱币学的历史

于金融的原始构想？

　　从最早的原初货币，也许是一颗闪亮的珠子或一支形状优美的箭头，到我们今天使用的硬币、支票、纸币和加密货币，中间经历了一段非常漫长的旅程。公元前4世纪，古希腊哲学家亚里士多德是第一个提出货币起源相关假说的人。亚里士多德认为货币是早期人类以物易物的自然产物，这一理论后来在阿布·阿-法德尔·贾法尔·伊本·阿里·阿迪马什（Abu al-Fadl Ja'far ibn 'Ali al-Dimashqi）、约翰·洛克（John Locke）、亚当·斯密（Adam Smith）等人的著作中得到了重述。为了理解亚里士多德的模型，我们可以设想一个简化的农业社区，如图3.1所示，该社区包括四个相邻的农民，分别为A、B、C和D。

　　每个农民都有自己想要获得和有意愿换出的物品。在不使用

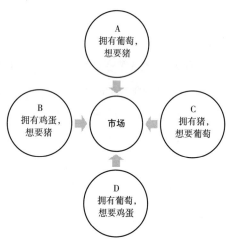

图3.1　亚里士多德笔下的商品交换模式
作者自制

货币的情况下进行单一、直接的物物交换，需要所谓的"双向需求吻合"，即每方都拥有另一方想要的东西：在这种情况下，只有农夫 A 和 C 符合条件。相邻的 B 和 D 出局，而 A 与 C 若想成功交换也需满足另一额外条件：A 的葡萄必须与 C 的猪的价值完全一致，除非 C 愿意从他的猪身上切下可交易的部分。即使把易腐烂的商品运至中心市场，也帮不了 B 和 D，除非出现如下情况：B 用他的鸡蛋去换 D 的葡萄，再用葡萄去换 C 的猪。但如此一来，A 就必须带回他的葡萄，而不是培根。

如果引入另一个邻居，也许是一个木匠，会使情况更加复杂。新来者可能会在等待双重需求吻合（例如养猪人需要与他的猪价值相当的桌椅）时饿死。在引入一个想要鸡蛋的陶工和想要谷仓的养鸡户时若想达成商品和服务的交换，则必须以某种方式在交易时纳入需要一套陶瓷餐具的木匠。在经典电视剧 M*A*S*H* 的一集中可以找到一个更为现代的类比。这是一部 20 世纪 70 年代的情景喜剧，故事发生在朝鲜战争期间的一家流动陆军医院里。在那里，我们跟随军医"鹰眼"皮尔斯［亚伦·艾达（Alan Alda）饰］，见证了他的困境。当他请求替换一只坏掉的靴子时，[6] 营地里的战友没有一个愿意卖给他一只备用品。"鹰眼"试图向营地的补给中士求助。中士不肯合作，于是冻得脚趾发麻的医生问他需要给出什么东西才能获得这只靴子。中士的牙齿疼痛难忍，外科医生答应为他找一位牙医，以换取新靴子。不幸的是，当地的牙医要拿到一张去东京的通行证才会帮助"鹰眼"。"鹰眼"的指挥官也不会签署这类休假单，除非他以某种方式安抚医院里愤怒的首席护士。而首席护士只有"鹰眼"为她绝望的男友提供生日蛋糕时才会松口。因此接下来"鹰眼"必须与连队文员达成协议，后者将用蛋糕交换与一名护士约会的机会。但是，只有"鹰眼"给她一个吹风机，这名护士才会愿意与文员约会。营地里唯一的吹风机属于一个只想按第八条规定退伍的异装癖下士。执行第八条规定明确需要三位医生在文件上签字，而"鹰眼"只能说服其中的另外一位外科医生合作。这样一来，整个"多重需求吻合"的计划就被拆穿了，"鹰眼"最终没有得到他的靴子。

如今，Craigslist 和 Barteronly 等许多网站都可能为此类交易提供便利，但这在亚里士多德所处的古希腊或"鹰眼"所处的朝鲜都是不可想象的。哲学家只能想象，在以物易物的经济中引入货币，会创造出我们称之为降低交易成本的可行选择。如果社区中的每个人都接受基于某种商品的交换，那么所有人都可以把自己的商品卖给愿意的买家，然后用货币购买他们需要的任何东西。像葡萄和猪这样不同的商品可以用一种货币定价，避免了本周以葡萄衡量猪的价值、下周以鸡蛋衡量桌子价值的不便情况。亚里士多德相信货币经济为人们提供了更多的选择和更佳的求生机遇。市场并不是总能保证甲乙双方都得到一头猪，但有此需求的人至少可以为下一次交易机会积攒商品货币，而不必试图储存酸葡萄或臭鸡蛋。亚里士多德将此称为"未来交换的保证"，这是一种强有力的见解。[7]

亚里士多德对货币兴起的简单解释很有诱惑力，但这并不意味着它是正确的。一些现代学者指出，即便社群中普遍存在以物易物的交换行为，这也很少作为唯一的商业手段存在。希罗多德

（Herodotus）讲述了一个迷人的故事：迦太基人在利比亚海滩上摆好货物，登上船只，点燃信号火，等待当地人带着黄金前来。迦太基人一直停留在近海，直到他们对交易中对方支付的金块数量感到满意。然后双方依次带走自己的货物，在此期间他们从未与对方有过直接接触。希罗多德明智地总结道，在这些交易中，没有人上当受骗。[8] 这种原始经济制度似乎非常浪漫，与今天各种媒体所津津乐道的用一把珠子从美国土著手中换走曼哈顿的现代神话并无二致（图3.2）。[9]

多用途货币

除市场交换外，早期的货币还可以被用于其他目的。与此同时，货币可能在宗教、社会和礼仪需求中有更重要的功用。例如，美洲原住民的贝壳串珠（wampum）可以纪念历史事件，也可以作为部落间和平的保证。如第1章所述，中美洲的可可豆和

图3.2 美国钱币学会的铜章，正反面分别描绘了美国土著与彼得·米努伊特（Peter Minuit）以物易物的场景以及纽约商业和知识进步的拟人化形象。 ANS 0000.999.4473

Courtesy of the American Numismatic Society

西非的基西钱有宗教和商业的双重用途。即使在今天，当货币被当作吉祥物或纪念品时其也会拥有更高的市场价值。有时，我们甚至无法确定一个社群中是否存在货币，因为一些易腐烂的货币类别可能会从考古记录中消失，或被视为未交易的商品而受到忽视。由于一些货币具有多种用途且很容易被误判为其他物品，因此我们无法确定是否看清了其全貌。

许多日常物品都可以实现货币的三种基本经济功能：

1. 价值尺度或单位。

2. 财富的贮藏手段。

3. 交换的媒介或单位。

有些商品在满足这些需求方面更胜一筹。在世界历史上，最

图 3.3 被用作货币的黄宝螺
作者

成功的货币形式或许就是图 3.3 所示的黄宝螺（Cypraea moneta）了。[10] 这种类似瓷器的小贝壳在亚洲和非洲的许多地方都被用作货币，因此其拉丁学名的后半部分就据此定为 moneta（货币）。"货"中带有贝壳的象形部分，古代中国有时还会铸造金属贝币以作为其替代品。[11]

某些形式的商品货币的问题在于缺乏可替代性。如果一个单位的货币与另一个单位的货币一样，其功能也完全相同，并且可以被简易地分割成相等的部分，那么这类货币就可以被视作具有可替代性。根据荷马的叙述，攻打特洛伊的希腊人用金块、兽皮、牛和奴隶来换取葡萄酒。其中动物和人肯定是不可替代的。当盐、谷物和口香糖等商品被用作货币时，它们是可替代且易运输的。这与密克罗尼西亚（Micronesia）[12] 雅浦岛（Yap）的巨型石币截然不同。这些被称为"菲"（fei）的雅浦岛碟状石币已成为关于货币构成要素的争论中的标志性物品（图 3.4）。[13] 男人们在遥远的岛上费力地采石，然后用船把它们运回雅浦，并将其滚动至主人家门口。有些石币很小，而有些石币很大，以至于即使在日常交易中转手（可以这么说），它们也不会再被移动。社群就此承认一户家庭门前伫立的巨型石币的全部或部分属于其他人，甚至其他几十人。据说有一块巨大的石币因在暴风雨中落水而从未运到雅浦岛。然而，有人说，即使这块巨石在海底沉睡了一个多世纪，它依然在雅浦岛经济中继续发挥着货币的作用。这提醒了人们货币的复杂性。沉没的石币是一种会计制度的具体体现。在这种制度下，即便石币看不见摸不着，它们也能代表财富。也许，数字货币并没那么具有革命性。

040

图 3.4 密克罗尼西亚雅浦岛石质货币 "菲"（1870）。这件较小的样本重
10.3 公斤。ANS 1910.2005.23.1
Courtesy of the American Numismatic Society

与三足鼎不同，人们必须不断给被视为货币的活牛喂食喂
水，但至少，牛可以用自己的四条腿走路去市场，而三足鼎则无
法做到这一点。牛还可以生产可替代的乳制品。另一方面，你可
以把三足鼎分解成更小的单位。但牛却不行，除非你将它宰了。
不过即使你宰杀了这头牛，它也是不可替代的，因为（任何购物
者都知道）不是每一份牛肉都相同：绞碎的牛肩肉不能与菲力
牛排一磅一磅地互换。在农业社群中，动物可能是便捷的价值尺
度。但因为它们不可替代，所以并不是一种良好的交换媒介。将
一头牛作为货币来花是很难的。此外，牛是昂贵且具有时间敏感
性的财富贮藏手段，因为它们在经历不可避免的死亡前都必须得
到照料。直到它们死去，其消费价值会达到最大化或完全丧失。[14]

金属、矿藏和度量

考虑到所有的这些因素，金属作为可替代、易维护、易运输的价值尺度、财富贮藏手段和交换单位是非常有意义的。在历史上，被用于制造货币的四大金属分别是金（钱币学家简称为 AV 或 AU，源自拉丁文 aurum）、银（AR，源自拉丁文 argentum）、琥珀金（electrum，EL，前两者的合金，希腊人称之为"白色金子"）和青铜（AE，源自拉丁文 aes）。[15] 青铜在铜、锡和其他金属成分的比例上有很大差异。青铜作为一种基本材料，在制造容器等其他用途上具有价值，但作为钱币，它主要被用作地方的信用货币。另外，古人认为贵金属具有抵御自然力量侵蚀的神性。正如品达（Pindar）的诗歌中所述："黄金，就像黑夜中熊熊燃烧的火焰，在所有令人尊敬的财富中脱颖而出。"[16] 白银的价值低于黄金，但更容易获得，它成为各类金属中的货币标准（图3.5）。人类早期历史中广泛使用白银作为货币的情况在数种语言中留下了深刻的烙印，在这些语言中"白银"与"钱"是同一个词，例如阿卡德语中的 kaspu、希伯来语中的 kesef、希腊语中的 argyrion、梵语中的 rupya 和拉丁语中的 argentum。

贵金属稀有、耐用、令人神往，但也有其阴暗的一面，那就是在获取时需要付出高昂代价。[17] 大地并不会轻易地将其蕴藏的金银拱手让人。古代，埃及的金矿里有一帮被镣铐锁住的囚犯和奴隶日夜劳作。其中有些孩子尚且年幼，可以通过险峻狭窄的矿井。男人和女人挥舞着锤子，将挖掘出的岩石砸成越来越小的碎块。老人在磨柱前用尽全力把石头磨成粉末，再经过水洗，以

图 3.5　白银作为一种商品具有高价值，并在世界历史上被广泛用于铸造钱币
Ben Corda

分离出最微小的金块。偷懒者会受到殴打，而体弱者则在劳作中倒地身亡。[18] 在雅典，白银开采业的最大受益者是租赁用于开采和加工矿石的奴隶的供应商。[19] 古罗马人在山上采矿，直到地下坑道坍塌，而工人们被埋葬其中。[20] 考古学家发现的证据证实了这些记载——矿山、壕沟、锤子、凿子和被称为"querns"的磨石；环境科学家证实，古代密集开采和冶炼铅银合金的时期产生了严重污染。[21]

　　在早期美索不达米亚，货币的形式是按重量计算的银块和按体积计算的大麦，埃及人更喜欢按重量计算的金、银和铜。[22] 为了使用这些商品，每笔交易都需要仔细度量。[23] 银锭通常被制成线圈状，以便根据需要切割出合适的部分，[24] 而被称为

"Hacksilber"的白银和珠宝碎块则作为货币流通。经济运行依赖于债务和信贷记录，这些记录将通过商品货币来进行交割。与今天类似，许多债务都被仔细地记录在泥板上，而这些泥板本身也可以进行交易。文献证据中保留了古代苏美尔的一些实际估价，包括带利息的贷款。[25] 埃什努纳（Eshnunna）的楔形文字律法中使用白银和大麦规定了羊毛等各种商品和租用马车等服务的价格上限。[26] 如果某人打瞎了邻居的眼睛，他需要为此赔偿 1 米纳（mina）（约等于 1 磅）的白银。1 米纳可细分为 60 谢克尔（shekel），这两者都是重量单位，而非钱币。对鼻子的赔偿也是 1 米纳，但每根手指仅需 40 谢克尔。对一只耳朵或一颗牙齿的赔偿作价 30 谢克尔。打架时咬掉别人的鼻子比放出自己的狗咬死别人的代价还要高昂（40 谢克尔）。打别人的脸需要赔偿 10 谢克尔。由于雇工每月的收入约为 1 谢克尔白银，因此即使是赢家，斗殴也会给他带来巨大的经济损失。

希伯来圣经记载了美索不达米亚货币用途传入迦南（Canaan）的情况，亚伯拉罕（Abraham）为他死去的妻子萨拉（Sarah）购买了一块墓地，价值为重 400 谢克尔的白银。[27] 以色列人和他们的邻居一样要缴纳罚金：例如，一头牛顶伤了他人的奴隶，牛的主人要赔付 30 谢克尔。[28] 奸淫未婚女子的判罚为 50 谢克尔。[29] 这类交割需要对金银块进行仔细和一致的度量，而且对有缺陷的天平和砝码设有严格的禁令。[30] 考古证据表明，古代世界的日常生活需要经常使用这些设备。[31] 在圣托里尼岛上的青铜时代遗址阿克罗蒂里（Akrotiri）的发掘中，几乎每栋建筑都出土了一两件铅制天平砝码，有时在一栋房屋甚至一个房间内就出土了整套砝码。[32]

古埃及人的货币观念和我们的一样神秘。例如，在一些关于"沙伯提"（shabtis）的销售记录中，买方、卖方和交易物品之间存在着一种奇特的关系。[33]"沙伯提"是一种小雕像，据传会在古埃及墓穴中复活，为死者工作。当"沙伯提"的制造者在这些合同中收款时，他似乎不仅是为了自己，也是为了这些小雕像。在文件中，制作者对着"沙伯提"说："我从死者那里收到了白银以支付你的工资。"小雕像获得了为在未来某日完成的工作而付的酬金，而制作者则代表它预支了这笔钱。

转折点

货币演变的下一步并不起眼，但却将历史推向了新的道路。大约在公元前 630 年，安纳托利亚的吕底亚王国（Kingdom of Lydia）有人在一块贵金属上印了类似印信戒指的戳记。[34] 这一简单举动的结果之一，是它增强了人们之后在市场上使用贵金属块时对其重量和纯度的信心。这一程序丝毫没有改变商品的内在价值，却简化了金银块的交换过程，因为任何人都愿意接受戳记的初步认定，而无须在每次交易时重新称重和检验。商人可以抛开笨重的天平、砝码和试金石，通过计数而非对这种新形式的货币进行称量来加速交易。[35] 古希腊人很快就采用了吕底亚人的这种技术，并将这种钱币命名为"nomismata"，因为依据公认的惯例（nomos），[36] 它们具有货币的功能。

这种对钱币的接纳可能是逐渐形成的。当一个人首次带着几块印有戳记的琥珀金钱币出现在吕底亚的市场上时，他的大多数邻居可能并未留心。这些金属和其他金银块一起被置于天平盘上，用来偿还债务或购买一头羊羔。在人们依据惯例认可打在金属上的信息具有特殊意义之前，打上戳记和未打上戳记的金属块别无二致。而在人们开始认可它们的那一刻，钱币则具备了后来圣依西多禄（Isidore of Seville）在 7 世纪所规定的三个基本要素：可接受的金属、重量和设计。[37] 起初，戳记还很简陋，上面用希腊文或吕底亚文写道："我是法尼斯（Phanes）的印章"或"我是库卡斯（Kukas）[38] 的（印章）"。不过，需要牢记的是，古代人对待印章比我们对待签名的态度更加正式，印章蕴含了与其相关之人的全部权力和威望。[39] 我们或许可以将之类比为在签名之后又经过公证的文件。这些币文与从狮子到雄鹿的各类图像（图3.6）一同被用坚硬的模具锤打于金属之上。法尼斯和库卡斯（可能一个是军事指挥官，而另一个是国王）等人为他们的带有戳记的金银块的质量和重量提供担保。他们与金属的关系使通过带有戳记的金属进行的交易更方便。为使这一创新方法得到更便捷

044

图 3.6   以弗所制制的 1/48 斯塔特琥珀金币（前 600—前 550），正反面图案分别为牡鹿和打制戳记。ANS 1977.158.75
Courtesy of the American Numismatic Society

的应用，当时打制了七类面值的钱币，最小的面值为1斯塔特
（stater）微小的一部分（1/192），重量不到1/10克（0.004盎司）。
这一事实表明，当地基于钱币的货币化程度很高，可以满足吕底
亚王国经济体系中大大小小的支付需求。

　　打制带有戳记的钱币在最初可能只是一系列私人行为，但其
公共意义愈发显著，直至为国家所垄断。吕底亚的统治者打制的
钱币数量逐渐上升，同样重要的是，他们颁布王室律令强制人们
接受这些钱币。专家们通常称这些早期的皇家钱币为"克洛伊塞
德"（croesids），以纪念约公元前561年至前546年统治吕底亚
的克洛伊索斯（Croesus）国王（图3.7）。[40]这类创新迅速传播
可能归因于希腊雇佣兵对一种可以方便快捷地消费或储存而不会
贬值的货币的支付需求。这就解释了为什么波斯人在其帝国中招
募和驻扎雇佣兵的地区使用钱币。[41]在地中海的其他区域，即使
在埃及、腓尼基、迦太基和伊特鲁里亚这样商业活跃的地方，铸
币的发展也较为缓慢。古罗马人直到公元前3世纪末才发行稳定

图3.7　克洛伊索斯时期于萨迪斯打制的斯塔特银币（前561—前546），
正反面图案分别为狮子与牛和打制戳记。 ANS 1975.218.54
Courtesy of the American Numismatic Society

的银币。商业并未创造钱币，也不是钱币创造了商业：它们只是共同发挥作用。同样，钱币也没有催生战争、奴隶制、暴政或帝国，钱币只是习得了置身其中的方法，对于诗歌、艺术和历史也是如此。

古人很快就意识到，可以在钱币的另一面（反面）打上额外的图案来增强在其一面（正面）所印的验证信息的效力。这一初始步骤通过在钱币的正反两面都印上向外传递的信息以使其传递能力倍增。马克·吐温（Mark Twain）的经典故事《康州美国佬大闹亚瑟王朝》（*A Connecticut Yankee in King Arthur's Court*）中就有类似的描写，流浪的骑士把他们的盔甲当作多功能广告牌，将公共服务信息传播至远近各地。[42] 在一枚背面描绘有马克·吐温笔下的骑士之一的美国银圆上，这一信息被加倍传播（图3.8）。今天，我们可能会转而联想到现代的送货卡车，它们每天都要在市场上执行日常任务。既然它们每天都在运送牛奶或水管工至某处，为什么不将其也用作流动广告牌呢？

图 3.8 美国造币厂生产的美元纪念银币（2016），正反面分别为马克·吐温肖像和他笔下的人物。 ANS 2016.19.2
Courtesy of the American Numismatic Society

　　金属上的信息使钱币成为一种崭新的物品——为历史所包裹的货币。各邦接过铸造钱币的责任后，都对这种新媒介进行了尝试。总的来说，古希腊人将守护神、英雄、动物或神话生物的形象置于他们的钱币之上，例如以赫拉克勒斯（Heracles）的名字命名的城市赫拉克利亚（Heracleia）的钱币上展现了他绞杀狮子的场景（图3.9）。重要的地区特产和民间传说也可能会通过钱币得到宣传，例如昔兰尼（Cyrene）的药用植物罗盘草（silphium）（图3.10）或骑着海豚与塔伦图姆（Tarentum）同名的英雄塔拉斯（Taras）（彩插图6）。钱币上可能会被自豪地印上发行它们的国王或城市的名字。这些名字通常以缩写出现，有时还会伴有当地造币厂负责官员的姓名首字母或字母组合画押。在极少数情况下，雕刻模具的艺术家会在自己的作品上签名，例如雕刻了西西里岛带有精美的战车比赛的钱币所用模具的欧伊内托斯（Euainetos）（图3.11）。[43] 一些钱币得名于其著名的设计，如雅典的"猫头鹰"（owls）和阿契美尼德（Achaemenid）波斯"弓箭手"（archers）（彩插图7），又如我们今天所说的美国的"本杰明"（Benjamins）、加拿大的"潜鸟"（loonies）和新西兰的"几维鸟"（kiwis）。[44] 2世纪的作家普鲁塔克知道，在公元前5世纪时，所有人，甚至是斯巴达人，都将雅典钱币称为"猫头鹰"。[45]

　　值得注意的是，大多数古希腊钱币的美观程度都超出了商业用途的需要。用现代术语来说，这就是为了取悦消费者并推销产品而进行的创造性包装。它为古代世界各地的市场带来了固定的

046

图 3.9 卢坎尼亚的赫拉克利亚（Heraclea，Lucaniae）打制的斯塔特银币（前 410—前 390），正反面分别为雅典娜头像与赫拉克勒斯搏狮场面。ANS 1941.153.53
Courtesy of the American Numismatic Society

图 3.10 昔兰尼打制的 4 德拉克马银币（前 435—前 375），正反面分别为宙斯阿蒙头像和罗盘草图案。 ANS 1944.100.79444
Courtesy of the American Numismatic Society

图 3.11 叙拉古打制的 4 德拉克马银币（前 405—前 400），正反面分别为阿瑞图萨（Arethusa）头像和驷马战车，模具上有欧伊内托斯的签名。ANS 1997.9.64
Courtesy of the American Numismatic Society

艺术技能展示机会。经过称量的交易金属块化身为微雕艺术杰作（彩插图8）。每个模具都是手工雕刻的，每枚钱币都是手工打制的，直到17世纪机制钱币才面世。[46]古希腊钱币上的高浮雕有别于大多数钱币的较为平面的样式。它赋予了钱币非凡的雕塑质感，使伟大的艺术家可在其上尽情发挥。

虽然现代钱币很容易堆叠，但作为三维艺术品，现代钱币（除了极少数外，如彩插图9）无法与古希腊钱币相媲美。古希腊人的竞争精神可能更多因体育、军事、政治和建筑形式闻名，但钱币制造在质量和信息传递方面也同样出色。例如，许多城市通过在钱币上描绘荷马的形象来争夺这位诗人诞生地的称号（图3.12）。还有一些城市则试图建立与荷马史诗中的英雄之一的联系。马其顿的城镇埃涅阿（Aeneia）用其钱币描绘了埃涅阿斯（Aeneas）及其家人逃离特洛伊的情景。[47]该图案后来在恺撒发行的带有宣传功用的钱币上重现，他自称特洛伊勇士埃涅阿斯的后裔，即维纳斯（Venus）和安喀塞斯

图3.12 士麦那发行的铜币，正反面分别为阿波罗头像与荷马像。ANS 2010.20.78
Courtesy of the American Numismatic Society

（Anchises）的儿子，以此荣耀家族血脉（图3.13）。小城马罗
内亚（Maroneia）的名声在于与其同名的英雄马戎（Maron）曾
为奥德修斯（Odysseus）提供美酒，使危险的独眼巨人波吕斐
摩斯（Polyphemus）醉倒，因此其公民自豪地在钱币上展示了
一串葡萄（图3.14）。[48]

图 3.13　于非洲打制的第纳尔银币（前 47—前 46），正反面分别为维纳
斯头像和埃涅阿斯携其父安喀塞斯（Anchises）逃离特洛伊的场景。ANS
1937.158.262
Courtesy of the American Numismatic Society

图 3.14　马罗内亚发行的 4 德拉克马银币（前 385—前 347），正反面分
别为狄俄尼索斯头像与葡萄图案。ANS 1944.100.15721
Courtesy of the American Numismatic Society

048

铸币政体

　　铸币的政体从这类自我宣传中获得了两方面的好处：自豪感和利益。公元前 2 世纪，塞斯托斯城（Sestos）决定铸造其第一枚铜币，并在一份公开声明中阐明了其动机："这样城市自己的钱币种类就可以流通，如此一来城市就可以从发行自己的钱币中获得收入。"[49] 由于青铜钱币很少流通到遥远的地方，推广描绘有手持谷穗的得墨忒耳"塞斯提亚"（Demter "Sestia"）女神形象的塞斯托斯钱币主要关乎当地人的骄傲（图 3.15）。有时，这些古代的品牌战略类似于现代的广告宣传活动，如将纽约宣传为"大苹果"或将巴黎宣传为"光之城"。另一个现代范例是旨在宣传各州的英雄、历史和产品的美国 50 州 25 美分计划所取得的成功。正如我们在佐治亚州的钱币上印上桃子，在威斯康星州的钱币上印上奶牛一样，古罗德岛（Rhodes）也巧妙地在钱币上展示了一

049 朵盛开的玫瑰，因为 rhodon 在希腊语中意为玫瑰（图 3.16）。即使对于不识字的人来说，单凭图像也能知晓城市的名称。塞利努斯（Selinus）城的欧芹（古希腊语中为 selinon）茎和梅洛斯（Melos）的苹果（古希腊语中为 melon）也是如此。通过图标速记，一幅简单的图像中可能包含了整个神话或史诗故事，如赫拉克勒斯的十二伟业之一或奥德修斯返回伊萨卡（Ithaka）。随着钱币的使用在时间和地域上的扩大，它们所讲述的故事也变得越来越带有异域元素。例如，马耳他的梅利塔（Melita）城发行的一枚铜币上就展现了来自遥远埃及的奥西里斯神（Osiris）的木乃伊形象。在尼罗河畔，一枚公元前 4 世纪法老内克塔内布

图 3.15 塞斯托斯发行的铜币（前 300），正反面分别为人物肖像与得墨忒耳"塞斯提亚"。ANS 2008.1.4
Courtesy of the American Numismatic Society

图 3.16 罗德岛发行的 4 德拉克马银币（前 400—前 333），正反面分别为赫利俄斯头像与玫瑰图案。ANS 1941.153.870
Courtesy of the American Numismatic Society

（Nectanebo）的金币上出现了古钱币上唯一的圣书字币文（彩插图 10）。币文担保这是"上好的黄金"（nfr-nb*）。

许多其他古代文明都铸造了自己的钱币，诸如帕提亚人、阿克苏姆人、凯尔特人、古罗马人等。每种钱币都有独特的工艺特

---

* nfr-nb，英文原书如此拼写，疑应有误，疑应为 nfr-nbw，埃及圣书字中"nbw"意为金子。——编者注

色或整体风格。在这些钱币的演变过程中，经常会出现各种风格的借鉴与融合。例如，凯尔特人用一种抽象的风格来展现传统的希腊钱币样式，让人联想到现代的超现实主义（图3.17）。古罗马人在其帝国的东部接受了希腊钱币的主流模式，在那里铸造了所谓的罗马行省币（Roman provincials）[曾被称为皇室希腊币（Greek Imperials）]，上面有当地的图案和用希腊文书写的皇帝名字（图3.18）；叙利亚行省的泽乌玛（Zeugma）城发行

图3.17　高卢行省凯尔特部落巴黎西人（Parisii）打制的斯塔特金币，正反面分别为抽象的人像与抽象的马。ANS 1944.100.74136
Courtesy of the American Numismatic Society

图3.18　安东尼·庇护时期亚历山大里亚发行的德拉克马铜币（144—145），正反面为安东尼·庇护像、宙斯和两条鱼。dated LH(8)ANS 1944.100.60367
Courtesy of the American Numismatic Society

的钱币是另一个例子。[50] 拜占庭人将古希腊、古罗马和早期基督教的图像学特质结合到一种钱币中，这种钱币现在被归类为"Romaion"。

与它们的现代后裔不同，古代钱币很少显示数字日期。少数的钱币类别使用数字（用希腊字母而不是阿拉伯数字书写）来标明统治纪年，例如图 3.18 中的罗马省钱币显示了安东尼·庇护（Antonius Pius）统治时期的希腊日期 H 年（eta，意为 8）。同一位皇帝在罗马铸造的钱币可以通过用拉丁文和罗马数字列出的一系列头衔和荣誉来确定日期（图 3.19）。不过，大多数古代钱币的年代必须通过考古发现或文物本身以外的其他背景证据来确定。

同样，古代钱币通常不像现代钱币那样标明面值。每个人都必须凭经验了解金、银、铜的重量标准和相对价值。这些标准因国家而异。在雅典，阿提卡（Attic）银德拉克马（希腊语意为

051

图 3.19　罗马安东尼·庇护时期的奥雷金币（144），正反面分别为安东尼·庇护肖像和胜利女神像，带有皇帝的名号 TR P COS III DES IIII（具有保民官权，曾三次担任执政官，此时第四次被委任为执政官）。 ANS 1944.100.48136

Courtesy of the American Numismatic Society

"一把"）重约 4.2 克，而在 20 英里外的埃伊纳岛上则使用埃伊纳重量标准，相同单位的银德拉克马重 6.3 克。这些差异肯定对日常使用者的计算能力提出了挑战。我们了解到，有一个人去鱼市买鱼，他被要求用较重的埃伊纳钱币购买晚餐，但获得的找零却是较轻的阿提卡钱币。除此之外，商贩还另收了他一笔货币兑换费。[51] 久而久之，一个专业的货币兑换商阶层出现了，他们以一定的成本帮助这种多样化的钱币系统运转起来。这些兑换商会摆放一张简易的桌子（trapeza）来进行交易，在现代希腊，银行仍被称为 trapeza。这些货币兑换商因贪婪和不诚实而臭名昭著。在一次著名的抗议中，耶稣在耶路撒冷愤怒地掀翻了他们的桌子。[52]

与塞斯托斯的情况一样，铸币也提供了其他获利的机会。政权以略高于其内在价值的价格发行钱币，从而收回制造成本，并获得一点额外收入 [即铸币税（seigniorage ）]。有时，古代政权会在贵金属钱币中掺入杂质以获取更多收益，例如，人们对罗马帝国时期银含量的波动进行了深入研究。[53] 这对于青铜钱币来说问题较小，因为它本质上是信用货币，往往在被承认其面值的本地范围内流通。因此，与雅典和后来的亚历山大大帝时期的帝国货币相比，青铜钱币的种类更多，通常也较少受到完全控制。

铸币产生的一些收益更多的是政治和宗教上的，而非仅涉及经济。[54] 古希腊时代在钱币上展现神像——无论是雅典娜、宙斯还是其他奥林匹斯诸神——的做法，在城邦货币中长期盛行。但在公元前 4 世纪，随着异常强大的军事统治者的崛起，这种做法遇到了挑战。从亚历山大大帝的肖像开始，英雄化的国王逐渐篡夺了神在钱币上的地位。这一创新让一代又一代的希腊化君主在赞颂自己的同时，也将传统的神灵推到了钱币背面的辅助位置。当然，几个世纪后，当他们的共和国变成帝国，古罗马人也做了同样的事。安东尼（Antony）、屋大维（Octavian）和其他军事领袖发行的将帅钱币（imperatorial coinages）成了罗马共和国钱币和帝国钱币之间的平滑过渡。

当西方遇见东方

这些货币体系的发展随着古希腊人和古罗马人的定居、贸易和征服传播。然而，当亚历山大的军队到达南亚时，希腊的货币传统遇到了另一种几乎同样古老的货币——被称为卡沙帕纳（karshapana）的印度戳记钱币（彩插图3）。这种独特的货币是通过在一块正方形或长方形的金属（通常是银或青铜）上锤打一系列独立的模具而制成的。公元前2世纪，古希腊式样的圆形钱币开始在中亚和南亚与印度的方形卡沙帕纳融合，产生了一种印度 - 希腊（Indo-Greek）混合钱币，这类钱币通常是方形的、双语的，并以希腊文国王和王后的名字发行，例如希波斯特拉图斯（Hippostratus）（图3.20）。随后出现了其他融合钱币，如印度 - 斯基泰（Indo-Scythian）钱币、印度 - 帕提亚（Indo-Parthian）钱币和汉佉双体（Sino-Kharoshthi）钱币。

第三类独立的货币传统出现在古代中国。[55] 中国盛行一种不同的技术，即用钱范浇铸钱币，而不是用模具打制。最早的中国钱币采用刀、铲和贝壳的外观。而后在公元前3世纪，中国人开始使用中间有孔的圆形范铸钱币（图3.21），这种样式一直被沿用至20世纪。这些钱币上没有图像，只带有用汉字书写的用以

图 3.20 希波斯特拉图斯时期于巴克特里亚发行的铜币（前 1 世纪），正反面分别为海怪与城市女神图案。ANS 1979.45.211
Courtesy of the American Numismatic Society

图 3.21 中国战国时代圜钱（前 290—前 255）。ANS 1937.179.14630
Courtesy of the American Numismatic Society

标明价值的重量。*虽然西方世界非常推崇肖像艺术，但这并不是所有钱币的必备要素。我们绝不能忘记那些文字精美但无偶像的伊斯兰钱币。它们与中国钱币一起，支配了地球上一半或更大范围的经济体系。

在一个经常将现金贬低为最慢的货币技术的世界里，钱币的

---

* 作者此处指半两和五铢等类别，而忽略了之后出现的年号钱。——译者注

历史影响很容易被低估。如今，当收银员为其他顾客找零时，排队结账的人们不耐烦地摆弄着智能手机，浏览新闻或欣赏照片。然而，我们对加快交易速度的渴望正是在 2600 年前由第一枚钱币所满足的。具有讽刺意味的是，钱币作为便携式新工具，尽可能多地塞满了文字和视觉数据，本身就是古代的智能手机。这导致了一场变革，人们自此有了接收来自君主或城邦的文本信息的义务，并接受该实体作为所有私人交易的第三方。突然间，无论你想从他人那里获得什么，无论是性、解梦、戒指、晚餐用的鳗鱼、阿提卡蜂蜜，还是踏入冥界，[56] 你的政府都能插上一脚。这无疑使钱币值得我们更耐心、更系统地对其进行研究。因此，我们需要钱币学家。

4

最初的钱币学家

> 时间可以把一切都撕碎和吞没，但这些小小的金属片，似乎磨坏了时间的牙齿。
>
> ——约翰·伊夫林（John Evelyn），《钱币：论纪念章》
> （*Numismata: A Discourse of Medals*）

作为史料的钱币

1697 年，钱币学家约翰·伊夫林宣称，作为古老年代的纪念物，钱币超越了所有其他物品。他甚至认为金字塔是"死气沉沉的哑巴，没有任何灵魂"，而从小小的钱币中他不但看到持久力，还有辩才。[1] 两个世纪后，牛津大学学者查尔斯·梅德（Charles Medd）表达了同样的观点："很明显，古代不可能给后人留下比其丰富多彩的钱币更具有广泛指引和启示意义的纪念物了。"[2] 克里斯蒂安·约根森·汤姆森（Christian Jørgensen Thomsen），这位首次提出人类早期文化三大时代（石器时代、青铜器时代和铁器时代）的考古学家写道："钱币是距今久远的时代流传给我们的最有趣、最重要的古物。"³ 将钱币同时视作古物和史料并非这些学者的首创，事实证明，这种尝试几乎与钱币本身一样古老。

带来礼物的希腊人

古希腊人喜欢研究一切事物的爱好使他们成为天生的钱币学家。因此，虽然古希腊人并非钱币的发明者，但他们是最早记录钱币研究的人。因此，钱币学的名称取自古希腊语中的 nomismata 一词是恰如其分的，希罗多德在研究钱币起源的时间和地点时首次使用了该词。⁴ 柏拉图的追随者们将一篇探讨了金钱涵义的论著归名于他，文中指出不同文化对于什么是财富形成了互不相容的观念。⁵ 该文声称迦太基人将装有未知物品的密封袋子作为货币，埃塞俄比亚人则使用刻有图案的钱石（money-stones）。我们已了解亚里士多德对钱币出现的原因进行了假设，他推断钱币的发明是为了给农民和工匠之间的商品和服务交换提供经济上的便利。⁶

据亚里士多德所述，古希腊人会仔细观察他们的钱币，这种习惯是科学探索所需的重要天赋。⁷ 钱币的无数种类、币文和估值让古代使用者兴趣盎然，而我们现代人逐渐丧失了这一兴趣。今天，很少有人会仔细检查每一袋零钱、对造币厂带来的新的且值得关注的内容翘首以待。钱在我们的双手和口袋中流转，几乎无需一瞥。如果我们像希腊人一样没有口袋的话，情况可能会有所不同。裤子在那个时代被认为是野蛮人的服饰，所以古希腊人有时会把小钱币含在嘴中，在需要时吐出，并将多余的放回去备用。由于人类天生喜欢检查进入或离开他们口腔的任何东西，一个古希腊人可能比你我更关心自己的钱币。公元前 5 世纪，喜剧剧作家阿里斯托芬（Aristophanes）曾拿一个粗心大意的可怜古希腊人调侃道：

> 两天前，那个无赖莱西斯特拉托斯在鱼市给我们支付的德拉克马找零时骗了我。他塞给我三片鱼鳞，我把它们塞进嘴里，以为是小钱币（obols，图 4.1）。鱼鳞的气味让我很不舒服，于是我把它们吐了出来！[8]

一个人如果想将微薄的财富含在嘴里到处跑，就必须留意什么是当时的法定货币。阿里斯托芬描述了一个古希腊人在市场上卖葡萄时的苦恼，他把铜币塞进嘴里，然后腮帮子鼓鼓地去找另一个小贩买一袋面粉。等他赶到时，政府已经对货币进行了改革，宣布他嘴里的铜钱不能再用来付款。[9]

图 4.1　雅典银奥波，正反面分别为雅典娜头像与猫头鹰图案，仅重 0.69 克，即阿里斯托芬提到的"鱼鳞"。ANS 1944.100.24268
Courtesy of the American Numismatic Society

穷人之间的这类日常琐事引发了更深远的思考。作为世界上最早的钱币学家，古希腊人试图理解钱币在更广博的世间诸事中的作用。他们思索使用钱币的文化与不使用钱币的文化之间的差异。例如，在公元前 1 世纪，地理学家斯特拉波（Strabo）发现，不熟悉钱币的蛮族没有能力准确地称量物品，也无法理解任何大于 100 的数字。[10] 阿里斯托芬讥讽一个住在雅典的斯基泰人连一枚用于支付嫖资的德拉克马钱币都没有，这个外邦人不得不用自己的箭囊来换取她的青睐。[11] 钱币需要人们具备一定水平的抽象思维、数学能力、符号学和文学素养。它们与其他一些具有变革性的发明，如语言和艺术，并肩而行，成了不知疲倦的伙伴。[12] 2 世纪，普鲁塔克将钱币与语言直接联系起来，将其视为储存和传播知识的手段：

> 我们使用语言正如同在贸易中使用钱币——我们接受自己熟悉且广为人知的钱币，即使它们在不同时期的价值也不尽相同。曾有一段时间，各种歌曲和诗句被人们用作言语中的钱币，记录了所有历史、哲学和其他值得崇高表达的事物。[13]

公元前 6 世纪的古希腊诗人忒奥尼斯（Theognis）将钱币这一新发明隐喻为道德行为，而将一个欺诈的人比作伪造的钱币。[14]

进步的危险

另一方面，一些惶恐不安的传统主义者对铸币的看法就像后人对钟表、印刷机、汽车、航空旅行和计算机的到来一样充满怀疑。索福克勒斯（Sophocles）在其公元前 5 世纪的戏剧《安提戈涅》（Antigone）中，让暴君克里昂（Kreon）怒斥道："钱币！我们的生活中从来没有出现过比这更糟糕的东西，它破坏国家，掏空家庭，传授可耻的德行，鼓励犯罪，带来亵渎！"[15] 这种物的能动性彰明较著、充满不祥，预示着今天待在"讨厌的罐子"里的钱所遭受的挫折和恐惧。由于钱币的力量，古希腊人将其与他们最伟大的立法者联系在一起：雅典的梭伦（Solon）、阿尔戈斯的斐顿（Pheidon）和斯巴达的来库古（Lycurgus）。斯巴达人制定了法律，禁止拥有可能腐蚀其价值观的钱币；他们用沉重的铁棒作为货币，以阻止与其他城邦的贸易。[16] 1 世纪，古罗马博物学家老普林尼指责第一位铸造古罗马金币的人犯下了反人类的罪行。[17] 他向往荷马时代的"美好时光"，那时人们使用牛皮、铁和奴隶，以牲畜的价值为基础进行贸易。[18] 这些道德和哲学的警钟在钱币出现的地方长鸣，比如在古代中国，以及在犹太地区尤其有名，希腊文新约告诫道："一切坏事的根源就是贪财。"[19]

金钱意味着权力。阿里斯托芬告诉他的观众，金钱使宙斯凌驾于其他诸神之上，也在战争时期使一国凌驾于另一国之上。[20] 因此，货币必须被置于严密的保护和无情的监管之下。制造假币者对国家主权构成了威胁，通常会被处以流放或死刑的惩罚。[21] 假币会被定期从流通中回收，存放在神庙中，例如放在一个贴有"伪造的斯塔特"（stateres kibdeloi）[22] 标签的密封箱中。哪怕合法的铸币也可能被禁止。公元前 5 世纪，雅典人下令其海军联盟（一个事实上的帝国）的成员必须停止铸造自己的钱币，而改用雅典的钱币。[23] 因这一法令退出流通的钱币须被交出，然后重铸成雅典的"猫头鹰"钱币。传令官们在爱琴海上四处宣扬，每个市集中都竖起了刻着法令副本的石碑。如果没有互联网，今天我们中的大多数人都不知道在哪里可以找到有关货币管理条例的抄本，这让古代的购物者瞠目结舌。公元前4世纪，雅典的另一项法令对钱币的使用进行了严格的规定。[24]市集中有城邦货币监察员巡逻，任何人都可以将可疑钱币交给他们检验。这些监察员通过仔细观察钱币的图案、触摸和闻嗅钱币，最终聆听真币掉落在坚硬表面时发出的响声来履行职责。其中最后一项技能好似高超的音乐家所具备的技能。[25]被确定为假币的钱币会被划上一道深深的刀痕，并不再流通。其他的钱币被视为法定货币，商人必须接受，否则他们的商品将被没收以作为惩罚。[26]

买家、卖家、货币监察者和铸币负责人都是钱币学的实践者。[27]哲学家们提醒统治者，他们有义务决定并执行三项关键指令：铸造何种钱币、何时铸造以及铸造多少。[28]这就需要他们依据经济状况对货币供应量有一些粗略的认知，并简要了解可以恰好反映当前事件的钱币类型和币文。公元前5世纪，利基翁（Rhegium）的僭主阿纳西拉斯（Anaxilas）在奥林匹克运动会的骡车比赛中获胜，因此他在其发行的钱币上庆祝了这一事件，如图4.2所示。[29]在下一个世纪中，马其顿的腓力二世通过钱币展示了他在奥运会赛马中的胜利，以此证明他的财富、声望和作为希腊人而非蛮族的官方地位（彩插图11）。[30]

与其父亲所发行的奥运题材钱币不同，腓力之子亚历山大发行了一系列军事主题的特殊大象币章，以庆祝他在印度海达斯佩斯河（Hydaspes）战役取得胜利。[31] 币章上彰显了这场胜利的神圣意涵，其正面描绘了国王向骑在大象上的敌人刺出利矛，背面则是扮作宙斯之子，由胜利女神加冕并挥舞着闪电束的亚历山大（图4.3）。近500年后，我们在罗马皇帝马可·奥勒留（Marcus Aurelius）铸造的一些金币背面可看到类似的信息（图4.4）。[32]

图4.2　利基翁发行的4德拉克马银币（前478—前476），正反面图案分别为骡车与野兔。ANS 1944.100.7998
Courtesy of the American Numismatic Society

图4.3 亚历山大大帝于东方打制的10德拉克马银章（前326—前323），正反面分别为亚历山大攻击波鲁斯王的战象图案与亚历山大手持雷电束接受胜利女神加冕的情景。ANS1959.254.86
Courtesy of the American Numismatic Society

图 4.4 古罗马马可·奥勒留时期发行的奥雷金币（171—172），正反面分别为马可·奥勒留肖像与手持雷电束接受胜利女神加冕的马可·奥勒留。ANS1966.62.19
Courtesy of the American Numismatic Society

特殊兴趣

正如在中世纪和文艺复兴时期的欧洲一样，古代统治者对钱币的历史表现出强烈的自我兴趣，因为他们对其施加了巨大的影响。在罗马共和国的最后一个世纪，即使是负责铸币的低级年度行政官员（tresviri monetales）也为自己有权选择钱币设计而欢欣鼓舞。这些刚刚开始政治生涯的年轻人可以随心所欲地创造任何钱币样式，因此他们中的大多数人都利用这个机会宣传自己祖先的成就，以大肆宣扬自己家族的历史。古罗马人甚至会在钱币上夸耀自己的祖先与在今天看来极为邪恶的事件有所关联。公元前 89 年，一位名叫卢修斯·提图里乌斯·萨比努斯（Lucius Titurius Sabinus）的铸币官在钱币上描绘了古罗马早期公民暴力绑架新娘的故事，即臭名昭著的"劫掠萨宾妇女"事件（图 4.5）。[33] 尽管发生了性侵犯，但这次袭击使古罗马人和萨宾人走到了一起，这

图 4.5　古罗马发行的第纳尔银币（前 89），正反面分别为提图斯·塔提乌斯（Titus Tatius）头像与古罗马人掳走萨宾妇女的场景。ANS 1937.158.88 Courtesy of the American Numismatic Society

061　对后来的铸币者来说是一个"骄傲"的时刻，因为他的姓氏反映了其萨宾血统。这类证据对于研究罗马共和国的政治和宣传有极高价值。

　　铸币官对古罗马货币的了解远不止这些，他们还稔熟于历史上的前辈们多年来铸造的各类钱币。负责为恺撒、庞培、安东尼和屋大维等雄心勃勃的统领发行将帅钱币的精明铸币者也是如此。我们知道，罗马的第一位皇帝奥古斯都是一位实践型钱币收藏家。他养成了收集各种类型钱币的习惯，包括外国钱币和古代国王的铸币，这种兴趣可能来自他的父亲和祖父。事实上，奥古斯都的政治对手曾蔑称他的父亲和祖父为"银行家和货币兑换商"，[34] 而奥古斯都则从父亲和祖父那里继承了一些古钱币。奥古斯都偶尔会分发一些收藏的钱币作为有价值的礼物，这表明其他人也在收集它们。[35] 钱币通常在新年时被作为礼物赠予他人。人们可能发现了一些完整的古代集藏，例如在塞浦路斯岛的库里翁（Kourion）出土的一组藏品，以及 2021 年在以色列发现的由悉心挑选的哈斯蒙尼（Hasmonean）钱币组成的窖藏。[36]

　　正如第 2 章结尾处所示，古代统治者熟知前朝的铸币。其中一些对钱币史产生了浓厚的兴趣，以至于委托工匠重新复刻古币的样式，其中一些钱币距当时已有 300 年的历史，而这些古币的原型显然仍存世并可用于复制。[37] 这些原型可能来自由专家管理的国家收藏。这样的人肯定是存在的，并被请求提供历史信息。古罗马档案学家和传记作家苏埃托尼乌斯（Suetonius）引用了尼禄（Nero）发行的一枚用以颂扬这位皇帝音乐才华的古币。[38] 更令人瞩目的是，希腊地理学家保萨尼亚斯（Pausanias）在 2 世纪时能够描述 500 年前在特洛伊兹恩（Troezen）铸造的一枚钱币，其正面是雅典娜头像，背面是三叉戟图案（图 4.6）。[39] 古罗马历史学家卡西乌斯·狄奥（Cassius Dio）在 3 世纪时也知晓早期的钱币设计，例如一类宣扬恺撒在 3 月 15 日被刺事件的钱币（图 4.7）。[40]

062

　　一些文本中甚至提到了虚构的皇帝和虚构的钱币，比如在虚

图 4.6　特洛伊兹恩打制的德拉克马银币（前 431—前 370），正反面分别为雅典娜头像和三叉戟图案。ANS 1941.153.787

Courtesy of the American Numismatic Society

图 4.7　恺撒的行刺者发行的第纳尔银币（前 43—前 42），正反面分别为布鲁图斯头像与自由帽和匕首图案，带有币文"三月十五"（EID MAR）。
ANS 1944.100.4554
Courtesy of the American Numismatic Society

构的罗马皇帝菲尔姆斯（Firmus）的案例中对其钱币的记述。[41] 事实上，根据博学多识的老普林尼的说法，一些古罗马人成了研究赝品和伪造钱币的专家。在帝国时期，一些买家愿意支付高价将精选的赝品纳入自己的收藏："现今，伪造的银币已成为悉心研究的对象，人们实际上愿意付出真币来购买一枚假币。"[42] 现代钱币学家仍然对假币情有独钟，因为它们是钱币史的一部分，从中可以学到很多东西。大多数重要博物馆都将假币收藏在所谓的"黑柜"中，供学者研究。塞缪尔·佩皮斯（Samuel Pepys）的日记（1663 年 5 月 19 日，星期二）中记录了他对一些伪造的格罗特（Groats）钱币的钦佩之情，以及能够收藏其中几枚的喜悦。无论如何，在现代市场上，我们大多数人都很少担心假币问题。我们的小额零钱根本不值得犯罪分子浪费时间，因而大额纸币更容易成为造假者的目标。以收藏市场为目标的假币则完全是另一回事。[43] 微小机械改动，即所谓的"用工具修整"，就能让一枚廉价的普通钱币拥有罕见而珍贵的造币厂徽记或其他特征。一枚价值连城的真币可以被翻模，或者用以制作新的模具来打制更多假币。对于历史学家和钱币学家来说，这些事情很重要，但对于钱币及其模因（meme）而言，只要复制的行为持续进行，真伪的概念就略显多余，例如这枚仿造著名的"3月15日刺杀事件"钱币的古代赝品（图4.8）。熟练的造假者有时是模因的最好朋友。

学者们当然可以研究各类货币而不局限于钱币，或者专攻钱币而非一般意义上的货币。顾名思义，大多数钱币学家追寻的是上述的第二种方向，尽管学术界有义务研究各种形式和功能的铸币。古代钱币学家并不总是具有从各类早期货币形式中辨识出钱币的能力，他们往往会将钱币的发明归功于某个著名的古代英雄。不过，他们还是说对了一些事。老普林尼撰写了一部简短的古罗马货币史，其中包括对拉丁语术语的注释，反映了铸币出现前称量金属的必要性。[44]例如，开支（expensa）指"称量"过的钱，津贴（stipendium）指士兵称量过的钱。拉丁语中称重

图4.8　外层包银的铜质第纳尔（Fourré），是图4.7中所示钱币的古代仿造品。 ANS 1947.2.575

Courtesy of the American Numismatic Society

（pendĕre）包含让天平盘自由摆动（pendĕre）之意。英镑（£）的现代符号中也蕴含着同样的动作，它源自拉丁语中一对自由摆动的天平，即 libra。

古代钱币学家研究钱币中的社会、宗教、军事和外交历史。传记作家苏埃托尼乌斯（Suetonius）记述了古罗马皇帝维斯帕先（Vespasian）的儿子提图斯（Titus）斥责其父对使用公共厕所征税的事件，皇帝提醒他的儿子"金钱不臭"（pecunia non olet），[45] 以此为这种做法辩护。这个著名的箴言已经成为一款现代同名纸牌游戏的基础，玩家们通过在古罗马租借付费厕所来争夺利润。拥有一个花哨名字的作家苏格拉底·斯科拉斯提库斯（Socrates Scholasticus）记录了 4 世纪时异教皇帝叛教者尤里安（Julian）因在钱币上印异教信仰中的公牛而激怒了安条克的基督徒的事件（图 4.9）。[46] 古罗马历史学家李维（Livy）在国家记录中发现，公元前 190 年，在马尼乌斯·阿西利乌斯·格拉布里奥（Manius Acilius Glabrio）的罗马凯旋式游行中展出了 36.2 万枚掠夺来的希腊钱币。[47] 我们甚至有关于罗马帝国钱币如何抵达斯里兰卡并致使亚洲使团在 1 世纪被派往克劳狄乌斯（Claudius）的宫廷的引人入胜的钱币学记载。[48] 中国人也表达了对西方钱币的兴趣。公元前 2 世纪，汉武帝的一位使者报告说："安息国……以银为钱，钱如其王面，王死辄更钱，效王面焉。"[49]*（图 4.10）这对中国统治者来说是一个重要的消息，因为他们的货币在传统上并不带有人像。

---

* 《史记》（123 卷）记载。——译者注

064

图 4.9 安条克发行的叛教者尤里安铜币（361—363），正反面分别为尤里安肖像和公牛图案。ANS 1984.146.576
Courtesy of the American Numismatic Society

图 4.10 帕提亚国王米特拉达梯二世于拉格（Rhagae）造币厂发行的德拉克马银币（前 123—前 88），正反面分别为米特拉达梯头像和弓箭手试弓图案。ANS 1944.100.82367
Courtesy of the American Numismatic Society

日常生活

钱币在日常生活中扮演着奇特的角色。根据古罗马法律，"神圣之物不可以货币价值衡量"，但反过来说，货币却可以被赋予神圣的价值。[50] 据说，在古罗马，当奴隶拿着印有庇佑其臣民的皇帝肖像的钱币时，是不会挨打的。[51] 提比略颁布法令，规定不得携带印有被神格化的奥古斯都肖像的钱币进入古罗马妓院或浴室，否则将被处以死刑。[52] 这或许可以解释为什么会出现春宫币（spintriae），这种带有性暗示的代币或许是用来代替钱币来支付给妓女的，尽管在妓院的发掘中一般不会发现这类文物。当古代人开始用皮袋携带沉重的现金时，人们普遍将皮袋与睾丸联系在一起。希腊的一张纸莎草纸显示，这种关联具有治疗效果："要治愈肿胀的睾丸，系上钱袋的绳子，并在系每个绳结时念（无意义的）单词'Kastor'一次和'Thab'两次。"[53] 钱币在许多文化中被赋予医学和宗教属性，有些被视为护身符和魔法护身符。[54] 在古代晚期，人们将印有亚历山大大帝名字的钱币绑在头上和脚上以避邪。[55] 后来，保加利亚出现了一种信仰，认为耶稣十字架的锯屑与熔化的金银混合在一起，被古罗马皇帝君士坦丁制成了钱币。因此，古罗马的第一位基督教皇帝发行的任何带有十字架图案的钱币据称都具有治愈一切伤病的能力。[56]

在中世纪，人们普遍认为，在弯折一位虔诚的国王的钱币时呼唤他的名字会引发奇迹。被折弯的钱币被神圣化并用于献祭，使其不再具有货币功能，它们之后可能会被供奉在祭坛或神龛上。英国国王亨利六世的奇迹编年史中含有许多弯曲他的钱币（图 4.11）以治愈各种疾病和意外事件的受害者的例子，包括被车辆碾压、在婴儿床上被意外绞伤、被牛角刺伤、被烧伤以及被致盲的儿童。[57]

莎士比亚在《麦克白》中描述了金钱的疗愈之力：

图 4.11　于加莱发行的亨利六世半克罗特银币（1422—1461），正反面分别为亨利六世头像和十字架。ANS0000.999.3026
Courtesy of the American Numismatic Society

可是害着怪病的人，

浑身肿烂，惨不忍睹，

一切外科手术无法医治的，

他只要嘴里念着祈祷，

用一枚金章亲手挂在他们的颈上，

他们便会霍然痊愈。[58]*

　　当然，金章是一枚由国王赋予了威力的钱币，这里指的是忏悔者爱德华。在莎士比亚之后的几个世纪，一位名叫艾莉莎·多克·加里（Elisha Doc Garey）的前奴隶向公共事业振兴署（WPA）的面试人员解释了他的非裔美国人祖先中的类似习俗：

066

---

*　　译文引自威廉·莎士比亚《麦克白》，朱生豪译，译林出版社，2018，第68页。
　　——译者注

奴隶们把镍币或铜币串在脖子上，以预防疾病。也有少数人佩戴 10 美分钱币，但这类钱币很难入手。[59]

另一位前奴隶、亚拉巴马州的"蒂尔迪阿姨"——从事疗愈工作的柯林斯说："将一枚带孔的钱币，通常是 10 美分钱币，系在脚踝上，可以防止中毒。"[60]其他人回忆起佩戴穿孔钱币来避免风湿病和邪恶咒语的往事。[61]这类护身符曾在许多美国奴隶居住区中出土。[62]

早期的钱币学家对钱币如何融入人们生活中表现出广泛的兴趣。当观众涌向剧院时，他们会听到来自各行各业的人物在台上台下谈论钱币和钱币学概念。[63]我们知道工薪阶层有一句谚语："用于支付账单的是钱币，而非闲聊。"[64]我们可以非常肯定，普通的农民和渔民对钱币有相当多的了解，这要归功于古代世界最有趣的钱币学家之一，即 1 世纪的一位巡游犹太拉比。在他的旅行中，作为木匠儿子的耶稣很少谈到木工，但钱币学家耶稣却经常提到日常所用的钱币，并将其作为教学工具。他对当时货币的引用相当精确，无论是古罗马、古希腊货币还是犹太货币。他知道这些货币的各种类型、币文、面值和购买力，更重要的是，他希望他最卑微的听众也通晓这些事情。

拿撒勒的钱币学家

由于 17 世纪《福音书》的英译者决定将古代货币换算成他们自己的货币，拿撒勒的钱币学家耶稣在很大程度上被历史所掩盖了。因此，影响深远的英王钦定本圣经给人留下的印象是，耶稣所处的是单一货币世界，而且是使用当时读者所熟悉的英国货币的世界。当耶稣提醒他的门徒不同社会经济群体中钱币的相对价值时，他提到一个贫穷的寡妇只拥有两个小莱普塔（lepta）铜币。[65] 他使用了正确的钱币学术语来描述这种在后世版本中被译者用英格兰常见的铜币"小钱"（mites）之名来指代的钱币种类。同样，在英王钦定本圣经中，我们发现"法新"（farthings）一词，实际上是指耶稣提到的古罗马阿斯和1/4阿斯。[66] 当耶稣就钱币与国家主权之间的关系发表著名的钱币学演讲时，他实际上使用的词是古罗马的第纳尔（denarius）银币，而不是1便士。[67] 他邀请审问者检查钱币的类型和币文，也许是当时提比略发行的、后来被现代爱好者称为"供奉便士"的一枚钱币（图4.12）。耶稣随后宣称："恺撒的归恺撒。"因为这显然是帝国的货币。

耶稣描述了一位妇女在灯下拼命寻找一枚丢失的德拉克马银币的场景，并将她的最终成功喻为拯救灵魂的喜悦。[68] 耶稣的

图4.12 于卢格杜努姆打制的提比略第纳尔银币（14—37），正反面分别为提比略头像和宝座上的女神像。 ANS 1935.117.357
Courtesy of the American Numismatic Society

听众能够理解这位妇女的努力，也能从这枚钱币的相对价值中体会到她的欣慰，这一钱币学原理在今天被更通俗地称为"寻找因素"。[69] 这种现象阻碍了高面值钱币从人类手中逃脱。耶稣甚至向他的追随者谈论过钱币窖藏的问题，他举例说一座埋藏的宝藏价值 1 塔兰特的银币，即 6000 德拉克马。[70] 耶稣评论过用适当的钱币纳税的问题，有一次他自己和彼得都没有所需的 2 德拉克马钱币。于是他命令同伴去抓一条鱼，然后取来鱼嘴里的银币。[71] 耶稣认为这类税是不公正的，却施展奇迹交了这笔税，以免触怒政府。钱币、税收和宗教之间的紧张关系一直为钱币学家所关注。在乔治·哈里森（George Harrison）为披头士（Beatles）乐队创作的歌曲《税人》（*Taxman*，1966）的歌词中，这位苦闷的歌手感叹政府对人间的一切都要征税，但仍警告听众："现在，我给亡者的忠告：申报你放在眼睛上的便士吧。"这是对往死者眼睛上放置钱币这一古代宗教仪式的有力引申，因为即使是死亡，税务官也要索取他的应得之物。

耶稣和他的追随者非常了解市场和钱币在复杂的地中海世界中如何运作。这些草根出身的人们对我们今天所说的"讨价还价"再熟悉不过。这种营销策略鼓励消费者以较低的单价购买额外的物品，例如 1 美元买 2 件或 2 美元买 5 件。在《马太福音》中，耶稣说两只麻雀的价格是 1 铜钱（如图 4.13 所示），而在《路加福音》中，他给出了另一种价格：支付两倍价钱，即两枚阿斯铜币，可买 5 只麻雀。[72] 比大多数人更精明的门徒犹大甚至能够一眼看出一定数量芳香油的价值相当于 300 个古罗马银币。[73] 十二门徒中，他自然而然地承担起了管理钱财的责任。

图 4.13 古罗马于提比略时期发行的纪念奥古斯都的阿斯铜币（22—30），正反面分别为奥古斯都头像与祭坛图案。ANS 1944.100.39222
Courtesy of the American Numismatic Society

犹大为了 30 个银币（可能是谢克尔）而出卖了耶稣（图 4.14）之事令其臭名昭著。[74] 长期以来，这些钱币在虔诚的基督徒心中占据重要位置：它们的作用是否像犹大一样，被更高的力量干预从而为了某种更高的利益行事？ 在历史上，这些银币是否有着更重要的角色？ 对此种银币的喜爱是否真的是万恶之源？ 种种猜测甚嚣尘上：根据一位福音书作者的说法，悔恨不已的犹大在上吊自杀之前将银币交还给了犹太公会（Sanhedrin）。[75] 因为它们曾被用作血钱，祭司们不能将其隐蔽地放回圣殿的金库，于是他们用这些银币为穷人购买了一块墓地（据称就此实现了一个古老的预言）。另一种说法是，犹大自己用不义之财买下了这块地，然后他的肚子裂开，肠子撒在了墓地上。[76]

随着时间的推移，这 30 枚银币在心理和道德层面上的意义愈发重大。[77] 中世纪时，人们认为这些被支付给犹大的钱币经历了一段非凡的旅程，这是将流通中的钱币赋予文学功能的另一个例子（见第 2 章）。[78] 这个多变的故事变得非常受欢迎，并被

图 4.14　犹大接受 30 枚银币，中世纪壁画，瑞典布朗内斯塔德（Bronnestad）教堂
Stig Alenas/Shutter Stig Alenas/Shutterstock.com

翻译成许多语言，如亚美尼亚语、叙利亚语、拉丁语、意大利语、德语和加泰罗尼亚语。在 12 世纪编年史家维泰尔博的戈弗雷（Godfrey of Viterbo）的故事版本中，这些钱币（据称是第纳尔）是亚伯拉罕的父亲他拉（Terah）为亚述国王尼诺斯（Ninus）铸造的。那个时代不存在钱币，更不用说古罗马第纳尔了，当然，传说很少关注正确的年代顺序。根据这个故事，亚伯拉罕自己带着钱币去了迦南，并用这些钱币买下了埋葬他妻子的土地，这就是犹大事件的前兆。这些钱币随后为被妒忌他的兄弟们贩卖

为奴的约瑟赎了身。钱币到达埃及，进入法老的国库。而后，这些钱币辗转至示巴女王、所罗门，最后到了尼布甲尼撒手中。这30枚钱币被东方贤士从巴比伦带到伯利恒，作为送给尚在襁褓中的耶稣的礼物。为了与贤士们携带黄金、乳香和没药的故事相吻合，银币暂时变成了金币。

未来的圣母玛利亚为了躲避希律王逃到了埃及，据说她把这些银币作为窖藏埋了起来。这处窖藏后来被牧羊人发现，并交给了一位占卜出了银币真实来历的亚美尼亚占星家。他把出生礼物还给了耶稣，耶稣将这30枚钱币（现在又变回了古罗马第纳尔银币）供奉给耶路撒冷的圣殿。祭司们拿到了这些钱，因此能够支付加略人犹大协助抓捕耶稣的费用。于是，耶稣的庆生钱币成了他死亡的元凶。传说中一半的钱币被用来购买他的墓地，其余的支付给守卫耶稣坟墓的士兵。[79] 在充斥着这类传说的中世纪世界中，热心的钱币学家们孜孜不倦地寻找这些被施了魔法的钱币，并自然而然地声称在俄罗斯、法国和意大利等遥远的地方找到了它们。例如，现在由爱尔兰利默里克（Limerick）亨特（Hunt）博物馆收藏的一枚古代银币外沿镶嵌有一圈14世纪的金环，上面镌刻着"QUIA PRECIUM SANGUINIS EST"，意为"因为这是血的代价"。[80] 这句话直接引用自武加大译本《马太福音》。[81] 显然有人相信自己拥有那30枚银币中的一枚，并将其镶嵌做成吊坠佩戴。然而，与其他40枚据说也是当初犹大用以出卖耶稣的银币一样，它与这句圣经典故毫无关系。[82]

时人对古币的兴趣并不总是与对它的理解和经验相匹配。而随着人们在所谓的罗马帝国衰亡后对货币的使用日益减少，

070 该问题变得愈加严重。越来越虔诚的欧洲信徒在钱币上将赫拉克勒斯误认为参孙，将维纳斯看成圣母玛利亚，将胜利女神视作天使（彩插图12）。他们把古罗马皇室的肖像想象成了圣经中的元老。[83] 例如，481 年前后，当克洛维（Clovis）埋葬他的父亲希尔德里克（Childeric）时，这座王室坟墓中随葬有一组非凡的金银币，其时间跨越了从罗马共和国到芝诺（Zeno）皇帝执政时期的 5 个世纪。这一展陈呈现了一系列基于意识形态目的而精挑细选的、拥有深厚文化意涵的钱币，显然意在被那些了解钱币的特权阶级观展者所看见。[84] 当然，这只是一个精英子集，人数更多但受教育程度更低的大众，可能很难理解这些文物。

以小博大

　　古希腊和古罗马的世界正在消失，取而代之的是圣经神话和历史的融合。生活中相对缺乏小额零钱的普通民众再也记不起古代钱币的政治、宗教和经济环境了。古罗马经济曾一度支撑起以白银和青铜为主、黄金为辅的广泛货币化。在奥古斯都时代，每个士兵和店主都知道，1 枚奥雷金币（aureus）值 25 枚第纳尔银币（denarii），1 枚第纳尔银币等于 4 枚塞斯特提斯黄铜币（sestertii）。塞斯特提斯之下又有面额更小的都彭狄乌斯（dupondius）、阿斯（as）和夸德兰（quadrans）铜币。这一系统在 3 世纪时失灵，到 5 世纪时西罗马帝国停止铸造银币。此后，罗马人开始使用 4.5 克的索利德（solidus）金币及基于其单位等分的小额金币，即塞米西斯（semissis）和翠米西斯（tremissis），此外还有一种面额很小的铜币，被称为努姆斯（nummus），重量不足 1 克。渐渐地，除了先令的前身——极小的翠米西斯外，其他面额也消失了。东哥特人、西哥特人、伦巴第人、盎格鲁－撒克逊人和其他族群偶尔发行的钱币保持着与古典过往的微弱联系。这种变化不利于有抱负的钱币学家。与此同时，在东罗马（拜占庭）帝国，存在一种主要基于较重的富利（follis）铜币（图 4.15）且与古老的金银铜复合体系有着一定相似之处的货币系统。钱币的币文主要使用希腊文，而钱币类型倾向于基督教主题。

大约从 8 世纪开始，在加洛林王朝的统治下，银币在西欧被重新发展起来。翠米西斯金币为便士（或德涅尔）、半便士和法新银币所取代。这些钱币通常打制工艺较差，有些非常薄，以至于一面的图案盖住了另一面的图案，使两面所承载的意涵都受到折损。因此，人们找到了一种不同的方式来生产这些钱币，即只用一个模具在正面打上图案。这些所谓的薄片（bracteates，意为

图 4.15　君士坦丁堡发行的拜占庭富利铜币（989—1028），正反面分别为耶稣头像和币文。ANS 1958.206.13

Courtesy of the American Numismatic Society

"叶状")牺牲了钱币背面图案所承载的意涵以确保精选的模因得以在另一面得到完整呈现。单面钱币提供了一种无奈但优雅的解决方案。铸币权往往因王室授权或直接篡夺而分散，因此钱币的质量仍然参差不齐。

在所有这些变化中，我们瞥见了欧洲某个地方的混乱时刻。一位匿名的中世纪修道士在抄写彼得罗尼乌斯（Petronius）的《萨蒂利孔》（*Satyricon*）手稿时，发现了这样一行拉丁文："Ab asse crevit et paratus fuit quadrantem de stercore mordicus tollere."对于熟悉古罗马钱币的人来说，这句话的意思很明白："一个穷人起初只有一枚小铜币（as），为了致富，他不惜用牙齿从粪土中挖出一枚更小的铜币（quadrans）。"然而，这位僧侣在阅读和抄写这段文字时，遵循着他自己的中世纪思维方式，将"Abbas secrevit"写成了"Ab asse crevit"。[85] 他的错误将"他最初只有一枚小铜币（as）"的意思变成了"修道院院长斥责了他"，将一个修士放在了文中钱币所应在的地方。具有讽刺意味的是，在加洛林王朝和撒克逊时期，一些女修道院院长确实在不少造币厂行使过铸币的权力，这在世界历史上也许是绝无仅有的。[86] 这些女性对重量标准和钱币类型进行了持续的控制，她们主持铸造的钱币图像上具有独特的性别特征（图 4.16）。

13 世纪，钱币受益于城镇的发展、银矿的重新开采以及远距离贸易的复兴。国家、军队和大教堂的建设对钱币有了更多的要求。长期以来，新约中反对财富的禁令所塑造的大众对金钱的态度也开始发生变化。对福音书中所述"我实在告诉你们，财主进天国是难的。我又告诉你们，骆驼穿过针的眼，比财主进神的国还容易呢!"(《马太福音》19:23-24)这一情况的担心渐渐偃息。

因此，钱币又开始大行其道。在弗赖堡，铸币厂的数量在 1130
年至 1197 年从 9 个增加到 25 个，到 1250 年增加到 40 个。[87] 在
英格兰，伦敦和坎特伯雷的铸币厂在 1247 年至 1250 年铸造了约
7000 万枚新的便士银币；到 1279 年至 1281 年，产量增至 1.2 亿
枚。[88] 与此同时，积极进取的威尼斯人推出了杜卡特（ducat）银
币，它们在英格兰被称为"格罗特"，在法国被称为"格罗斯"
（gros）。穆斯林和拜占庭金币的持续存在也使欧亚大陆的商业日
益复杂。1231 年，腓特烈二世皇帝在欧洲重新引入了金币，发行
了西西里奥古斯塔（Augustales）金币，复现了古典钱币的设计
和高浮雕。随后，佛罗伦萨于 1252 年发行了弗罗林（Florin）金
币，威尼斯也在不久之后推出了杜卡特金币（ducato d'oro）。在
混乱的钱币、习俗和贸易体系中穿梭，促使人们编纂了《行商使

图 4.16 德国温岑堡（Winzenburg）女修道院院长贝娅特丽克丝二世
（Beatrix II）发行的佩芬尼（pfennig）单面银币，德国（1138—1160），
银币图案为手持福音书的女像。 ANS0000.999.18058
Courtesy of the American Numismatic Society

用指南》(*pratiche della mercatura*)，其中最著名的版本是佛罗伦萨银行家弗朗切斯科·佩戈罗蒂（Francesco Pegolotti）在 14 世纪早期出版的。他的作品中包含一本钱币手册，尽管其范围仅限于满足旅行商人的需求。

在更高的诗学境界中，钱币仍然是善与恶的便捷隐喻。例如，但丁在《神曲》第 24 小节中将信仰比作金钱（moneta），其中圣彼得用钱币学上的术语询问作者：

> （圣彼得）道："现在这枚钱币经过了查验，
>
> 我们已知其成色和重量；
>
> 请你告诉我，在你的袋中是否有这枚钱币？"
>
> 我说："我确实有一枚发亮而整圆的钱币，
>
> 其上的戳印让我毫无怀疑。"[89]

尼古拉斯·奥雷斯姆（Nicholas Oresme）

中世纪时期，欧洲只有一部专门论述货币和铸币理论的长篇论文。这篇论文出自 1320 年至 1382 年在世的法国学者主教尼古拉斯·奥雷斯姆之手。[90] 在《关于钱币的起源、性质、法律地位和操纵的论述》(*Treatise on the Origin, Nature, Legal Status, and Manipulation of Coins*) 中，奥雷斯姆探讨了发明钱币的原因、它们的组成和设计，以及谁是钱币的真正所有者——人民还是贵胄。他站在了人民一边——这相当勇敢，因为这本小册子是他为法国国王查理五世撰写的。奥雷斯姆可被称作第一位现代化的钱币学家，原因有三：其一，他试图将这一主题作为历史、经济学和道德哲学的一部分来全面处理；其二，他希望自己的研究有助于制定经济政策；其三，他明确提出了后来被称为"格雷欣法则"（Gresham's Law）的观点。

在这一过程中，奥雷斯姆从亚里士多德的角度阐述了物物交换和货币的出现。他对操纵货币牟利的弊端进行了广泛的探讨，认为降低钱币的成色是一种可怕的罪过。他将法国的许多经济困境归咎于这种做法。最重要的是，他首次全面阐述了后来被称为"格雷欣法则"的定律。该定律指出，劣币必然驱逐良币。[91] 换而言之，掺入杂质纯度较低的钱币的流通会将足色的优质钱币逐出市场，因为人们倾向于囤积优质钱币而使用劣质钱币进行消费。这一原理后来被称为"格雷欣法则"，以托马斯·格雷欣爵士（Sir Thomas Gresham，伊丽莎白一世女王的财政顾问）的名字命名，尽管早在 1526 年尼古拉斯·哥白尼（Nicolaus Copernicus）就解释过这一原理，而所处年代更早的奥雷斯姆（Oresme）也对其进行过阐述。[92] 关于这一现象的论述或许最早见于雅典剧作家阿里斯托芬的评论中。公元前 405 年，他曾开玩笑道，人们花的是劣质铜币，而不是最好的金币。[93] 然而，格雷欣法则只适用于贵金属货币的流通，而不适用于信用货币。如果它们以相同的商品价格兑换，那么便宜的货币将取代昂贵的货币。这种情况最近一次发生于美国的《造币法》（Coinage Act）于 1965 年实施之时，当时优质的银币被铜镍合金币所取代。

至 14 世纪末，欧洲再次出现了存在三种流通金属的货币体系：金、银和铜／青铜。金币主要用于满足贵族和商人，而非大

073

众的需求，因为大众在日常生活中很少见到高面值的钱币。租金、税收和布施都是用银币支付的，而穷人则依靠铜币来购买物品。虽然汇率并不总是稳定的，但在曾属于罗马帝国西部的这个地域上，金银铜复合货币体系在近千年来首次重新发挥作用。人们对钱币学家的需求即将重现。

5

第二波浪潮

我想要一个摆满纪念章、钱币和宝石的橱柜。

——约翰·昆西·亚当斯（John Quincy Adams），

《人的欲求》（The Wants of Man）

文艺复兴时期的古物学

14 世纪，钱币学在欧亚大陆追捧者甚众。伟大的伊本·赫勒敦（Ibn Khaldoun，图 5.1）等阿拉伯作家在曼苏尔·伊本·巴拉·达哈比·卡米利（Mansur ibn Ba'ra al-Dhahabi al-Kamili）及其他早期学者的钱币学论著的基础上，编写了一部影响重大、记录了多个年代的钱币的历史。[1, 2] 在欧洲，对钱币学的狂热从意大利北部开始复苏。这一运动在彼时对古典世界兴趣的历史性复兴中（我们称之为"文艺复兴"）发挥了至关重要的作用。文艺复兴时代见证了曾长期中断的"古代的高雅文化"被重新引入人们的生活之中。这个断层被称为"中世纪"，直译过来就是"中

图 5.1 突尼斯发行的 10 第纳尔纸币，2005，印有伊本·赫勒敦（1332—1406）的肖像。

Georgios Kollidas/Shutterstock.com Georgios Kollidas/Shutterstock.com

间的时代"，它将崇古的当时与古希腊和古罗马辉煌的过去分隔开来。这"第二波浪潮"促进了古物学的发展，古物学旨在收集和研究各种古物，如青铜和大理石雕塑、花瓶、马赛克、铭文、浮雕和钱币。[3] 在亚历山大·波普（Alexander Pope）向钱币学致敬的诗篇中，我们读到了人们对钱币（当时通常称为币章）重新唤起的兴趣：

> 币章，无愧于它的声名，
>
> 不同的时代和年代，它有着不同的形式和名字：
>
> 只一眼，就吸引了我们
>
> 神、帝王、英雄、圣贤、美人，

> 苍老的古物学家目光锐利，审视着⋯⋯
>
> 他们为的是虚荣，你是为学问。
>
> 经你之手，罗马的光辉再次闪耀：
>
> 她的众神和英雄跃然眼前，
>
> 她所有褪色的花环重现荣光。[4]

收藏热

第一位"目光锐利"的古董商是佛罗伦萨伟大的人文学者弗朗切斯科·彼特拉克（Francesco Petrarca，1304-1374）。[5] 他收藏钱币，特别是古罗马钱币，既是为了审美上的愉悦，也是为了学识上的兴趣。他在一封信中告诉我们：

> 经常会有葡萄园工人走近我，手里拿着一枚古老的、有时被犁刀划过的宝石或金银币。他想知道我是否愿意购买它们，或者我是否能说出上面印有谁的肖像。[6]

1355 年，彼特拉克与神圣罗马帝国统治者查理四世分享了他对钱币的热情。[7] 很快，国王、王子、教皇和皇帝们争相购买梦寐以求的古典珍品，以充实他们的奇珍柜（Kunstkammern）。[8] 这些奇珍柜以私人博物馆的形式不拘一格地陈列着古董，它们装饰着豪宅和宫殿，是主人见多识广的显著标志。这些陈列为同时代的艺术家提供了研究的灵感和范本。虽然不是每个贵族人家都买得起大量古代马赛克或大理石雕像，但钱币却很容易买到，并且作为一种微雕杰作备受推崇。许多钱币都与爱好古代文化的富人们最崇拜的名人、事件、城市和标志性古迹直接相关。[9] 国王阿尔方索五世收集了臣民们在他的领地上发现的古代钱币，他把这些钱币放在一个象牙柜子里，到哪里都带着。瑞典的克里斯蒂娜女王（图 5.2）围绕着她的奇珍柜（Kunstkammer）带动产生了辉煌的宫廷文化，藏品中包括超过 1.5 万枚钱币。1654 年，当这位博学的古物学家退位时，她将这些钱币带到了罗马。[10]

　　钱币收藏成了一条扬名立万的好路子，由此，许多钱币学家自身也变成了艺术收藏的一部分。15 世纪末，汉斯·梅姆林（Hans Memling）创作了《手持罗马钱币的男子肖像》，现陈列于安特卫普皇家美术博物馆（Koninklijk Museum voor Schone Kunsten in Antwerp）。佛罗伦萨乌菲齐美术馆收藏的桑德罗·波提切利的《手持科西莫·德·美第奇纪念章的男子肖像》（1474）表现了一位收藏家手持一枚巨大的、嵌在画中的镀金纪念章（pastiglia）。1567 年，提香为意大利古董商雅各布·斯

图 5.2　克里斯蒂娜女王于斯德哥尔摩发行的里克斯达勒（riksdaler）银币（1641），正反面分别为克里斯蒂娜肖像和基督升天图案。ANS 1929.103.247
Courtesy of the American Numismatic Society

特拉达（Jacopo Strada）创作了一幅肖像画，画中的斯特拉达被自己的珍宝围绕，摆弄着钱币。这幅画现藏于维也纳艺术史博物馆。[11] 安托尼斯·莫尔·凡·达霍斯特（Anthonis Mor van Darhorst）所绘的《胡伯特·高秋思（Hubert Goltzius）肖像》（1574）现藏于布鲁塞尔皇家美术博物馆，使这位著名荷兰钱币学家的面容永存于世。一个世纪后，弗朗索瓦·勒梅尔（François Lemaire）绘制了巴黎造币厂主管让·瓦兰（Jean Varin）指导年轻的路易十四学习钱币学的画像。在诗歌方面，托马斯·莫尔（Thomas Moore）爵士的《论古代钱币》（De nummis antiquis）赞美了与他同处于 16 世纪的近代早期学者海罗尼默斯·范·布斯莱登（Hieronymus van Busleyden）所拥有的钱币收藏，并在最后几行盛赞这位古物学家收藏的一箱古罗马钱币甚至比金字塔还要伟大。

钱币收藏让每一位鉴赏家身边都被这些过去辉煌年代的微小纪念品所环绕，这种爱好被誉为"最纯洁的追求，从未引起过不怀好意之人的觊觎"。[12] 因此，收藏那些具有崇高意义的钱币成了一种狂热爱好。一位钱币学家在 1579 年写道："在任何一个曾有古代聚落的地域、地区或国家，都能发现这些古罗马人的币章，它们见证了古罗马人的辉煌，也是罗马帝国在其遍布世界的行省的纪念物。"[13] 的确，这些所谓的纪念物甚至在它们最不可能出现的美洲大陆都有出土。据称，巴西出土过一枚奥古斯都时期发行的铜币，这枚铜币后来被送至罗马教皇的收藏中。[14] 在"新大陆"发现古代钱币的报道至今仍有出现。2015 年，一位年轻的金属探测器专家在切萨皮克湾发现了一组由 48 枚古希腊和古罗马钱币组成的窖藏，据说在得克萨斯州圆石镇的一个美洲原住民墓冢深处也发现了一枚古罗马钱币。考古学家在弗吉尼亚州一个殖民种植园的废墟中发现了一枚古罗马金币。它们是被富有冒险精神的古罗马人带过去的，还是被小商小贩埋藏，抑或在现代意外遗失的？钱币的逃逸本能如此根深蒂固，以至于即使过了千年，它们也不会放过任何一个机会溜走。

关于古币的新书

收藏是研究和出版的有力辅助。1514 年，法国古钱币学家纪尧姆·比代（Guillaume Budé）在《论阿斯铜币及其辅币》（*De asse et partibus eius*）一书中详述了古罗马货币制度的主要特征，解决了困扰彼得罗尼乌斯抄写员（the copyist of Petronius）的铜币之谜，[15] 该书同时体现了比代对于文献学和经济史的贡献。出于对钱币和古罗马经济的痴迷，托马斯·史密斯爵士（Sir Thomas Smith）写就了《论罗马步兵的工资》（*On the Wages of the Roman Footsoldier*，约 1562 年）[16] 等著作。史密斯收集了一些钱币样本进行清洗和称重，作为他书中数据的实物证据，例如克劳狄乌斯的一枚奥雷金币：

大约在 1537 年，有一个人在我的家乡萨夫隆·瓦尔登（Saffron Walden）的风车山旁耕地时发现了它。当时我还是剑桥大学的学生，那人把它交给我时，它已经全黑了。我把它送到金匠那里去除锈。[17]

1517 年，安德烈亚·弗尔维奥（Andrea Fulvio）出版了第一本印有古代钱币插图的图书。[18]该书包括一系列肖像画，其中大部分是古罗马人，以及简短的传记素描。这些早期的木刻通常高度风格化，有时也不甚可靠。因此，弗尔维奥认为的老加图（Cato Uticensis）肖像根本并非其本人，而是老加图在古罗马从政时以自己名义铸造的小银币上的利柏尔（Liber）神形象*。同时，他想当然地将恺撒的母亲奥瑞莉娅和恺撒里昂（恺撒与克莉奥帕特拉所生的儿子）也错画成了这位神祇。弗尔维奥毫不在乎自己记录的古代币文的准确性，对描绘钱币背面的图案也缺乏兴趣。[19]这一疏忽后来在埃内阿·维科（Enea Vico）关于十二恺撒的研究中得以纠正。正是维科最终说服了他同时代的人，让他们相信古代钱币实际上是作为货币而非仅仅作为艺术品流通的。而塞巴斯蒂亚诺·埃里佐（Sebastiano Erizzo）等人则认为这些钱币过于精美，不可能为大众所用。埃里佐认为，它们是贵族阶层的展品。维科于 1555 年编写了第一本广受欢迎的钱币学手册，强调了钱币学作为一门学科对历史研究不可或缺的重要性，然而，该手册主要针对古罗马钱币。[20]仅仅 3 年后，费迪南德一世的宫廷历史学家沃尔夫冈·拉齐乌斯（Wolfgang Lazius）撰写了第一本专门论述希腊钱币学的著作。[21]

古典钱币的艺术和历史价值推动了精心制作书籍的出版业的持续发展，其中包括约翰·胡蒂希（Johann Huttich）在 16 世纪

---

* 作者原文为"the goddess Liber"，所指钱币原型应为 Crawford 462。虽然有时在古罗马时期其艺术形象具有女性特质，但利柏尔实际上是男性神祇。——译者注

出版的近 300 枚肖像钱币的汇编。[22] 胡蒂希带有肖像插图的书将中世纪和文艺复兴时期统治者与早期罗马人的肖像结合在一起，使其作品的形式超越了备受尊崇的古典传统。不久之后，肖像画运动也开始向另一个编年时代延伸。历史和自然一样鄙视真空，而艺术则憎恶空洞的画布。文艺复兴时期的印刷商纪尧姆·鲁耶（Guillaume Rouillé）于 1553 年出版了一本书，其中收录了自创世以来所有名人的钱币肖像，包括亚当、夏娃、诺亚、摩西、阿伽门农、苏格拉底、阿斯帕西亚、希伯来先知等数百人。[23] 当然，上述罗列的人物并没有铸造过钱币，尤其是伊甸园的原始流亡者们。

鲁耶绘制这些幻想中的钱币是为了填补肖像和历史的空白。他希望通过将大利拉（Delilah）与参孙（Samson）、亚马孙女王泰勒斯提斯（Thalestris）与亚历山大大帝的肖像并列来扩大其钱币"剪贴簿"的范围。他通过想象古代钱币上所描绘的人物以外的人物，将更多的女性纳入此类书籍中。这提升了他作品的吸引力，该书被献给瓦卢瓦的玛格丽特（Margaret of Valois）和凯瑟琳·德·美第奇（Catherine de Medici）。此后不久，维科出版了一本专门描绘真实的 1 世纪古罗马钱币上帝国女性形象的书。[24] 16 世纪的艺术家，如亚历山德罗·切萨蒂（Alessandro Cesati）和乔瓦尼·达·卡维诺（Giovanni da Cavino），臆造了实物币章，以补充古代钱币学记录。例如，切萨蒂描绘狄多（Dido）女王和迦太基港口的幻想作品本身就具有艺术收藏价值（图 5.3），但其风格与同时代的文艺复兴时期绘画或雕塑相同。帕多瓦的卡维诺结合了自己作为金匠和古物商人（antiquario）的技能，除了根据

图 5.3　意大利的亚历山德罗·切萨蒂制作的铜章，正反面图案分别为狄多女王肖像与迦太基的港口。 ANS 1979.29.1
Courtesy of the American Numismatic Society

自己丰富的想象力制作幻想中的样本外，还制作出了真正古代钱币的精湛复制品。这些作品被称为"帕多瓦铜章"（Paduans），[25]至今仍深受收藏家的青睐。在世界各地的博物馆中，一些帕多瓦铜章无疑仍与真正的古钱币相伴，这些仿品取得了巨大的成功。[26] 荷兰钱币学家胡伯特·高秋思在 16 世纪查阅了欧洲最好的藏品，据估计他绘制的 800 多枚钱币大部分都是赝品。[27] 伪造者的作品在接下来的几个世纪依然存世，而对其手工成品的甄别直至今日仍在进行。[28]

神秘的海市蜃楼

相比古钱币，文艺复兴时期的人文主义者总是或多或少地偏向于相信古代文献的真实性和权威性。他们用古钱币辩证、阐明古典文献中的内容，但很少质疑或纠正李维或塔西佗的著作。鲁耶的想象以及切萨蒂和卡维诺的臆造无助于钱币学作为一门历史学科的发展。一些人将此归咎于收藏家的日益短视及疲于保持对古代的普遍了解。伊泽基尔·斯潘汉姆（Ezekiel Spanheim）如是说道：

> 我始终认为，只关注币章与蔑视币章同样危险，应该受到同等指责，前者是缺乏理智的结果，后者则出于完全的无知或荒谬的偏见。让我们直截了当地说：很遗憾，迄今为止，最伟大、最有学识的评论家都忽视了币章，而大多数所谓的币章收藏和古董商都称不上学者。[29]

收藏家间日益增长的担忧促使一位名叫让·阿尔杜恩（Jean Hardouin）的耶稣会教士开始对文艺复兴时期的币章进行研究。对真币、假币和臆造币的研究使他最终对古代世界本身产生了怀疑。他在 1693 年宣称，几乎所有关于古希腊人和古罗马人的历史都是 13 世纪末一伙意大利的"害群之马"编造的海市蜃楼。[30] 据称，阴谋论者在一场精心设计的骗局中伪造了文本和文物，愚弄了人文主义者，使他们认为自己重新发现了古典时代。阿尔杜恩的立场与 2010 年《洋葱日报》（*The Onion*）的一则讽刺性报道有异曲同工之妙，后者声称 20 世纪 70 年代的学者们发明了古希腊文明，包括荷马和其他一切。[31] 阿尔杜恩则坚信，只有少数钱币和文字是真正的古代产物，他只认可荷马、希罗多德、西塞罗和维吉尔的作品，几乎所有其他作品都被他断然斥为大骗局。[32] 他的观点如此惊人，以至于他被称为"可敬的古代毁灭者"，当然也是一个疯子。[33]

幸运的是，对于收藏和专业古典学家来说，阿尔杜恩是错误的。要捏造人类历史上最悠久时代的几乎所有古迹、城市、艺术品和文学作品，需要一种超越理性、完全没有可靠证据支持的阴谋论。古代世界经受住了他的攻击，钱币作为真正的艺术品继续受到重视，讲述着王室生活和帝王妻子的故事，例如安东尼·庇护向他逝去并被神化的皇后福斯蒂娜（Faustina）致敬，她空空如也的宝座和闲置的权杖在一枚钱币上生动呈现出来（图5.4）。艺术史家发现，钱币对于辨认半身像和雕像尤其有用，因为前者带有身份信息，而后者往往没有。通过参考文艺复兴时期出版的钱币肖像书籍，可以整理出画廊中不具名雕像的身份信息。

在此过程中，鉴赏家们必须甄选他们收藏的钱币，以及思考如何以最佳方式在他们的奇珍柜中展示这些样本。与今天不同的是，这些早期的收藏家倾向于强调收藏的多样性而非专注于特定

图5.4 古罗马帝国安东尼·庇护时期发行的第纳尔银币（141），背面为福斯蒂娜的权杖和空置的王座，另有孔雀作为象征永恒的符号
Ben Corda

的人物、时期或主题。[34] 自然，古物学家之间会相互交流、互通有无，由此不可避免地汇集产生所有钱币学研究方法中最简单的一种——钱币目录。[35] 作为一种分析工具，编撰目录需要仔细检查和比较，最好能精确测量钱币的尺寸（分组）和重量。一位优秀的钱币学家必须关注所有细节，以保存一份详细的记录，就像生物学家对蝴蝶或骨骼收藏进行科学的目录编撰一样。据我们所知，这是文艺复兴时期的成就，亚里士多德、耶稣、奥古斯都和奥雷斯姆从未编撰过钱币目录。最早的钱币目录是绝无仅有的，其中充满了手绘插图，收集起来既费力又昂贵。[36] 它们大多数没有特定的历史重点，除了有关金属类别的注释之外，也没有提供任何描述性文本。然而，这些图画证明了人们对古代钱币细节的深深迷恋。我们从弗尔维奥·奥尔西尼（Fulvio Orsini，有时拉丁化为 Fulvius Ursinus）的通信中得知，16 世纪有近千位钱币学家与他一样热衷于钱币，他自己的私人收藏中有大约 2500 枚钱币。[37] 时常被誉为"图像学之父"的奥尔西尼著有一本大获成功的目录，专门介绍罗马共和国的钱币，书中内容按照负责铸造这些钱币的官员的氏族（gentes）排列。[38] 第一份印刷的拍卖目录出现在 1599 年，尽管主要专注于书籍，其中也包括一些古代钱币。[39]

钱币学与面相学

随着各类目录的日益普及，使用者们开始标准化分类系统、术语和度量单位。这些研究方法标志着钱币学和同时代的许多科学一样变得日益成熟和复杂。医学与钱币学之间的联系尤为紧密，因为许多从业者对两者都有兴趣。然而，这种联系有时会产生灾难性的后果。亚里士多德以降，历代面相学家一直传承着一种理念，即生理特征可以准确反映个人的品质和性格。[40] 换言之，肉体能够揭示一个人的灵魂。例如，那不勒斯的学者吉安巴蒂斯塔·德拉·波尔塔（Giambattista della Porta）于 1586 年提出，与某种动物长相相似之人必然具有那种动物的性情。[41] 因此，如果一个人长相上具有兔子的特征，其天性多虑不安；看起来像狐狸的人们，必定是狡猾机智的；而长着鹰钩鼻的，必定人高马大、热爱自由。

于是许多古物学者推断，钱币上的肖像必定反映出一个人的真实性格，表明了克劳狄乌斯的无知，奥古斯都（Augustus）的睿智，尼禄的邪恶，克莉奥帕特拉（Cleopatra）的放纵。在古代文献缺乏相关记载的情况下，钱币成为他们手中不言自明的证据。在希腊化时期，钱币的背面印有类似标签的尊号，这些尊号被认为是可以和正面肖像相对应的，如 Eusebes（虔敬）、Dikaios（公正）、Euergetes（慈善）等。在古罗马帝国钱币的反面，古物学家发现了 nobilitas（高贵）、pudicitia（端庄）、clementia（仁慈）、liberalitas（慷慨）、laetitia（欢乐）和 pietas（守礼）等特质的拟人化形象。这些钱币类别的存在激励着鉴赏者们在钱币发行者的肖像上识别出相同的品质。他们认为，钱币肖像不仅是对外貌的刻画，更体现了个人的道德品质。

医生雅各布·斯潘（Jakob Spon）于 1683 年发表了一篇论文，讨论钱币在面相学研究中的作用。[42] 斯潘向读者保证，自然的的确确在我们的脸上印下了我们灵魂真实的样子，我们要做的只是去找寻。古罗马皇帝涅尔瓦（Nerva）在钱币上的肖像有一

图 5.5　涅尔瓦统治时期于安条克打制的 4 德拉克马银币（96），正反面分别为涅尔瓦肖像（有着鹰钩鼻）和伫立于闪电束上的雄鹰。ANS 1944.100.65690

Courtesy of the American Numismatic Society

个鹰钩鼻（图 5.5），这是面相学中勇气的确凿标志，但在古代文献的描述中，这位皇帝极度怯懦。对此，斯潘只申辩道，尽管涅尔瓦有鹰钩鼻，但他的脸更像是一只温顺的羊。[43] 不久之后，约翰·埃夫林（John Evelyn）在 1697 年出版了颇具影响力的著作《钱币：论纪念章》，并在书中用了近 50 页来讨论面相学。[44] 他致力于"通过人类与各种动物外表的相似性，发现他们的本性与性情"。[45] 他将小脑袋、小眼睛、小鼻子和小嘴巴与邪恶的本性联系起来，前额的形状则可揭示一个人是否具有谦虚、慷慨、忧郁、厚颜无耻、愚笨的特质。

　　在观察钱币时，埃夫林断言"亚历山大大帝有一个突出的下巴，这是机敏、宽容和勇气的标志"。[46] 可惜，这些钱币上的肖像甚至不是亚历山大大帝本人，而是传说中披着涅墨亚狮皮的英雄赫拉克勒斯（Hercules）（图 5.6）。埃夫林公开发表了关于种族和性格的种族主义观念，将他的偏见称为"科学"思想，是"源

自对大量人口长期持续的观察，且被大量的经验所证实，建立在
最无懈可击的逻辑和哲学决断之上"的。[47] 在狭隘的时代观念影
响下，他选择只去看他所想看到的。

在 1764 年，杰出的历史学家爱德华·吉本（Edward
Gibbon），《罗马帝国衰亡史》（*History of the Decline and Fall of
the Roman Empire*）的作者，对面相学提出了自己的质疑。[48] 他在
日记中提到一枚带有马库斯·维普萨尼乌斯·阿格里帕（Marcus
Vipsanius Agrippa）——屋大维/奥古斯都的密友——肖像的古罗
马铜币，并评论道：

> 我自认能从阿格里帕的面部特征中看到这位可敬的人特
> 有的那种开放、宽容和简单的性格，但是，此类观察，即使

图 5.6 亚历山大大帝统治时期于巴比伦打制的 4 德拉克马银币，这枚钱币
的正面展现了披着狮皮的赫拉克勒斯，有时这也被误认是国王本人的肖像
Ben Corda

得到了如阿狄森般的饱学之士的认可，也仍显空洞。灵魂能够如此轻易地通过这些特征被解读吗？我倒想看看，一个对尼禄一无所知之人见到他的头像，会不会说：那是个恶棍！

吉本对面相学家的异议不失为一种有益的批评，因为尼禄的肖像（图5.7）看起来并不具威胁性，甚至近乎可爱。

纵然有这样的警告，基于钱币的面相学研究仍为许多钱币学家所喜爱。[49] 在1778年，医生约翰·卡斯帕·拉瓦特（Johann Caspar Lavater）指出了钱币中面相特征的研究价值。[50] 他对与12种类型的下巴和15种类型的鼻子相关的性格特征进行了分类，此外还包括嘴唇、嘴、耳朵和头部形状。拉瓦特的同时代人彼得鲁斯·坎珀（Petrus Camper）将对颅骨的测量做到了极致，详述了一种关于面部角度的颅测量理论。[51] 坎珀的研究在整个欧洲受

图5.7　尼禄统治时期的4德拉克马银币（60—61），打制于安条克
Ben Corda

到了广泛欢迎，尽管他关于古代钱币和浮雕的出版计划从未完全实现。[52] 这一任务将等到带有种族主义偏见的钱币学分支步入近现代后才得以完成，下一章中将对此进行讨论。

进步的代价

同时，并非所有钱币学家都是误入歧途的面相学者：坐在皮椅上，一面思考鼻子和眉毛，一面翻着目录、数着他们的钱币。有人克服了巨大的困难，对科学作出了杰出贡献。17世纪的钱币学家弗朗索瓦·奥利维尔·德·冯特奈（François Olivier de Fontenay）在失明后并未放弃自己的学术追求，而是训练自己通过触摸收集和研究钱币。[53] 同样，一个世纪后，约瑟夫·佩勒林（Joseph Pellerin）收集了3万多枚古希腊钱币，并发表了大量重要发现，在双眼完全失明后，仍继续工作到90多岁。[54] 让·格罗里耶（Jean Grolier）是16世纪一位成就卓著的钱币学家，曾一度沦为战俘，后来又在负债人监狱中煎熬多年。在此期间他失去了两个图书馆。虽然他的图书馆已经不复存在，但格罗里耶华丽的烫金皮革钱币盒仍保存在孔代博物馆（Musée Condé）中，见证着他对钱币学的追求。

每当奢靡的路易十四在凡尔赛宫欣赏他的海量钱币收藏时，其背后有成百上千无畏的钱币学家冒着生命危险去寻找新的发现。让·福伊·瓦扬在为国王收集钱币时的冒险经历在第1章中有所提及。钱币学家夏尔·帕廷（Charles Patin）与法国国王的关系并不融洽，他是一位才华横溢、思想开明的知识分子，对书籍和钱币情有独钟。[55] 1667年，他因走私禁书进入巴黎而被定罪。

085

当路易十四判处其在战舰上服苦役时，他逃跑了。帕廷在欧洲其他地方受到热情接待，最终定居帕多瓦，并在那里作为学者发光发热。随着他出版的钱币学著作声誉日隆，路易十四最终邀请他回到法国，但帕廷坚决拒绝了这一邀请。[56] 与此同时，帕廷的大女儿加布里埃尔（Gabrielle）在钱币学界也颇负盛名。1683 年，她出版了一本关于腓尼基钱币的著作。[57] 加布里埃尔和她的妹妹夏洛特，一位著名艺术评论家，有志效仿与她们同时代的埃莱娜·卢克蕾齐娅·科纳罗·皮斯科比亚（Elena Lucrezia Cornaro Piscopia），后者于 1678 年获得帕多瓦大学博士学位，[58] 是世界上第一位获得大学博士学位的女性。遗憾的是，帕多瓦大学自此以后并未允许其他女性入学，包括帕廷姐妹。

医生兼教授奥巴代亚·沃克（Obadiah Walker）也是禁书的受害者，他从 1676 年起在牛津担任大学学院院长，直到 1688 年因宗教罪行入狱。尽管如此，他仍旧给自己的新作加上了一个漫无边际、雄心勃勃的标题：《古希腊和古罗马历史，附有钱币和勋章插图，介绍了他们的宗教、礼仪、风俗、游戏、盛宴、艺术和科学，并简明扼要地介绍他们的皇帝、执政官、城市、殖民地和家族，共分两部分，是向年轻人介绍古代所有有用知识所必备的》（*The Greek and Roman History illustrated by coins & medals, representing their religions, rites, manners, customs, games, feasts, arts and sciences together with a succinct account of their emperors, consuls, cities, colonies and families, in two parts, necessary for the introduction of youth into all the useful knowledge of antiquity*，简称《希腊罗马史》）。[59] 沃克向读者介绍了假币的制作流程、如何

清洁和保养藏品、稀有性的标准以及其他实用事项。他对文化和
历史的介绍堪称百科全书式的，但他的作品内容仍偏向古罗马而
非古希腊，尽管标题中二者并列。

在奥巴代亚·沃克出版《希腊罗马史》的同一年，一位名叫
路易·约贝尔（Louis Jobert）的耶稣会学者出版了《古今章学》
（ *La science des medailles antiques et modernes* ）。[60] 他使用了"科
学"一词来表述他关于钱币研究的主要内容——计量学、肖像、
背面类型、币文、符号、价值和造币厂标记、语言、保存、伪造
等全面指导计划。这已不再是几个世纪前奥雷斯姆从哲学角度理
解的钱币学。文艺复兴时代将钱币研究升格为对科学、文化和历
史的广泛解读，并以古物学家对收集、分类、说明和解释的动力
为支撑。当约贝尔夸耀他研究了意大利的 380 个主要钱币集藏及
法国的 200 个集藏，德国的 175 个集藏和比利时、荷兰和卢森堡
的另外 200 个集藏时，现代之初钱币学的惊人规模就已初现端倪，
更不用说研究这么多来之不易的奇珍柜所需要的毅力和奉献精
神了。

在同一时期，中国的乾隆皇帝收集了大量钱币，其中包括自
公元前 7 世纪以来东亚地区发行的所有钱币类别。[61] 在梁诗正和
蒋溥的指导下，《钦定钱录》于 1751 年问世。《钦定钱录》在数
千年前唐代作品的基础上进一步扩展，介绍了中国货币政策的悠
久历史，也包括了专门介绍外国钱币、钱币术语以及钱币的辟邪
功用的部分。

回到欧洲，18 世纪见证了钱币学的凯歌，尽管一些无知者对
其"空谈"嗤之以鼻。正如菲兰德（Philander）在对阿狄森生诙

086

谐的《关于古代币章功用的对话》（*Dialogues Upon the Usefulness of Ancient Medals*）的评论中所说："关于币章的知识有很多缺点，对于不精通这门科学的人来说，这些缺点会让一门科学变得荒谬可笑。"[62] 这位开明的演讲者随后列举了钱币学家对肖像、宗教、服饰、武器、建筑、圣像甚至诗歌研究的诸多贡献。他补充道：

> 因此，我们有义务研究钱币，因为它为有识之士带来了新的发现，并为他们提供了有关这些人物的信息，而这些信息是其他任何形式的记录都无法提供的。[63]

一个时代的终结

被称为"古代钱币学之父"的奥地利人约瑟夫·希拉略斯·艾克赫尔（Joseph Hilarius Eckhel）是西方最后一位在钱币学的所有相关领域都发表过论著的人。当然，其他学者的努力也不可忽视，但不断涌现的更新、更大的发现浪潮淹没了古物学盛行的时代。艾克赫尔精通从哲学到诗歌等众多领域，最终将自己的才华奉献给了钱币学。他在维也纳钱币学派的耶稣会学者伊拉斯谟·弗洛里希（Erasmus Frölich）和约瑟夫·凯尔·冯·凯尔堡（Joseph Khell von Khellburg）奠定的基础上更进一步。艾克赫尔以批判的眼光审阅了欧洲许多著名的钱币藏品，并出任维也纳的帝国钱币收藏馆馆长。他还在维也纳的一所大学任职，为有志于此的学生开设钱币学讲座。他为希腊钱币研究确立了一种现在已成为标准的图录编撰准则，这种编撰方式以斯特拉波的地理学为基础，从西班牙穿过地中海北部进入黎凡特，向东到达巴克特里亚和印度，然后再向西穿过北非，从埃及到达毛里塔尼亚。就像使用地理字母表一样，如今钱币学家打开任何一本主要目录，都能立即知道该页前后有哪些钱币。最重要的是，艾克赫尔在他的八卷巨著《古代钱币教义》（*Doctrina numorum veterum*）中系统地介绍了几乎所有的古代钱币研究。[64]

从钱币学的角度来看，约瑟夫·艾克赫尔是最后一位"文艺复兴式学者"。我们已经看到钱币学家的队伍中也包括一些著名的女性。事实上，艾克赫尔的一位学识渊博的通信者就是夏洛特·索菲·本廷克女伯爵，她主动收集而非从男性亲属那里继承钱币，积累了令人印象深刻的钱币收藏，并由此闻名。[65] 最初，她因包办婚姻的不幸而投身钱币学。她最终将自己的收藏集为两卷出版，但拒绝了所有的学术荣誉，理由是她并未接受过全面的教育。正是出于这个原因，她寻求艾克赫尔的悉心指导。古物学家长期以来一直追寻的理想是对古代世界有百科全书般的认知，包括对所有艺术和文物形式的综合研究。一位优秀的钱币学家同时也得是一位考古学家、语言学家、古文字学家和历史学家——专业化实际上是这些早期学者所不齿的。无论是好是坏，现代将改变这一切。

6

科学与伪科学

18世纪的孩童、19世纪的少女，20世纪长大成人，这就是研究钱币的科学。

——梅丽娜·梅尔库里（Melina Mercouri），《钱币博物馆的第一个世纪》（*The First Century of the Numismatic Museum*）

打破"玻璃天花板"

随着钱币学的日趋成熟，单凭一己之力已无法理解其广度和深度。但这并没有使它的追随者气馁，他们的数量在各个阶层中有学识和地位的群体内不断增加。文艺复兴时期和现代早期的大多数收藏家都来自欧洲贵族阶层，或在他们的赞助下行事。钱币从农场和田地源源不断地流向地方权贵，然后再流向更高的社会阶层，就像被强大的磁铁吸引一般进入国王和教皇的收藏柜。然而，随着时间的推移，社会、政治和工业革命重新分配了财富，并使新的独立收藏家阶层有能力争夺这些古代珍宝。[1]各行各业的人们赚取或继承财富后，许多人开始对钱币产生兴趣，并将其作为一种投资、爱好或学术追求。[2] 越来越多雄心勃勃的非贵族人士在环欧洲壮游（the grand tour）时追求舒畅和精致，并在途中开启了对收藏的狂热追寻。钱币学的社会和政治历史也随之产生了巨大变化。

开拓视野

新贵队伍中涌现出了杰出的钱币收藏家。克里斯蒂安·约根森·汤姆森出生于丹麦的一个商人家庭，于 1833 年接管了父亲的生意。[3] 汤姆森十几岁时就对钱币产生了兴趣，并向一位锁匠寻求收藏建议，锁匠向这位比他小 40 岁的小伙子传授了有关钱币和金属的所有知识。随着时间的推移，汤姆森的藏品不断增加，包括 2755 枚古希腊钱币、6012 枚古罗马钱币、12683 枚中世纪钱币和 8156 枚近代钱币。这激励他开启了作为博物馆馆长和管理员的第二职业生涯。在那里，他因第 4 章中提到的早期人类文化编年系统而声名鹊起。

19 世纪出身于荷兰的作曲家和表演艺术家亨利·科恩（Henri Cohen）在意大利旅行时对古罗马钱币产生了浓厚的兴趣，并通过艺术的途径进入钱币学领域。他对这一学科的热情使他成为当时的顶尖专家，并因其惊人的记忆力和敏锐的洞察力而闻名于世。经济上的窘境迫使他卖掉了自己的收藏，但他接受了法国国家图书馆的职位，并出版了大量作品。这些作品因其清晰的条理而备受青睐，[4] 至今仍时常被编目人员和收藏家引用。

非贵族钱币学家阶层的不断扩大，为这一学科引入了更加商业化的研究方法。受这一趋势影响，科恩等人开始出版有关钱币稀有性和市场价值的购买指南。[5]另一位类似的钱币学家是特奥多尔-埃德姆·米翁内（Théodore-Edme Mionnet，1770-1842）。他曾是一名失败的军人，在从事钱币学之前曾在杂耍舞台上表演，并因此大放异彩。[6]凭借对商业收藏的敏锐嗅觉，他跻身于顶尖钱币学家的行列，出版了多卷古希腊钱币文集，藏品数量超过 5.2 万枚。[7]他最初的出版计划也包括古罗马钱币，但鉴于钱币知识的迅速增加，这可能需要另一辈子来完成。与此同时，米翁内推广了一种有利可图的研究古代钱币的新方法。他将传统的目录与精心装订的硫黄粉翻铸钱币组合在一起，把稀有钱币的可靠复制品送到了不太富裕的爱好者手中，其中一些翻铸币至今仍保存完好。[8]通过多种材质翻模制造的样本提供了图画和描述之外的另一种精确分享钱币数据的方式。[9]

此外，旧王室和帝国收藏的国有化使公众有更多机会接触到长期以来被统治阶级严密保护的东西。王室钱币收藏被认为对国王和王后的教育至关重要，因此钱币常与君主的书卷一起保存。时至今日，这种联系在许多地方依然存续着。例如，比利时皇家图书馆收藏了超过 8.3 万枚钱币，法国国家图书馆位于黎塞留街的馆址中藏有超过 12.12 万枚古希腊钱币。历史上，最初的法国皇家图书和古物收藏（Bibliothèque du roi）在拿破仑时期变为帝国图书馆（Bibliothèque impériale），最后成为属于法国人民（而非贵胄们）的国家收藏。许多学院和大学（例如耶鲁大学和普林斯顿大学）的钱币收藏最初也是其图书馆的一部分。[10]

随着钱币在"收购年代"的快速流通，从 19 世纪开始，收藏家们更加关注钱币的出处。[11] 一些文艺复兴时期的古董商有一个坏习惯，即在钱币上盖戳以显示其所有权，幸运的是，这种做法在太多钱币被无法挽救地污损之前就已停止。在近代，珍贵的钱币通过其他方式获得了可追溯的血统，被称为"传承"（provenance）；在已知的情况下，类似的术语"出处"（provenience）则被用于确定钱币的原始发现地。[12] 例如，1892 年，英国大律师海曼·蒙塔古（Hyman Montagu）公布了他收藏的一枚公元前 2 世纪由巴克特里亚国王欧克拉提德斯大王（Eucratides the Great of Bactria）铸造的罕见金币（图 6.1）。[13] 蒙塔古将这枚金币描述为稀世珍品："这枚独一无二的金币曾被一位阿富汗军官作为金戒指上的印章佩戴，据说几年前获得这枚金币的绅士将它从戒指上取下。"[14] 他提到的这位先生是英国少校查尔斯·斯图特（Charles Strutt），他在东方服役时收集钱币，并从阿富汗军官手中购买了这枚金币。1874 年，斯图特将这枚钱币通过拍卖出售给了蒙塔古。1896 年，该币与蒙塔古的其他藏品一起被出售，并被亨利·奥斯本·奥哈根（Henry Osborne O'Hagan）收入囊中。[15] 十几年后，奥哈根选择放弃对钱币学这一古老事业的追求。苏富比拍卖行拍卖了这枚欧克拉提德斯金币，它落入了英国收藏家查尔斯·西奥多·塞尔特曼（Charles Theodore Seltman）之手。塞尔特曼曾获得皇家钱币学会、皇家艺术学会和美国钱币学会的荣誉奖章。1921 年，美国钱币学会主席向塞尔特曼支付了约 14 美元购买这枚钱币。伟大的爱德华·T. 纽厄尔（Edward T. Newell）自然负担得起这一数额，他继承了贝恩马车公司（Bain Wagon Company）的家族财富。该公司在 19 世纪为大量移民到美国西部

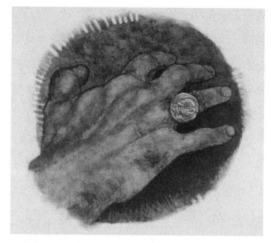

图 6.1　巴克特里亚欧克拉提德斯大王的斯塔特金币（前 2 世纪），曾被用作印信戒指。图为鲍勃·拉普斯莱（Bob Lapsley）所绘素描
Saudi Aramco World/ SAWDIA

的居民提供支持，并因此发家。纽厄尔富有、游历广泛、受过良好教育，积累了令人难以置信的钱币收藏，并撰写了大量关于钱币的图书和文章。他为他所热爱的美国钱币学会的发展倾注了无尽的精力和资源，其工作最终使美国跻身于古钱币科学研究的前列。当他在 1941 年去世时，纽厄尔将 87603 枚钱币留给了自 1916 年以来一直由其主持工作的机构，欧克拉提德斯金币也在其中，至今仍被收藏于此。[16]

　　在装有这枚金币的柜子托盘下面，平整地放着一张纽厄尔亲笔书写的小纸签。这张纸条标明了钱币的类别，列出了其克重和来源，并用代码记录了它的价格。几乎所有博物馆和主要收藏家都会使用这样的标签来记录收藏编号、重量、金属成分、标准目录中的参考编号以及先前的所有权等细节。这些标签有时会被堆积在钱币下方，就像护照上的页码一样，保存着它环游世界的记录。钱币学家非常重视这些纸条，因为在知晓一枚钱币的经历之前，我们永远无法真正了解它。[17] 在收藏者眼中，传承往往能提升一枚钱币的价值，并能使 1970 年之前在市场上有据可查的古董的所有权合法化（见第 9 章）。

钱币学的现代化

随着贵族对钱币学垄断程度的降低，如蒙塔古、奥哈根和纽厄尔这样的爱好者自行组织了俱乐部、理事会和学术团体。蒙塔古和奥哈根是英国钱币学会的成员，纽厄尔是美国钱币学会和纽约钱币学俱乐部的主席。这些名字可能并不家喻户晓，但也有名人曾参与创建钱币学机构。其中值得一提的是舞蹈家兼演员巴迪·埃布森（Buddy Ebsen），他于 1987 年助力创建了比弗利山庄钱币俱乐部。埃布森因在 20 世纪 60 年代的情景喜剧《比弗利山庄的乡巴佬》（The Beverly Hillbillies）中扮演杰德·克兰佩特（Jed Clampett）一角而闻名。剧中，一群乡巴佬发了财，搬到了加利福尼亚。在其中一集中，他们的首领杰德想知道，为什么一枚价值 1.2 万美元的稀有 10 美分硬币不会自动从售货机上给他价值 1.2 万美元的糖果。[18] 演员埃布森对钱币学的理解肯定胜过他在电视上扮演的懵懂无知的角色。

一些新成立的钱币学组织促进了研究工作，并创办了优秀的学术期刊，包括《钱币学刊》（Revue numismatique，1836，巴黎）、《钱币学纪事》（Numismatic Chronicle，1838，伦敦）、

《比利时钱币及徽章学刊》(*Revue belge de numismatique et de sigillographie*，1842，布鲁塞尔)、《美国钱币学刊》(*American Journal of Numismatics*，1866，纽约)和《钱币学报》(*Zeitschrift für Numismatik*，1874，柏林)。这些期刊将钱币学作为一门学科加以正规化和现代化，帮助学者们整理和分析纷至沓来的新发现。随着爱好者们对古典世界边缘地区——不仅包括巴克特里亚和印度，还有阿拉伯和东非的阿克苏姆（图 6.2），以及世界货币史上的其他时代和地区的货币制度产生了更大的兴趣，钱币学中出现了许多子领域。据计算，截至 1865 年，被发现的古钱币种类已达 10 万种。[19] 一位名叫欧内斯特·巴贝隆（Ernest Babelon）的法国考古学家和钱币学教授很快就将这一数字翻了一番。[20] 他指出，仅古希腊就有至少 500 位国王和王后，以及近 1400 座铸造钱币的城市。[21] 古罗马的钱币种类也同样丰富多彩，当然我们也不能忽略古代南亚和东亚。约瑟夫·艾克赫尔去世一个世纪后，巴贝隆表示，没有一个人能够掌握钱币学的全部内容。他承

图 6.2 东非阿克苏姆王国恩度比斯国王（Endubis）发行的金币（270—300）。
ANS 1966.22.1
Courtesy of the American Numismatic Society

认，每个钱币学者都必须开始有所专精。[22]

随着这一领域的扩展，钱币学家自然而然地向新兴技术寻求支持。我们常常认为诸如 19 世纪的摄影和 20 世纪的计算机这样的进步是理所当然的。在收藏家和学者之间，照片开始取代图画和雕刻，成为更便宜通常也更为可靠的展示手段。[23] 尽管在某些情况下，例如在展示严重腐蚀的钱币样本时，图画比照片更有用，钱币学家仍然开始意识到，如一位专家所说，照相机可以减少"现代雕刻师的无知"带来的错误。[24] 翻模技术与摄影技术的结合进一步提高了所展示钱币图像的准确度。石膏模型为摄影师提供了一组一致的物体，避免了眩光和色彩不均带来的失真。数码摄影等新技术的发展增加了学者和收藏者制作优秀，甚至极具美感的钱币图像的机会。[25] 现在，许多重要的藏品都可以通过数字技术在线访问。

前文提到的研究期刊相当迅速地采用了摄影技术。1869 年《美国钱币学刊》上的一篇关于美国美分的文章率先采用了这一技术，而 1873 年《钱币学纪事》上的一篇关于伊斯兰钱币的研究紧随其后。[26] 其他刊物也纷纷效仿，如 1875 年的《钱币学报》（Zeitschrift für Numismatik）、1884 年的《钱币学刊》和 1885 年的《比利时钱币及徽章学刊》。每一次技术进步都促进了新研究范式的发展。例如，摄影技术的出现帮助完善了一种新的研究方法——模具关联研究。1762 年，不知疲倦的钱币学家约瑟夫·佩勒林在这方面迈出了最初的步伐。[27] 更为著名的是，一个世纪后，大律师爱德华·班伯里爵士（Sir Edward Bunbury）注意到，他个人收藏的两枚钱币是由同一个正面模具打制的，因此在时间

094

和地点上将这两枚钱币联系在了一起。[28] 班伯里对这两枚钱币的观察让学者们开始以这种方式对更多的钱币进行研究。作为现代钱币学研究的基石，模具研究应运而生。[29] 古物学家曾一度将钱币视为独立的艺术品；有些人甚至认为，一块正面模具只能打制一枚钱币，而不是现在广为接受的 2 万枚左右。模具研究很快就变成一种复杂的数字游戏，它建立在可怕的"3T"基础之上：时间（Time）、乏味（Tedium）和旅行（Travel）。钱币学家必须走访众多收藏，才能汇编出代表某一特定发行的钱币的庞大数据集。而后他们还需要历经漫长而费力的研究过程，对这组钱币中的所有正反面进行细致的比较。任何一面完全吻合都意味着这两枚钱币在打制时所用的模具有所联系，两面完全吻合则意味着它们是用两块相同模具打制的（彩插图 4、5）。[30] 因此，如果一类钱币上的图像是统治者肖像或羽盔，那么钱币学家就必须对每枚钱币上显示的头发进行计数和比较。钱币学家还需在数个其他可见特征上重复这一工作，例如眼睛的形状、鼻子的角度、嘴唇的位置、颈部的大小等。随后要对背面进行同样的研究，包括所有的币文字母。一项钱币模具研究可能需要数年的辛勤工作，这已成为评判现代钱币学家生涯的标准之一。[31] 幸运的是，随着可运行程序的日益成熟，计算机很快将使这些艰巨的工作变得更加高效，例如美国钱币学会的 CADS（Computer-Aided Die Study，计算机辅助模具研究）倡议。

至 1931 年，借助摄影技术进行的模具研究甚至影响到了最古老的钱币研究方法——钱币目录。钱币目录开始从价格昂贵、文字繁多的针对精选钱币所做描述性书目转变为图文并茂、字数稀少的所谓参考书系统，真正实现了一图胜千言。例如，《古希腊钱币汇编》(*Sylloge Nummorum Graecorum*，缩写为 SNG)出版了许多国家的大量钱币集藏，让研究人员能够以可负担的价格获得成千上万的可靠图片。然而，即使是这种创新，现在也被全球联网的数据库所取代。博物馆、私人收藏家、商业网站、讨论区和博客都可以不断更新和上传图片至这些数据库。[32] 目前，美国钱币学会、哈佛大学、大英博物馆和法国国家图书馆的许多藏品都可以在网上查阅。学者们还可以通过电子方式搜索全球钱币拍卖会上超过 77 万件图文并茂的拍品。40 年前，这种钱币学研究是不可想象的。当时，学者们被教导使用索引卡片、宝丽来照片、剪刀和胶水来编辑他们的数据。钱币研究的剪贴时代已经过去了。

　　钱币在模具上的关联模式有助于解决年代学、造币厂组织、生产率和真实性等问题。这些都是建立在细微观察基础上得出的宏观结果，使一代又一代的学者能够对特定造币厂进行详细研究。[33] 与此相关的是对复打的研究，即用较旧的钱币作为币胚打制的钱币。有时，被用于复打的旧钱币上的图案类别仍清晰可见，这使研究人员能够确定两类钱币的相对年代——被用作币胚的旧钱币的打制年代必然与覆盖其上的钱币相同或更早。[34] 最近，新的成像技术使钱币最微小的细节得以更加清晰地呈现。例如，由惠普公司研究科学家首创的反射变换成像技术提供了一种计算机辅助系统，可使用来自多个方向的光源。我们还可以使用破坏性较小的工具来检查钱币内部的情况，如 X 射线荧光（XRF）、光子活化分析（PAA）、快中子活化分析（FNAA）、扫描电子

095

显微能量色散 X 射线（MEB-EDX）和激光剥蚀电感耦合等离子体质谱法（LA-ICP-MS）等。[35] 每种方法都有其优缺点。例如，PAA 对金币效果很好，但只适用于纯度较高、表面富集很少或没有表面富集的银币。此外，它还需要数月才能完成放射性测试。FNAA 对贱金属钱币的检测结果良好，但与 PAA 一样，需要使用回旋加速器。LA-ICP-MS 需要用激光来检测钱币中的元素，为钱币和模具分析提供重要的结果。[36] 早期的方法依赖于钱币表面的分析，但最新的方法是钻入核心金属以获得更高的精确度。[37] 由此产生的微小"疤痕"有时被认为是寻求科学数据时所必需的。

如今，一个典型的钱币学家带着智能手机四处走动，掌握着现代早期无法想象的先进研究设备。这个手掌大小的设备提供了便携式电脑、数码相机、邮局的相应功能，当然还有电话的功能，可以进行即时语音、文字和图像交流。60 年前，德国著名钱币学家、中世纪钱币专家沃尔特·海弗尼克（Walter Hävernick）告诫同事们要更好地利用所有"现代通信手段"来推进研究。他列举了电报、电缆、电传打字机和电话。他赞美了现代旅行的奇迹，学者们只需四天就能乘坐蒸汽船横渡大西洋。[38] 那个时代距今不过一代人的时间，但在科技上与当今世界相差甚远。

即便如此，所有这些令人惊叹的技术并没有使人们更容易掌握不断扩大研究范围的钱币学。相反，它实现了欧内斯特·巴贝隆关于专业化的预言。有关钱币的著作和出版物如此之多，以至于学者们不是依靠现代技术来查找和阅读所有的钱币——这在物理上是不可能实现的，而是要找到与他们的特殊兴趣相关的部分。因此，自 1967 年以来，国际钱币学理事会每隔几年就会出版《钱币学研究调查》(*Survey of Numismatic Research*)。该书作为具有权威性的重要文献目录，记录了两次钱币学大会间隔期间钱币学研究的进展。20 年前，一个由近百名编辑组成的团队花了两年时间编纂了这份跨度为 1990 年至 1995 年的调查报告：其中包括由数十个不同国家的 4000 多名学者撰写的 5000 多份钱币学相关出版物。[39] 2002 年至 2007 年间，钱币学出版物的数量超过了 12000 种。[40] 约瑟夫·艾克赫尔曾见证钱币出版物问世的速度在 16—17 世纪翻了一番，17—18 世纪，该速度又翻了一番，而现在每隔几年就会翻一番。此外，学界关注的焦点不再仅仅是古希腊和古罗马，现在的研究主题还包括亚洲、非洲、澳大利亚、南北美洲、伊斯兰世界等，更不用说计算机和统计相关的内容了。

可用于研究钱币的互联网资源比比皆是，一些值得一提的研究伙伴包括：提供链接数据的 www.nomisma.org；公布被判定为赝品的钱币的 www.forgerynetwork.com；提供罗马共和国钱币窖藏数据库的 www.numismatics.org/chrr/；而 https:// chre.ashmus.ox.ac.uk/ 则罗列了罗马帝国的钱币窖藏。其他有价值的网站包括：美国钱币学会的官网（www.numismatics.org）、美国钱币协会的官网（www.money.org）、为钱币学家提供涵盖广泛话题的论坛（www.cointalk.com）以及拥有大量古典世界文献和钱币档案的数字图书馆（www.perseus.tufts.edu）。

对过往的执念

我们距文艺复兴时期古物学家的世界已经很远了。然而，有些方面没有改变，其中有分类系统这样好的方面，也有第 5 章介绍的伪科学的错误前提这样坏的方面。伪科学如何及为何在一个显著进步的时代持续存在？用瓦西里基·彭纳（Vasiliki Penna）的话说，"钱币就是历史。钱币即人。这是意大利文艺复兴时期最初形成的观点"。[41] 早期的古物学家在第一种情况下肯定是正确的，但在第二种情况下只是部分正确。钱币确实记录并塑造了大量的历史，但它们并不像颅相学和特征学的创始人所声称的那样，是所描绘人物的可靠代表。这种想法成为潜伏在第二波钱币学浪潮中的一股危险暗流，且至今仍在牵引着我们。

英国钱币学家和考古学家约翰·永格·阿克曼（John Yonge Akerman）是古物协会的秘书和法兰西学会的金章获得者，也是雅各布·斯潘和如第 5 章所述的其他面相学家的追随者。他采用了 19 世纪的颅相学方法，即对颅骨进行测绘和测量，从而推断出人的智力和性格。

1836 年，阿克曼帮助创建了伦敦钱币学会，并创办了《钱币学杂志》。他通过对备受中伤的古罗马皇帝克劳狄乌斯（图 6.3）的观察，普及了钱币学中的颅相学：

> 无论是面相学家还是颅相学家，只要看到这位皇帝的肖像，就会陷入沉思。
>
> 他的脸部表情空洞，缺乏智慧；而他的头部在颅相学家眼中缺乏活力。[42]

我们不能忘了，克劳狄乌斯在扩大罗马帝国版图的同时，也

图 6.3　于罗马打制的克劳狄乌斯的奥雷金币（46—47），正反面分别为克劳狄乌斯肖像与康斯坦提雅（Constantia）女神像。ANS 1947.2.422
Courtesy of the American Numismatic Society

是一位多产的作家，其著述颇丰，涉及从迦太基人和伊特鲁里亚人到奥古斯都统治时期等众多历史题材。他还撰写了自传。

切萨雷·伦勃罗索（Cesare Lombroso）教授的《犯罪的人》（*L'uomo delinquente*）一书试图证明，可以根据一个人的外表来预测他的异常行为。[43] 伦勃罗索让数百万读者相信，眼睛、嘴唇、下巴和头骨形状预示着那些被他描述为进化回溯的人的犯罪倾向。几乎与此同时，现代优生学的创始人弗朗西斯·高尔顿爵士（Sir Francis Galton）也收集了古代领袖的钱币肖像，与所谓的种族和罪犯人群类型的现代照片进行对比。[44] 高尔顿开发了一种技术，将人物的多幅钱币肖像融合在一起，从而为亚历山大大帝、克莉奥帕特拉、尼禄等人创作出可供颅相学判断的画像。例如，他声称克莉奥帕特拉的面容特征"以普通英国人的眼光来看简直是面目狰狞"，而由钱币上的古罗马女性合成的图像则"美得出奇"。一位被高尔顿的合成照片迷住的钱币收藏家在报刊上

098 宣称："（亚历山大的）脸庞是男人之美的典范，完全可以作为这位伟人的可靠形象。"[45] 然而，亚历山大的这一"可靠形象"来自利西马库斯（Lysimachus）钱币上一个后世创作的明显被理想化的肖像，其中包括征服者头上长出公羊角这一难以令人相信的面相特征（图 6.4）。虽然这幅带有浓厚神话色彩的肖像符合古代艺术家的相貌标准，但它对了解亚历山大的真实外貌或性格没有什么帮助。这比约翰·伊夫林错误地用赫拉克勒斯的肖像来识别亚历山大的性格好不了多少（见第 5 章）。

高尔顿将古代钱币上面孔的可取之处，统统等同于代表智慧和才能的特质，令他失望的特征则被当作道德和精神弱点的证据。最后，他公然宣扬种族主义："由此可见，雅典人种的平均能力，按最低的估计，也比我们高出近两个等级，也就是说，和我们比非洲黑人高出的程度差不多。"[46] 被誉为"科学考古学之父"的威廉·弗林德斯·皮特里爵士（Sir William Flinders Petrie）与

图 6.4 于兰普萨库斯打制的利西马库斯 4 德拉克马银币（前 297—前 281），正反面分别为带有阿蒙神羊角的亚历山大肖像与宝座上的雅典娜像。
ANS 1944.100.77526
Courtesy of the American Numismatic Society

高尔顿合作，并将类似的偏见纳入了自己的研究。[47] 我们发现，皮特里根据头骨形状和面孔对种族和民族形象进行的分析将英国人理想化了。[48] 据称，智力落后于皮特里这类人的是古埃及人、古罗马人、秘鲁人以及澳大利亚的林地人。皮特里在 1909 年恳求他的读者响应高尔顿的号召，对钱币肖像进行研究，以探查古代领袖的"真实性格"。[49]

当时，备受推崇的科学杂志《自然》（*Nature*）已经发表了剑桥大学人类学家先驱阿尔弗雷德·哈登（Alfred Haddon）的类似呼吁，哈登是弗林德斯·皮特里的同代人，有时也支持他的观点。[50] 哈登敦促专业历史学家研究钱币肖像，以寻找人种学上的证据。他在自己关于古代巴克特里亚和印度历史的研究成果中表示，钱币上欧洲定居者的头、鼻子和下巴的形状如同一部反映其"种族缺陷"的编年史，因为他们通过与当地妇女通婚而失去了种族的"纯洁性"。[51] 这就是种族化钱币学的可悲遗产。

或许我们希望钱币学的这个研究分支早已被抛弃了，但即使在 21 世纪，面相学的吸引力依然强大。[52] 事实上，科学界的一些成员仍然声称，"在无从得知一个人的其他特征时，面相学有助于判断一个人的性格"。他们认为，一个人的鼻子、下巴和耳朵应该在筛选求职者、评估学生甚至在法庭上判定有罪或无罪时发挥作用。[53] 他们认为，大鼻子表示男性性格坚强、有耐力，而在女性身上则意味着咄咄逼人；大耳朵表示慷慨大方，而"小耳朵则代表贪财"。[54]

撇开伪科学不谈，肖像是一个复杂的主题，其中蕴含着丰富的艺术、哲学和历史学上的微妙之处。[55] 钱币上的肖像，尤其是古代钱币上的肖像，并不是照片，它引发了和逼真与真实、虚荣与真实、演绎与真实有关的诸多问题。[56] 没有任何方法可以确定古代肖像与真人的相似程度（哲学家称之为"知觉适配性"），因此我们只能选择"想象适配性"，即一种我们愿意接受的、基于看似合理解释的相似性。[57] 天真的钱币学家和历史学家在他们的许多现代作品中采用了此种"想象适配"，将其作为一种手段，对一些只能从钱币中略窥一二的人物进行描绘。[58] 学者们根据肖像钱币上的人物形象编造故事，例如巴克特里亚国王安提马库斯一世（Antimachus I），没有任何古代作家的现存作品对其有所提及（图 6.5）。由于安提马库斯是一个"亡灵"，对他的历史复原仅能依靠他的外表。在研究这位国王的学者中，大英博物馆的吉尔伯特·詹金斯（Gilbert Jenkins）曾写道，安提马库斯"除了他的钱币外完全不为人知，但这些钱币为我们保留了一幅真实得令人吃惊的肖像，是人物刻画的杰作"。[59] 接下来，他很快说明了何为"真实"：

图 6.5　巴克特里亚王国安提马库斯一世的 4 德拉克马银币（前 2 世纪），正反面分别为安提马库斯一世肖像和波塞冬像。ANS 1995.51.11
Courtesy of the American Numismatic Society

我们不仅有关于安提马库斯个人外貌的生动而准确的记录，还有关于其个性无与伦比的暗示。在这种个性中，坚强的性格与文明的怀疑精神和幽默感结合在一起——这就是绝佳的头像带来的直观影响力。[60]

在完全没有其他证据的情况下，我们怎么可能确定这幅画像"生动而准确地记录"了这位国王的外貌呢？对真实性的假定只是第一步错误的尝试，历史学家将面相学作为叙事的拐杖，为这位不知名的统治者编造了一个完整的人格形象。随着时间的推移，学者们不仅赋予了安提马库斯幽默和怀疑精神，还给他贴上了坚定、谦虚、智慧和粗鲁的标签。[61]

钱币学和考古学

鉴于这些问题，现代钱币学仍然需要像考古学在过去半个世纪中所做的那样进行一些自我反思。考虑到这两门学科共同起源于文艺复兴时期的古物学，它们之间的差异似乎有些奇怪。多年来，两者密不可分。1901 年，欧内斯特·巴贝隆仍称钱币学为"考古学的基本支柱之一"。[62] 几年前，大英博物馆的斯坦利·莱恩·普尔（Stanley Lane Poole）明确指出："要成为一名优秀的古希腊钱币学家，首先得成为一名考古学家。"[63] 许多钱币学先驱同时也被认为是考古学家，其中包括约贝尔、艾克赫尔，当然还有巴贝隆。约翰·埃文斯（John Evans）自称是古董商和"彻头彻尾的钱币学家"，他利用自己分析钱币的经验研究石器，从而或多或少地在 19 世纪创建了旧石器考古学领域。[64] 此外，著名钱币学家珀西·加德纳（Percy Gardner）的职业生涯始于大英博物馆币章部助理这一职位，但随后于 1879 年至 1887 年在剑桥大学担任迪士尼考古学讲席教授，此后于 1887 年至 1925 年在牛津大学担任古典考古学和艺术林肯讲席教授。[65] 然而，两个领域的分流即将到来。例如，纽约的美国钱币学会（American Numismatic Society）以美国钱币与考古学会（American Numismatic and Archaeological Society）的名义成立，但在 1907 年将"考古学"（Archaeology）从其名称中剔除。[66]

在学术专业化的时代，古物学家对古代世界的普遍兴趣和专长慢慢让位于对一两个领域的关注：钱币学、考古学、碑铭学、语言学、埃及学、赫梯学、纸草学，等等。这意味着 20 世纪的考古学家可能对钱币学一无所知，钱币学家也可能缺乏语言学方面的训练。几乎任何一所规模庞大的现代大学的校园地图都能证明这一点：学术界往往将文科生与理科生、历史学家与人类学家、经济学家与哲学家分隔开来。学生们从科学教室走到历史教室的漫长路程，不过是这一不幸趋势的缩影之一。

20 世纪下半叶，考古学作为一个附属领域经历了一段深刻的自我剖析时期。[67] 不拘泥于对旧世界的传统关注，也不受文化史模式的束缚，"新考古学"以响亮的宣言昭示了它从古物学中独立出来："如果美国考古学不是人类学，它就什么也不是。"[68] 这场变革被称为"过程主义考古学"（processual archaeology），它追求实证主义的科学议程，依赖于假设检验、实验和数学建模。从业者们失去了为文物本身进行描述和编目的耐心。考古发掘不应是为了在博物馆里堆满艺术品，不应是为了在昂贵光鲜的纪念品目录中展示令人眼花缭乱的文物，也不应是为了展示地中海特权精英的生活。以人类学为基础的考古学立足于社会科学，而非人文科学和艺术：它旨在揭示人类行为的普遍规律。过程主义者将理论放在首位，这与英国古物考古学家理查德·科尔特·胡尔爵士（Sir Richard Colt Hoare）的观点大相径庭。后者曾在 1812 年夸口说："我们根据事实，而非理论发言。"[69]

随着后过程主义的兴起，"新考古学"变得更为新派。这一运动质疑考古学的实践和理论在多大程度上可以实现客观性。普遍规律受到质疑，个人行为受到重视。对物质如何反映心灵感兴趣的人创立了认知考古学，以研究符号学、宇宙学、性别认同和语言。所有这些争论都促使着基本考古方法和概念不断地被重新评估，甚至波及更为保守的古典考古学。各个学派都开始要求对手更直白地阐明他们的基本假设和偏见。这门学科坚定不移地自我监督，以在实地和实验室中确立最优的实践方法。

考古学家和钱币学家

因此，今天的考古学家已经摒弃了考古学和钱币学中许多曾经被标榜的事物。现在大多数考古学家认为古物学不仅过时了，而且危险的业余爱好者对艺术鉴赏和收藏的重视会滋生一个对遗址，进而对科学研究具有破坏性的古董市场。[70] 有学位的专业考古学家不可能接受业余发掘者或鉴赏家基于其个人的文物收藏撰写的任何书籍或文章，无论其研究多么有见地。一本当代出

102

版的考古学教科书用大写字母明确地写道："收藏家是真正的盗掘者。"[71] 美国考古学会坚持认为，必须减少把文物"当作商品来利用以谋取个人享受或利润"的做法，其会员应避免任何"提高考古物品商业价值"的行为。[72] 考古学家在工作中应对他们的发现进行分析和解释，而非描述和出售。考古学家已经在大多数研究型大学站稳脚跟，并通过学术讲座培养了一批支持者。从计量考古学到动物考古学，他们已然建立了自己的一些科学专业分支。

考古学的发展道路离钱币学越来越远，而钱币学从未（至少在美国）实现巴克莱·海德（Barclay Head）1886 年的期望："古希腊考古学和钱币学将在英国和美国大学的研究课程中占据应有的位置……这个时代正在迅速到来。"[73] 1906 年，当海德从大英博物馆退休时，同事们向他献上了一本研究论文集，以纪念其一生在钱币学领域所做的工作。[74] 该书收录了著名考古学家阿瑟·埃文斯、西奥多·莱纳赫（Theodore Reinach）、钱币学家欧内斯特·巴贝隆、伊奥尼斯·斯沃罗诺斯（Ioannis Svoronos）和多位收藏家的文章，其中一位收藏家赫尔曼·韦伯（Hermann Weber）撰写了一篇题为《我收藏中的罕见或未出版钱币》（"Rare or Unpublished Coins in My Collection"）的论文。当时，钱币学家和考古学家之间尚未有明确的分工。这本论文集的投稿人中没有任何一位会理解诸如埃文斯和韦伯的收藏家实际上是盗掘者这样的说法。

与考古学不同，钱币学从未远离其古物学起源。大多数钱币学会仍然欢迎收藏家和古董商入会或任职，他们的研究刊物仍接受饱学的非学术界人士撰写的论文，他们自己的收藏仍在很大程度上依赖于慷慨的收藏家和古董商的馈赠。他们举办展览、出版书籍，以宣传其成员的私人收藏，有时还会优雅地将他们称为"绅士学者"。[75] 与考古学家不同，由于钱币学家从未将自己重新严格定义为学术界人士，并摒弃收藏家身份，他们的队伍仍然包括对钱币感兴趣的所有人。今天，任何个人都可以走进当铺或登录 eBay，立即成为广义上的钱币学家，而考古学家则有更高的门槛。

发掘工作者和收藏家间日益成形的壁垒间仍旧存在一些可供二者交流的缝隙。[76] 许多考古学家仍然愿意在《密涅瓦：国际艺术与考古学评论》（*Minerva:The International Review of Art and Archaeology*）等期刊上发表文章。该刊会发布古董出售的广告，并定期报道钱币市场且列出拍卖价格，新订阅的用户甚至可以获赠"一枚（出处不详的）具有收藏价值的真正古罗马钱币"，由此成为一名事实上的钱币收藏家。[77] 然而，双方的固执拥趸都希望激烈的争执谩骂能够将这些仅剩的交流斩草除根。"新考古学"的支持者不禁要问，为什么没有"新钱币学"（更不用说"更新的钱币学"）的出现给这一领域带来新鲜血液。既收藏又研究钱币的钱币学家抗议他们的私有财产权受到侵犯。发掘工作者可能会抱怨说，如果钱币学家偶然发现一具古代骸骨，其枯槁的手中紧握着一枚第纳尔，他们会拿走钱币，而把尸体扔掉；现代的收藏家则会反过来指责考古学家用一切科学手段保存和分析骸骨，却将钱币重新埋在被人遗忘的破箱子和论文堆里。现在的难题是，双方都没有完全错怪对方。[78]

窖藏问题

从古物学家中衍生出的这对昔日盟友的恩怨不仅在于方法论和认识论，还在于现代一个越来越重要的研究分支的兴起，即钱币窖藏的复原、记录和分析。早期钱币学家的兴趣集中在单个钱币的独特特征上，如肖像、图标和审美价值。至于这些钱币是从何处，又是如何发现的，学术界并不关心。当在田野中发现一组钱币时，人们很快就会从中挑选出"最好的"钱币，几乎没有人想过将这批钱币完整地保存下来，作为具有历史意义的钱币组合进行研究。问题是，一些收藏家仍在以这种方式从窖藏中挑挑拣拣，就好像早期考古学家曾在古代遗址中挑选"值得在博物馆中展出"的艺术品一样。此种做法现已被学术发掘者所摒弃。在现代世界中，由于金属探测器的应用和更密集的土地耕种，新的窖藏更频繁地被发掘，这让学者们意识到利用窖藏进行大规模统计分析的潜力。[79] 正因过去的寻宝行为使现代学者丧失了许多以此分析窖藏的机会，考古学家才开始质疑钱币收藏的伦理。因此，在接下来的两章钱币研究之旅中，我们需要转而探讨窖藏。

7

寻找窖藏

贪婪地囤积金银财宝，看着眼前闪闪发光的财富沾沾自喜。

——康斯坦丁·卡瓦菲（Constantine Cavafy），

《奥罗佩尼斯》（Orophernis）

瓦砾山中的宝藏

从"世界屋脊"巴姆－伊－杜尼亚（Bam-i-Duniah）的冰檐上滴下的水滴穿过岩石和峡谷，飞流直下，聚成小溪和河流，一条接一条地汇入汹涌的阿姆河。[1]阿姆河诞生于中亚的冰川和冰洞之中，流经地球上那些海拔最高、历史最悠久的荒原。对阿姆河源头的探寻始于 19 世纪俄罗斯和英帝国之间声名狼藉的"大博弈"，至今悬而未决。在其流域的另一端，阿姆河同样难以捉摸。它曾经注入咸海，而现在却在距入海口不远处干涸了。流经1500 多英里之后，阿姆河面临着现代化灌溉渠的重重考验，当最后一滴融雪在沙地中嘶嘶作响时，河水几近干涸。

然而，在阿姆河的中游，它仍然在中亚复杂的地貌中占据主导地位。在这里，它连接着阿富汗、塔吉克斯坦、乌兹别克斯坦和土库曼斯坦这些"斯坦"诸国复杂的国境。在曾经被称为巴克特里亚的地区，它的水流似乎仍然取之不尽，用之不竭。有力的水流携带着大量的泥沙，在分叉支流和浅滩间迂回，使湍急的河水呈现出独特的黄色。[2] 这种光泽令将阿姆河塑造为漫长丝绸之路上重要节点的居鲁士大帝、亚历山大大帝、成吉思汗以及其他历史上更鲜为人知的英雄们目眩神迷。[3] 古人将这条令人难忘的水道称为奥克苏斯河（Oxus），并将其如永生之神般供奉在祭坛上。[4] 他们虔诚地为自己的孩子取下如 Oxybazus（"神圣奥克苏斯河中的力量"）之类的名字以召唤河流的力量。[5] 人们沿着它建造农场、城镇、贸易站和城市，依靠河流进行运输、灌溉和防御，并将宝藏埋藏在河岸两侧。

大自然像是试图将河流缝合起来一般，在其流经的某些地方雕凿出了岬角，它如战略要塞般扼守着狭窄的河道。在阿富汗和塔吉克斯坦边境的其中一个咽喉要塞上，有一座由碎砖、石灰石块和破碎陶器堆砌而成的土丘，标志着至少 2300 年前这里就有过岗哨。该地被恰如其分地称为基什特 - 特佩（Khisht-Tepe），意为"瓦砾山"。它只因一事而闻名：1946 年 8 月 23 日，阿富汗边防军在军营旁挖土时发现了一个古老的罐子。[6] 其中有628 枚钱币，包括 5 枚古代世界中所铸造的最大的银币（彩插图4-5）。[7] 这批钱币幸运地被其发现者找到并送往喀布尔，最终于1947 年 1 月 7 日被阿富汗国家博物馆收藏。然而，在 20 世纪 90年代，喀布尔城内乱肆虐，敌对军阀的火箭弹穿过博物馆的屋顶

（图 7.1）。在残垣断壁中，幸存的前伊斯兰时代古物被洗劫或毁坏，只有少数藏品在管理员的英勇保护下得以留存。博物馆的档案被塔利班丢弃并付之一炬（图 7.2），以掩饰他们从国家历史收藏中存放钱币的托盘里拿走的东西（图 7.3）。

图 7.1　在 20 世纪 90 年代的战争中遭到严重破坏的喀布尔阿富汗国家博物馆
Jolyon Leslie/ SPACH/ National Museum of Afghanistan

图 7.2　遭受劫掠并被蓄意销毁博物馆档案后的喀布尔阿富汗国家博物馆内部
Jolyon Leslie/SPACH/National Museum of Afghanistan

图 7.3　喀布尔阿富汗国家博物馆内部，被劫掠后的国家钱币学藏品室内的钱币托盘
Jolyon Leslie/SPACH/National Museum of Afghanistan

不到 10 年的时间，被从喀布尔博物馆劫掠且由专家确认为
来自基什特－特佩宝藏中一部分的重要钱币，涌入了伦敦、纽
约、慕尼黑、巴塞罗那、布鲁塞尔、法兰克福、维也纳、奥斯纳
布吕克、巴塞尔、圣迭戈和斯德哥尔摩等地的主要钱币拍卖行。[8]
许多钱币也被通过互联网拍卖网站售卖，匿名竞标者以低廉的价
格购得了藏品，但其背后是一座被掠夺的博物馆。[9] 一些在线买
家和卖家在被告知这一暴行后放弃了购买和售卖，但已造成的损
失是无法弥补的。如今在重建的阿富汗国家博物馆中只能见到在
基什特－特佩发现的 628 枚钱币中的少数几枚。与此同时，在最
初流失的藏品被售卖之后又出现了许多以它们为蓝本的赝品。[10]
现在，针对这批钱币的研究已经变得日益困难。钱币本身与其重
要的原始记录一道消失，不复存在。[11] "瓦砾山"窖藏在古代被掩
埋后遗失，在现代重见天日而后再次失散，它象征着诸多钱币宝
藏所面对的苦涩现实。事实上，大多数钱币窖藏都无法在其发掘
过程中完好无损，而组成它们的钱币和模因则对这一命运完全无
动于衷。有些人类同样自私。考古学家和职业钱币学家以外的发
现者通过分散窖藏并隐瞒其来源牟利，这一切的巨大代价是窖藏
历史记录的消逝。另一方面，某些收藏家声称购买窖藏中的钱币
好过让它们面临从此在熔炉中消失的风险（见第 9 章）。

隐藏的天赋

宝藏的历史与人类的历史一样悠久，自从一些最早的钱币
被有意地埋在古代世界七大奇迹之一以弗所的阿耳忒弥斯神庙
下方的两处窖藏中以来，钱币就一直是绝大部分宝藏中的主要组

成部分。从那时起，钱币窖藏就一直是诗人、小说家、戏剧家和历史学家经常关注的问题。今天，很少有人知道世界历史上有多少窖藏。财富几乎是各行各业人们的普遍需要：如果你拥有财富，你就会将其藏匿起来。用钱币学家西德尼·菲利普·诺伊（Sydney Philip Noe）的话说，"每个人都是自己的银行家"。[12] 无论是为了保护长期存款，还是为了在面临入侵或叛乱等突发威胁时藏匿钱财，人们通常会将钱币和其他珍宝藏在家中或埋在田野或森林中。在其他情况下，送葬者可能不得不将贵重物品留在墓中以确保顺利地通往地下世界，或者将钱币放在建筑物下面以祈求保佑。在各类情况下所产生的埋藏物一般都被称为窖藏，更具体地说，如果埋藏物中有两枚或更多钱币被故意藏匿在一起，则被称为钱币窖藏。[13]

109　　　　一些学者专注于前一句的最后三个词，他们认为真正的窖藏必须在其原始的藏匿地点被发现。这种坚持反映了撒克逊语"hord"一词的原始印欧语词源，意为"隐藏或覆盖"。这一派别的挑剔者们期望在瓶子或其他可识别的容器中找到钱币，就像在以弗所和基什特－特佩发现的那样。[14] 然而，迄今为止在美国发现的窖藏中，只有 40% 有可确认的容器。[15] 现代家庭中的囤积物通常存放在罐子或碗中，但它们很少被刻意隐藏起来，它们应被算作窖藏吗？世界上许多人都无法获得银行服务，他们藏匿现金是为了生活所需，而不是自寻麻烦。一些并不恼人的现代现金窖藏可能被藏在非常规的地方，如冷柜里的冰块或假电源插座里。[16] 未来的考古学家可能无法识别这些容器。在《摩登家庭》和《生活大爆炸》等当代电视节目中都可以看到这种做法。在前者中，一位丈夫将一沓沓现金藏在沙发垫里；而在后者中，一位科学家将钱藏在假花生脆罐头和绿灯侠动作人偶的中空身体里。[17] 这些容器可能是非同寻常的，但藏匿行为却不是。最近的数据显示，43% 的美国人选择不把他们的储蓄存放在本地银行，超过一半的将储蓄以现金形式储存的美国人仍然将其藏在家中的秘密位置。[18]

古代文学中的窖藏

前面提到的情景喜剧不过是同样提及埋藏财富问题的古代喜剧的现代版本。阿里斯托芬在公元前 5 世纪写下了关于雅典钱币窖藏的内容。[19] 他以一句俗语开玩笑说："除了鸟儿，没人知道我把钱藏在哪里了。"这句话使得剧中的丑角们手握铲子跟随着鸟儿，希冀挖出宝藏。在普劳图斯（Plautus）的《一罐金子》（Aulularia）中，一个粗鲁的家伙将一罐价值连城的宝藏埋在自家的壁炉下面。他将宝藏托付给了家神，家神向观众讲述道：

> 他祈求我为他守护这罐金子。但他生性贪婪，从未向自己的儿子提过这些宝藏，宁愿让孩子穷苦，也不愿让他看到这些金子……他的儿子对我更是不闻不问，所以我让他贫困潦倒且死得不明不白。他们的继承人像其父亲和祖父一样，但他有一个很关心我的独生女。出于对她的关心，我让她的父亲找到了宝藏，以便他能更乐意为女儿提供嫁妆。

在普劳图斯的另一部剧作《三文钱》（Trinummus，英译

110

作"一日工资"）中，查米德斯（Charmides）这一角色也把钱币埋在了自己的房子里。在这里，普劳图斯再次使用了菲勒蒙（Philemon）的新喜剧剧作《宝藏》（Thesauros）之名。古希腊剧作家米南德（Menander）和罗马剧作家卢斯奇乌斯·拉努维努斯（Luscius Lanuvinus）也创作了同名喜剧。在其剧作中，拉努维努斯设计了一个巧妙的文学技巧，让埋藏者在藏宝时留下一张解释性的纸条。现代小说家杰克·怀特（Jack Whyte）在他广受欢迎的关于罗马不列颠的历史小说《天空之石》（The Skystone）中也采用了同样的手法。[20] 这张纸条向新主人介绍了宝藏的早期信息，例如宝藏最初是在哪里被发现的，以及埋藏者意在将其留给谁。[21]

　　窖藏和埋藏者也会出现在除喜剧外的其他作品中。在《新约》中，他们被作为寓言讲述。在一个例子中，一个仆人因为将主人的钱埋在地下而没有将其投资的行为受到责备。[22] 古希腊作家色诺芬早在几个世纪前就评论过这种无益的囤积冲动："当一个人积攒了大量的白银时，他埋藏多余的白银时会感受到与使用它们同等的快乐。"[23] 在另一则寓言中，耶稣似乎赞扬了一个人，他在田地里发现了一座窖藏，并隐瞒了自己的发现，然后卖掉了自己所有的财产来购买这片土地。[24] 根据古罗马法律，在自己的土地上发现财宝的人有权将其保留；但如果在别人的土地上发现财宝，则必须与土地所有者平分。[25] 耶稣寓言中的这个人隐瞒了发现财宝的事实，欺骗了财产所有者，但他显然有权通过这种做法发财。古希腊作家斐罗斯特拉图（Philostratus）讲述了这样一个故事：一个破产的商人祈求大地之母——宝藏的守护者——指引他找到宝藏，这相当于在古代中了彩票。一位奇迹缔造者主动伸出援手，代表商人与一个邪恶的地主谈判，从他手中买下了一些土地。[26] 从这段故事中可知，中间人一直都知道这些金子的存在，但欺骗卖家是合乎道德的，因为破产的商人更应该得到这些金子。斐罗斯特拉图还在其他地方描述了这样一起诉讼：一个人买了一块地，后来耕地时发现了窖藏。田地的卖家为财宝提起诉讼，因为如果他知道有这笔意外之财，绝不会卖掉这块地。[27] 显然，宝藏的发现引发了许多法律纠纷和道德难题。

有些案件是公然的犯罪。古罗马演说家西塞罗（Cicero）记述了一起围绕窖藏发生的谋杀和抢劫案：

> 有名的医生斯特拉托（Strato）为了掩盖自己家中的盗窃案而犯下了谋杀罪。他家有一个装满钱币和黄金的箱子。一天晚上，他趁两个奴隶熟睡时将他们杀害，并将尸体藏在鱼塘里。然后他切开了箱子底部，并取走了钱币和 5 磅黄金。[28]

古希腊演说家吕西阿斯（Lysias）描述了距其几个世纪前的一起审判，起因是谋杀并抢劫一个装满银器及数百枚古希腊和波斯钱币的钱箱。[29] 埃及的纸草文献保存了关于古希腊 - 罗马时代关于被盗钱币窖藏的警方记录。例如，在 28 年，一个名叫奥尔塞努菲斯（Orsenouphis）的村民向当地治安官报案，控诉一名工人在翻修他的房屋时发现并偷走了藏在墙壁里的旧窖藏。[30] 尽管这一窖藏早在 42 年前就被他的母亲藏了起来，原告当时只有 8 岁，但奥尔塞努菲斯声称自己对被盗的箱中物品了如指掌，甚至知道里面和 60 枚德拉克马银币放在一起的每件首饰的确切重量。在另一起 140 年前的案件中，数名古希腊骑兵闯入一名原告母亲的房间，拿走了一个装有 1600 枚德拉克马铜币的罐子。[31]

普鲁塔克记录了一些涉及著名将领的事例，如亚历山大在底比斯和庞培在迦太基的所作所为。[32] 阿庇安（Appian）则讲述了卡西乌斯（Cassius）在罗德岛的传闻：

> 他命令公民将财产悉数交给他，并宣布试图藏匿钱财的人将被处死，告密的自由民可获得价值举报金额 1/10 的奖励，奴隶则可被释放。起初，许多罗德岛人都把钱藏了起来，希望这一威胁最终不会被实施。但当他们看到悬赏和已处刑的被举报者时，这些人惊慌失措了……一些人从地里挖出他们的财物，一些人从井里捞出财宝，还有一些人从墓穴中取出藏匿的财物并交给卡西乌斯。[33]

阿特纳奥斯（Athenaeus）描述了一群腓尼基人如何在被围困后被迫放弃自己的城市，将所有财物埋藏在有秘密标记的藏匿点以便在他们重回故地时取出来。[34] 根据约瑟夫斯（Josephus）的说法，通过吞食来走私财宝离开被围困的城市的做法在当时会导致可怕的后果，有 2000 名犹太难民被贪婪的掠夺者开膛破肚以搜寻钱币。[35]

据说马其顿国王珀尔修斯（Perseus）被古罗马击败后给他的继承人留下了一张藏宝图，上面标明了两处藏宝地点：一处在安菲波利斯的道路下，藏有 90 万德拉克马，另一处在塞萨洛尼基，藏有 42 万德拉克马。[36] 卡西乌斯·狄奥（Cassius Dio）告诉我们有人声称在 100 年前后还有另一处为躲避罗马入侵而埋下宝藏的王室藏宝地点：

> 人们发现德西巴勒斯（Decebalus）的宝藏藏在萨吉蒂亚（Sargetia）河下。德西巴勒斯曾强迫一些俘虏改变流经他宫殿的河道，以便将宝藏埋在河床里。石头被堆放在财宝上，并且河流被重新引回其原来的水道。[37]

112

潜水者得以打捞德西巴勒斯的宝藏。这一危险的职业最早可追溯到公元前 5 世纪，当时古希腊打捞者斯西利亚斯（Scyllias）和他的女儿海德娜（Hydna）声名鹊起。[38] 除了意外事故，有时潜水员在成功打捞到宝藏后还会被杀害灭口。[39] 公元前 56 年，小加图（Cato Uticensis）积攒了近 199 吨掠夺来的白银，并希望将这些白银运往罗马。[40] 为防不测，他谨慎地将这些白银分别装进不同的箱子里，并在每个箱子上系一根末端系有巨大软木的长绳。这样即使船沉没了，这些财宝还可以被找回。

精灵，龙，女巫

钱币学家深知，古人在日常生活的斗争中为了窖藏而进行囤积、藏匿、讨价还价，甚至杀人。正如我们所见，在许多古典文学作品中可以找到这些活动的痕迹。同样，中世纪和现代文学也延续了这类故事，并经常加入警惕的小矮人、贪婪的精灵和凶恶的龙等新元素。在 19 世纪初的日本纸币上，一条龙环绕着代表财宝的符号（图7.4）。在北欧神话中，我们发现龙法夫尼尔（Fafnir）小心翼翼地守护着他的金库。在《贝奥武夫传奇》（*Beowulf Saga*）中，我们看到了《龙与地下城》（*Dungeons and Dragons*）的粉丝们熟悉的火龙（Firedrake）。许多人都知道《权力的游戏》中的德罗贡（Drogon）和维瑟里昂（Viserion），《哈利·波特》中的挪威脊背龙诺伯塔（Norberta），当然还有J.R.R. 托尔金（J.R.R. Tolkien）《霍比特人》（*The Hobbit*）中的史

图7.4　日本发行的纸币（1827—1828），正反面分别印有围绕着"宝"字的巨龙和大黑天图案。ANS 1937.179.31069
Courtesy of the American Numismatic Society

矛革（Smaug）。

托尔金还写过一首名为《窖藏》（*The hoard*）的诗：[41]

> 黑暗的山洞里有位老矮人，
>
> 他五指紧握着金银；
>
> 他用锤子、钳子和铁砧石，
>
> 把双手磨砺得坚硬无比。
>
> 他打制的钱币……

后来，一条龙杀了矮人，夺走了他囤积多年的金银财宝，直到一位新出场的角色前来挑战龙：

> 一位手持亮剑的年轻战士
>
> 唤醒了他保卫他的宝藏。
>
> 他的牙齿是利刃，皮肤上覆盖着坚鳞
>
> 但是钢铁将其撕裂，他口中的热焰就此消逝。

随着时间的推移，屠龙勇士也随之消逝在了历史的长河里。诗的最后几行描绘了一幅奇异的画面：

> 在黑暗的岩石中，有一处古老的窖藏，
>
> 被遗忘在无人能打开的门后；
>
> 那扇阴森的大门无人可通过。
>
> 土丘上长满了绿草；

羊群在那儿觅食，云雀在那儿翱翔，

风从海边吹来。

当大地在等待，精灵在沉睡，

黑夜将守住古老的窖藏。

这些文字就好似托尔金阅读过一张记录了 1366 年 6 月 12 日上午 9 点在图尔沃镇附近发生的事件的羊皮纸抄本一样，它现今保存在马赛罗讷河口省历史档案馆中。[42] 这份中世纪拉丁文文献记载了三个男孩在普罗旺斯乡村的一条罗马古道上玩耍时，在羊群中发现了一个熟睡的同伴。他们叫醒了同伴，然后兴奋地从他身边走过，看到草堆上的一个小洞里突然涌出了银币，令人难以置信。原文是 "evomentem pecuniam argeanteam"，其字面意思是大地在吐出银币。男孩们误以为这些银币是一种叫作"佩勒霍坎"（pelhauquins）的普通游戏代币，于是他们把银币装进口袋，然后试图徒手堵住洞口。但就像"荷兰小男孩"把手指伸进水坝里一样，这只会导致附近的另一个缺口被冲开。这些财宝就像喷泉里的水一样源源不断地涌出（flueret pecunia ipsa ad modum fontis）。附近的居民普遍认为这座窖藏中的银币达到了需要 20 多头骡子才能运载的数量，这相当于约 3 吨贵金属，即 400 万枚左右的古币。然后，这一切突然消失了。文件称，一个陌生女人偶然路过，想要分得这批银币。当她伸手去取一些钱币时，除了孩子们口袋里的几枚钱币外，所有钱币都立即缩进了土里。故事最后断言，这些事件引发了许多邪恶的预言。

一些钱币学家认为整个记载是真实的。例如，一位学者将窖藏的突然出现归因于一场导致堤坝坍塌的大洪水，尽管抄本中并未提及降雨；[43] 另一位学者认为，所有的钱币（除了男孩们装在口袋里的钱币）都滑进了一个新的地下裂缝；还有一位学者认为，这些金属在露天环境下分解，或者在粗暴处理时由于结晶而碎裂，但装进口袋里的标本除外，其原因不明。[44] 为 3 吨钱币的出现和消失找到一个合理解释很挑战想象力，但故事的某些方面确实是真的。文件中包含一张古代希腊殖民地马萨利亚（Massalia，即现在的海滨城市马赛）打制的特定银币的精确图画。这与图 7.5 所示的实物相符。民间传说中的幻想可能对事实真相有所干扰，但当我们剔除超自然和夸张的因素后，可能会发现一个真实的窖藏。当然，随着每次口耳相传，故事中实际发现的宝藏变得越来越大、越来越好，促使当局前来调查，甚至可能没收钱币。当地人所能做的一切就是增加一个邪恶的女巫来解释为何没有任何钱币可供上交。根据图画，发现者口袋里的少量钱币显然是真的。

图 7.5 马萨利亚奥波银币，正反面分别为人物肖像和轮状图案，是图尔沃文件中显示的钱币类型。ANS 2012.49.114
Courtesy of the American Numismatic Society

海盗与墓地

毕竟，了解人们粉饰真相的方式对于了解真相本身至关重要。钱币学家应当像研究古代和中世纪的参考文献一样，研究现代文学作品中的线索。这一方法当然也适用于其他现代有名的藏宝者——现实中和虚构故事里的海盗。[45] 大众文化将埋藏或沉没的宝藏（图 7.6）与戴眼罩、长着钉子腿、拥有会说话的鹦鹉和褪色地图的海盗联系在一起，这一纽带不可动摇。这在很大程度上要归功罗伯特·路易斯·史蒂文森（Robert Louis Stevenson）于 1883 年出版的《金银岛》。[46] 它启发了一家海鲜专营店和大量电影，包括大获成功的迪士尼系列电影《加勒比海盗》。在埃德加·爱伦·坡（Edgar Allen Poe）的众多作品中，最赚钱的是他的短篇小说《金虫》（*The Gold Bug*），讲述了破译基德船长藏宝图的故事。

沃尔特·司各特（Walter Scott）爵士于 1813 年发表了一首

图 7.6　1650 年墨西哥城产的腓力四世 8 里亚尔银币，正反面图案分别为盾牌和十字架，这是一枚从沉船中打捞出的古币。ANS 1964.158.1
Courtesy of the American Numismatic Society

长篇叙事诗，将海盗的战利品与坟墓和幽灵联系在一起：

> 我认识一位年迈的水手，
>
> 在我与摩根的船员一起航行的时候，
>
> 他经常在我们的狂欢中
>
> 谈论罗利、福比舍尔和德雷克船长；
>
> 伟大的冒险家们！大胆地用英国钢铁换取西班牙黄金。
>
> 他们会说，经验告诉他们，
>
> 不要把你的战利品托付给船长或战友，
>
> 当满月照在骷髅上时，
>
> 寻找一处阴森之地。
>
> 在那儿向下挖，把你的宝贝堆在墓里，
>
> 让死人看管你的财宝。
>
> 找不到这样的地方吗？那就
>
> 杀个奴隶，或者罪犯，
>
> 在你的墓穴宝藏中，
>
> 让他不满的鬼魂，
>
> 夜夜徘徊在他孤独的岗位上。[47]

　　正如普劳图斯的《一罐金子》所指出的那样，许多文化都将守护神与钱币窖藏联系在一起。据报道，在现代阿富汗发现窖藏的人们通过献祭一只鸡，并将鸡血滴在钱币上来安抚其守护神。[48]

　　将坟墓、鬼魂和钱币窖藏联系起来，可能只是因为误解了墓葬中的钱币祭品。我们不需要海盗来解释为什么有时会在尸体上发现钱币，例如古代将钱币放在死者口中的做法。另一方面，在海边墓地藏匿战利品也是有道理的。这些地方很容易在大型永久性建筑附近找到（和找回），而且地面上已经有坚固的石头标记。最重要的是，谁会怀疑一块墓地边上新鲜翻出的泥土呢？

我们也许可以思考一下 1611 年 4 月在威廉·布伦德尔（William Blundell）的土地上发现的哈基尔克窖藏（Harkirke Hoard）。就在利物浦以北几英里靠近海边的地方，布伦德尔坐拥一座名叫 Crosby Hall 的庄园。[49] 当他的穷邻居威廉·马修森（William Mathewson）作为天主教徒在新教英格兰过世时，布伦德尔出于善意，为他修建了一个坟墓。[50] 庄园主本人也是一个拒绝放弃天主教徒身份皈依圣公会的笃信教徒。因此，他秘密地将马修森埋葬在自己的庄园里，因为教区墓地是他们的禁地。所选的确切地点被称为 Harkirke，意思是"破旧的老教堂"。它可能曾经是受祝福的土地，特别适合成为之后的秘密天主教墓地。[51]

第二天，一个名叫托马斯·雷斯（Thomas Ryse）的年轻仆人发现新坟附近的泥土中躺着一些旧钱币。他提醒布伦德尔注意这些钱币，布伦德尔搜索了现场，找到了大约 80 枚中世纪钱币。布伦德尔的孙子写道："当他翻动第一块泥土时……他在泥土中发现了数百枚古老的撒克逊钱币。"[52] 威廉·布伦德尔本质上是一名古物学家，因此他不辞辛劳地发表了这一发现。[53] 他仔细绘制了钱币的样子，并根据对窖藏的理解撰写了一篇长篇历史论文。他甚至委托人刻制了一幅铜版画，图文并茂地描绘了许多钱币，他的孙子评价道："这些铜版画在你们国家传遍了。"[54]

尽管布伦德尔的工作值得称赞，但其为促进钱币研究而做出的努力不可避免地泄露了他的天主教墓地的位置。1624 年，兰开夏郡郡长率领一支 30 人的队伍洗劫了他的墓园。[55] 袭击可能出于宗教原因，但金钱在其中或也起到了一定的作用。刨坟为当局寻求更多财宝提供了借口。尽管发生了这些骚乱，布伦德尔的记录和铜版画仍然存在，并且仍是钱币学家和历史学家们持续调查和分析的基础。[56] 哈基尔克窖藏和其他类似的窖藏加强了人们对墓地和窖藏之间的联系的认识，如果这些钱币是因为墓园曾经是圣地而被故意藏在那里的话，也许是有充分理由的。

当明天不再到来

在庞贝和赫库兰尼姆等遗址发掘出了一些令人不安的窖藏。庞贝出土了近 3.3 万枚钱币，远远多于赫库兰尼姆的几千枚。不过将两者进行比较是有问题的，因为两处遗址的发掘历史截然不同，而且庞贝城的毁灭速度较慢，死亡人数较多，目前已确认约有 1200 人。[57] 就庞贝人而言，他们确实热爱自己的钱币：其中一位名叫普布利乌斯·韦迪乌斯·西里库斯（Publius Vedius Siricus）的人在自己家门口铺了幅马赛克拼贴画，上面写着"金钱万岁"[SALVE LVCRV（M）]，让所有人都能看到（图 7.7）。大多数出土的庞贝钱币都是在庞贝城活跃的历史时期被随意遗弃在建筑填土中的。这些钱币从流通中逃逸，一旦掉落就会藏匿起来。[58] 不过，也有一些窖藏的例子，这些窖藏是在受害者身边发现的，他们来不及撤离这座濒临毁灭的城市。例如，在"金手镯之家"，考古学家发现了一个年轻的四口之家，他们在一楼的一

图 7.7 庞贝的普布利乌斯·韦迪乌斯·西里库斯之家入口处的马赛克，上面写着"金钱万岁"［SALVE LVCRV（M）］
Andrea Izzotti/Shutterstock.com

118 个凹室中避难。四人中的母亲戴着一个金手镯，这座宅邸也因此而得名。这位妇女显然很富有，她身边还有 40 奥雷金币和 172 第纳尔银币的巨款。这对夫妇和他们的孩子一直犹豫不决，直到一切无可挽救。他们尸体的石膏模型定格了其在黑暗的凹室中死亡的痛苦（图 7.8）。还有一些人是在家门口丧生的，他们在黑暗的街道上摸索或在城墙上匍匐前进时遇难。一个人可能在灰烬下窒息而死，身上带着 13 枚钱币和一些珠宝；另一个人在背负着一大堆钱币、珠宝、银盘、两把钥匙和一些绳索的重担时摔倒并死亡。[59] 最近在一块巨大的落石下发掘出的一个庞贝人手里攥着一个皮包，里面装着 20 枚铜币和银币。腿部感染可能是他未能及时撤离城市的原因。

午夜时分，挤在赫库兰尼姆海滨附近的人们，无论老幼、健

图 7.8　在庞贝"金手镯之家"中丧生的一家四口的石膏像
Silkia M. Solis/Shutterstock.com

康与否，都在焦急地等待着命运的降临。这些人显然相互搀扶着
上岸，因为在窄窄的通道和陡峭的台阶上，没有成堆的尸体被践
踏在狭隘处，他们穿过黑暗，来到一排排遮风挡雨的船坞（图
7.9）。[60] 虽然这数百名赫库兰尼姆人耽搁了很长时间，但他们似
乎在海岸线有序地进行了聚集。火山喷出的 18 英里高的羽状物
会在自重作用下坍塌，形成一股热气、熔岩碎片和火山灰的浪
潮。这股火山碎屑流瞬间吞噬了人群。温度上升至约 700℃，突
如其来的热浪将海滩和船坞中的所有人都焚化了。[61] 最近对烧焦
的骸骨进行的研究记录了他们死亡时的恐怖情形。[62]

　　一些科学家认为，他们的软组织和体液瞬间蒸发，大脑沸
腾，头骨爆裂。在火山爆发后的 12 个小时内，凡是没有撤离或
已经死亡的人都被就地烧成灰烬。[63] 死亡人数包括海岸线的大约

119

图 7.9　赫库兰尼姆，显示火山爆发时海滨延伸的一排船坞（底部）
Onairda/Shutterstock.com

300 人，其中有几人尚未出生，另外还有两匹马和几条狗。我们不知道大人们为什么等了那么久。他们中是否有人嘲笑惊慌失措的邻居们一有危险就逃跑？他们是最后一个意识到"没有明天"的人吗？他们是否花了太多时间整理自己的财物，包括存放贵重物品？他们中是否有人是奴隶，奉命留下来保护富有主人的财产？他们的想法我们无从得知，但我们却可以弄明白他们携带的物品。

　　一些遇难者随身携带着钱，那是他们日常生活中的神秘伴侣，与他们共同经历了那最后的时刻但幸存了下来。对于那些坚持攥着钱币直到生命的最后时刻的人来说，这意味着在死亡的阴影中生活，意味着一种摇曳的希望，即他们的钱币可能仍然需要被用来支付明天的食物或住所。钱代表着未来，任何形式的

120

未来，但这些人都不再有未来。我们见证了一个不平凡夜晚里的普通人。在海滩上，一个全副武装的大个子男人面朝下躺着，背着一个装满木工工具的麻袋，其中装着 15 枚第纳尔银币和 3 枚奥雷金币。[64] 他是应征入伍的士兵或水手，一边保护着自己的收入一边维持着海滨的秩序？他是一个节俭的建筑工人，也许是一个船工，用肌肉和刀剑保护着他一生的积蓄？他是一个趁火打劫者，还是一个向受惊的落难者勒索保护费的恶霸？他的钱币不会告诉我们他是谁，也不会告诉我们为什么他死时小有积蓄，而只会告诉我们他已死去。在他身后的船坞里，其他骸骨与他们的灯具、钱币、银器、工具和珠宝混杂在一起。人们发现了铜币和银币窖藏，它们仍然保持着在 11 号船坞爆炸时盛放它们的柳条筐的形状。[65] 为什么有人使用篮子？在黑暗中搬运不是很困难吗？一路上洒落了多少钱？它装的是某人的积蓄，还是城里商店一天的收入？那些等待救援却身无分文的赫库兰尼姆人怎么办？如果他们侥幸活过当晚，又该如何生活呢？

但他们没有。他们赌输了，因为离开得太晚，穷人和富人都输了。我们可以从一首关于另一次火山爆发的古诗中窥见他们的困境，这首诗描写的是西西里岛上的艾特纳火山：

> 熔岩在阴暗的光线中流淌，
> 追赶着拼命逃跑的人。
> 每个人都在颤抖或勇敢地
> 努力把自己的黄金带到安全的地方，
> 全副武装，负重前行，向城门进发。

就连诗人也不愿丢下珍贵的书卷，

试图用虚弱的双臂托起致命的重担。[66]

一些关于埃特纳火山爆发的记载赞扬了卡塔纳的阿纳皮乌斯和安菲诺穆斯（Anapius and Amphinomus of Catana）两兄弟的仁慈之举，他们救出了年迈的父母，而没有带走囤积的财富。许多雕像和诗歌都赞美了他们的无私行为。[67] 这对英雄兄弟也出现在卡塔纳的钱币上，他们背着父母离开（图 7.10）。

佩皮斯和马南的悲剧

窖藏所有者所遭受的个人痛苦可以在英国文学中最著名的两个故事中找到，其中一个涉及真实的存款（佩皮斯窖藏案），另一个则是虚构的（马南窖藏案）。著名的日记作家塞缪尔·佩皮斯养成了商人般对钱币的痴迷，他甚至计算过有多少钱币从流通中消失，变成了英国的窖藏。[68] 后来，当荷兰战舰威胁伦敦时，

图 7.10　卡塔纳铜币，正反面分别为狄俄尼索斯头像和卡塔纳兄弟将父母背到安全的地方的场景。ANS 1944.100.8376

Courtesy of the American Numismatic Society

他自己埋下了一大座窖藏。他在日记中写道，6 月 12 日，他焦虑地与妻子和父亲商议其财富的安全问题，最后诗意地总结道："（我）充满恐惧和惊吓地上床睡觉，几乎整夜没有合眼。"第二天，佩皮斯将妻子和父亲送回乡下老家，"他们的睡袋里装着大约 1300 英镑的黄金。祈求上帝保佑他们的旅途，并让他们小心地藏好那笔钱"。后来，佩皮斯给他们送去了更多的黄金，并制作了一个钱腰带，以便随时携带 300 英镑现金。

6 月 19 日，佩皮斯听了妻子关于如何藏钱的描述，心中的愤怒和惊恐与日俱增：

> 我父亲和她是在星期天……光天化日之下，在花园中间藏钱的，他们不知道会有多少双眼睛看到他们……这件事给我带来了很大的麻烦，我和妻子闹翻了，虽然我刚到城里，但我没有和她一起吃晚饭，也没有和她说话。

几个月后的 10 月 10 日，佩皮斯在夜深人静的时候开始找回埋藏的东西：

> 但是，上帝啊！有一段时间我真是焦头烂额，因为他们无法准确说出它们在哪里。我开始满头大汗，为他们不能更好地确定地点而生气，然后担心它们已经不在了，但我们还是用钎子戳了戳，找到了它们，我们用铲子把地面掀起来。但是，天呐！他们做得太傻了，在地下不到半英尺的地方，在全世界的视线中，如果有人不小心在附近，邻居透过窗户

122

也能看到，他们也能听见，因为他们就在附近。只是我父亲说，在他开始工作之前，他看到他们都去教堂了，这时他埋放了钱币，但这并不能让我原谅他们。我几乎失去了理智。更有甚者，当我用铲子铲起泥土时，我发现金子散落在地上的草丛和松软的泥土中……土被弄到了金子中间，而且是湿的，所以袋子都烂了……我的口袋里有一张全部金子价值的纸条，现在找回的距上面写着还差100多块，这让我很生气。考虑到邻居家离得很近，我们不可能在金子所在的花园里说话，尤其是我父亲耳背。但他们一定知道我们在做什么，我担心他们会在夜里过来捡金子。

我们很少能找到如此详细的窖藏史，也很少能读到埋藏黄金对所有相关人员造成的情感伤害。

要想了解更详尽的内容，我们必须求助于文学小说。乔治·艾略特（George Eliot）[玛丽·安妮·埃文斯（Mary Anne Evans）]的《织工马南》（Silas Marner）是围绕一座窖藏展开的故事，讲述了一则精彩的人间悲剧。马南是一个命运多舛的织工，他遭受了背叛和诬陷，被迫成为一个吝啬的老隐士，把积累的财富藏在地板下。他的钱币扮演了活物的角色，它们"明亮的面孔"是马南生活中唯一的朋友，取代了人类。[69]马南开始认为他的钱币是"他的意识"，并享受它们的陪伴，仿佛它们是有生命的。[70]这位织工每晚都与他的钱币交流，像对待孩子一样爱护它们，但他最喜欢的是那些沉重的几尼金币。[71]

当塞拉斯·马南发现一名小偷找到并偷走了他的整个宝藏

时，悲剧再次降临。直到许多年后，他才知道是邓斯坦·卡斯（Dunstan Cass）干的，他是当地的一个无业游民，带着钱在一个废弃采石场的悬崖峭壁上徘徊。与此同时，马南通过照顾一个名叫埃皮的孤儿找到了目标和希望。她取代了老织工对消失的窖藏的感情："他只能说，孩子代替了金子——金子变成了孩子。"[72] 当卡斯的遗骨和失窃的金银财宝一起在坑底被发现时，马南已经不再在乎损失，他对已经长大成人的埃皮的爱如父亲般无微不至。一切都以埃皮与当地的一位求婚者结婚而圆满结束。

正如文学作品中经常出现的情况一样，我们可以从这部小说中学到宝贵的钱币学知识。想象一下，如果我们能够找到并研究作为故事核心的虚构窖藏。无论是藏在塞拉斯小屋砖地板下的皮袋里，还是16年后与邓斯坦·卡斯的骸骨一起出现在干涸的采石场底部，这批钱币本身都无法向我们讲述围绕它编织的动人传奇。仅凭这些钱币，钱币学家永远不会了解塞拉斯饱受恶意指控折磨的生活、他对宗教和亲密友谊的痛苦退缩、他每晚与藏匿的金银财宝的约会、他在邓斯坦手中失去藏匿钱币的失落、他对一个金发弃儿的救赎关怀，以及他在财富失而复得时的矛盾心情，这些只被小说家而非钱币学家所知的编年史。我们可以称之为"马南悖论"。简而言之，窖藏极少能反映出埋藏者的生活，除非通过叙述者这一便捷的中介。卢斯奇乌斯·拉努维努斯和后来的杰克·怀特用不同的方式解决了这一叙事僵局，他们用与宝藏埋在一起的笔记来讲述他们的故事。文学善意地提供了钱币学中常常缺乏的东西，即窖藏背后的埋藏者。

8

理解窖藏

唯有币章，仍是历史真相的主要见证者。

——约翰·平克顿（John Pinkerton），《论币章》

（*An Essay on Medals*）

窖藏为何重要

各种类型的钱币窖藏满足了历史学家、考古学家、经济学家和钱币学家对证据的需求。作为过去的 2600 年里钱币与人类的共生关系所产生的一种普遍副产品，窖藏为我们提供了几类关键信息。首先，钱币窖藏是可供研究的大多数钱币资料的重要来源。单枚钱币和钱币类别提供了大量有关铸造和使用这些钱币的民众及其国家的信息，但我们必须谨记，这些物品主要是以窖藏为单位抵达博物馆和研究人员手中的。即使是在考古遗址中，也很少发现零散的单枚贵金属钱币，在考古挖掘中最常出土的是一些在日常商业活动中遗失的小面额铜币。因此，如果没有钱币窖藏，世界上大多数古钱币收藏——无论是私人还是公共的——都将乏善可陈，尤其是金银币，如图 8.1 所示为一枚来自埃及的钱币。这是钱币逃避流通以长期存世的成果。

此外，钱币窖藏若没有散失或被毁坏，且被恰当地记录，便可给予我们对钱币进行有意义的分组分析的良机。无论最初是什么原因（例如，对迫在眉睫的危险的感知、熙熙攘攘的道路、安排好的嫁妆）将这一窖藏中的钱币聚集在一起，窖藏中年代最晚的钱币都为该窖藏的埋藏时间确立了一个"最早的断代定年"（terminus post quem）。此外，每枚钱币与其同胞的联系也值得仔细研究。通过这种方法，已知年代的钱币可以为以前未定年的钱币断代。因此，作为一种"时间胶囊"，钱币窖藏对于钱币的断代和重新断代至关重要。[1] 窖藏中钱币出现的相对频率可以作为各个造币厂生产率的参考指标，或者表明区域经济和贸易联盟的实力。

图 8.1　古罗马皇帝塞普蒂米乌斯·塞维鲁（Septimius Severus）的奥雷金币（198—200），描绘有他的儿子盖塔，据说是出自 1914 年从埃及发现的窖藏，其正反面分别为盖塔肖像和幸运女神迎接盖塔的场景。ANS 1944.100.51738

Courtesy of the American Numismatic Society

窖藏的种类

在沃尔特·司各特爵士所著的《古董商》（*The Antiquary*, 1816）中，亚瑟爵士从一方古老墓地中挖出一些钱币并展示给年迈的专家，从中我们看到了如何调查钱币窖藏的蛛丝马迹：

> 亚瑟爵士从口袋里掏出一个大羊角，上面有一个铜盖，里面有相当多的钱币，主要是银币，但也夹杂着一些金币。古董商的眼睛闪闪发光，迫不及待地把它们摊开在桌子上……
>
> "好吧，"奥德巴克回答道，"但你必须告诉我你是在何时、何地又是如何找到它们的。"

学者们同样在寻找关于类似窖藏的"有什么""谁"和"为什么"。窖藏的定义似乎已经不言自明，但窖藏具体的组成（即"有什么"）仍然存在争议。[2] 从最宽泛的角度来看，我们可以说，正如前章所述，只要两枚或更多的钱币一起被发现，不管是有人蓄意为之还是偶然，它们就可以被称作一个钱币窖藏。安全起见而埋藏的钱币、作为祭品的钱币、遗失在沟渠中的钱币或沉船船舱中的钱币可能代表不同种类的窖藏，但这些类别中所有的窖藏都是具有潜在意义的文物集合体。让我们将这些集合体分为八类（图 8.2）。

为了理解这八种分类，可以想象一下某人把积攒在一个"讨厌的罐子"里的零钱拉到银行的情景；这可能是一个储蓄窖藏

钱币窖藏的成因				
分类	是否带有容器？	是否被隐藏？	是否会重新流通？	形成时的境况
1. 紧急情况	是	是	是	战争、革命、瘟疫等
2. 储蓄	是	是 / 否	是	结余、计划资金等
3. 犯罪行为	是 / 否	是	是	盗贼、造假者等
4. 机构行为	是 / 否	否	是 / 否	银行、博物馆等
5. 被弃	是 / 否	否	否	供奉、撤出流通等
6. 意外	是 / 否	否	否	从钱包中掉落、随沉船沉没等
7. 精神病性	是 / 否	否	否	病症情况等
8. 堆积	否	否	否	水槽、壕沟、水井等

图 8.2 窖藏的成因种类，共展示了 8 个类别
笔者自制

（第 2 类）。出纳员将这些钱币转移到金库，在那里它们加入了更大的银行中的机构窖藏（第 4 类）。这时来了一个窃贼，他从银行偷了三袋钱币，其中一袋里装的是以前"讨厌的罐子"中囤积的一些钱币。窃贼带着犯罪窖藏逃跑（第 3 类），这袋东西太重了，随着执法部门的逼近，窃贼拼命将一袋东西藏在洗衣店后面，以便日后取回：这就是紧急窖藏（第 1 类）。[3] 接下来，窃贼躲进了城市公园，在那里，他放松下来，将一把钱币扔进许愿井，感谢幸运之神，构成废弃窖藏（第 5 类）的一部分。[4] 听到警笛声后，他再次逃跑，在翻越高高的栅栏时遗落了剩下的一个袋子：这就成为一个意外窖藏（第 6 类）。窃贼紧紧抓住最后一个袋子，只丢了一枚钱币，钱币穿过一个小裂口，滚进了一条沟

里，和其他人丢失的钱一起掉进了泥里（第 8 类）。最后，这个窃贼到达他安全的藏身之处，他一生痴迷于积攒他从未打算花掉的赃物，现在又有了更多的不义之财。他囤积了一批精神病性窖藏（第 7 类），第二天警察来的时候，他还在清点这些钱币。[5] 如果把所有找到的钱币窖藏都当作一种类型，侦探们可能永远也无法破获这个强迫症钱币大盗的案件。窃贼藏身之处的线索只能是一系列反映特定情况的不同钱币储藏，每一步都留下了不同的线索。

考古学家和钱币学家面临着更严峻的挑战，因为他们的研究往往是冷门案例，只有在少数情况下其历史背景和联系才是显著的。将不同的钱币窖藏与特定个人联系起来或许是不可能的：钱币的断代可能不那么容易，有时甚至连其发现的地点都不知道。我们很容易在现代钱币研究的标准参考书之一中观察到这些问题：《古希腊钱币窖藏目录》（IGCH）收录了 1973 年之前出土的 2387 座分属多种类型的钱币窖藏。[6] 基于该数据库进行研究的学者在调查时会遇到很多障碍。在 IGCH 中，只有 7% 的出土文物有可识别的背景，甚至一些考古发现的来源也被标注为存疑。[7] 同样令人不安的是，编辑们必须将 48% 的窖藏标为成分未知或部分成分未知。其余窖藏的"确切"成分并非总是确凿无疑的。例如，IGCH 列出了在埃及发现的 101 个窖藏，其中以 100、1000 等固定整数精确列出内容的窖藏比例之高令人生疑。此外，IGCH 所有窖藏中有 29% 目前被归类为"未知"或"散佚"。如果那些起诉"银行抢劫强迫症劫匪"案件的人在追回 8 个窖藏时不得不面对这些统计上的限制，那么他们在法庭上就会承认证据已经严

图1 纽约发行的"绿背"纸币（1862），上有亚历山大·汉密尔顿肖像。
ANS 0000.999.75829
Courtesy of the American Numismatic Society

图2 美国发行的半美分铜币（1833），正反面分别为自由女神头像与花环图案。
ANS2012.15.2
Courtesy of the American Numismatic Society

图 3　孔雀王朝时期印度的卡沙帕纳戳记钱币（前 321—前 187），图案为各类戳记。ANS1944.100.73313

Courtesy of the American Numismatic Society

图 4　巴克特里亚国王阿明塔斯一世 20 德拉克马银币（前 1 世纪），正面为阿明塔斯肖像，使用相关联的模具

Osmund Bopearachchi

图 5　巴克特里亚国王阿明塔斯一世 20 德拉克马银币（前 1 世纪），背面图案为手持丰饶角的城市女神（3 枚，其模具相关联）和托举胜利女神的宙斯（2 枚，其模具相关联）

Osmund Bopearachchi

图 6　塔拉斯德拉克马金币，正反面分别为赫拉头像和骑着海豚的塔拉斯像（Taras）。ANS1944.100.3392

Courtesy of the American Numismatic Society

图 7　萨迪斯的波斯大流克金币（前 500—前 400），正反面分别为手持弓箭向前奔跑的国王像和戳记。ANS1944.100.73490
Courtesy of the American Numismatic Society

图 8　巴比伦的亚历山大斯塔特金币（前 331—前 307），正反面分别为雅典娜头像与胜利女神像。ANS1944.100.35519
Courtesy of the American Numismatic Society

图9 费城发行的20美元金币（1907），正反面分别为自由女神像与雄鹰图案。
ANS1980.109.2105
Courtesy of the American Numismatic Society

图10 埃及的内克塔内布大流克金币（前359—前343），正反面分别为
骏马图案与象形文字。ANS1963.268.72
Courtesy of the American Numismatic Society

图 11　佩拉的腓力二世斯塔特金币（前 345—前 336），正反面分别为阿波罗头像与双马战车图案。ANS1944.100.12025
Courtesy of the American Numismatic Society

图 12　罗马的塞维鲁·塞普蒂米乌斯奥雷金币（197—198），正反面分别为塞维鲁·塞普蒂米乌斯头像与胜利女神像。ANS1944.100.50163
Courtesy of the American Numismatic Society

图 13　福西亚的赫卡特琥珀金币（前 521—前 478），正反面图案分别为海豹和戳记。ANS2002.18.27
Courtesy of the American Numismatic Society

图 14　罗马的图拉真奥雷金币（103—111），正反面分别为图拉真肖像与装饰有雕像的八柱神庙图案。ANS1967.153.173
Courtesy of the American Numismatic Society

图 15　用于打制巴克特里亚德米特里一世 4 德拉克马银币的模具
Osmund Bopearachchi

图 16　安条克造币厂打制的塞琉古二世 4 德拉克马银币（前 244—前 240），正
反面分别为塞琉古二世头像与阿波罗像，控制标记已被抹去和取代。
ANS1952.128.5
Courtesy of the American Numismatic Society

重缺失。他们充其量只能确定其中一个窖藏是在何时何地被发现的，其中半数窖藏的确切内容和三个窖藏已经完全散佚，以至于无法再进行调查。他们只能确定证据线索中的一个环节，即抢劫前银行中的钱币。被告必然会逍遥法外。

界限在哪里

"强迫症劫匪"的案例之所以行得通，是由于它为了清晰起见，像我们有时在科学考试中解题一样假定了一个没有复杂变量的理想化宇宙。现实世界中的钱币学家必须面对不完美的条件，比如在前一章中讨论过的消失的图尔沃窖藏（Touvres Hoard, *IGCH* 2369）或陷入困境的哈基尔克窖藏所处的境况。[8] 例如，当钱币学家 A.D.H. 毕瓦尔（A.D.H. Bivar）首次发表命运多舛的基什特－特佩窖藏（*IGCH* 1826，见第 7 章）时，他冷静地承认："我们当然不可能对其埋藏条件给出详细的意见。"[9] 然而，仅仅一个句子之后，他看起来就改变了主意：

> 尽管如此，依据钱币本身提供的证据，我们不难想象可能导致如此庞大的窖藏被埋藏的情况。我们可以推测，在游牧民族最后一次入侵昆都士（可能发生在公元前 100 年前后）的前夕，这些钱币是由某个希腊商人或官员掌管的。他不得不放弃如此沉重的负担。面对逼近的入侵者时，他一定在最终逃入山中前将其埋藏。[10]

毕瓦尔忽略了他自己最初提出的注意事项，用"可能"这样

129

短语为这批文物假定了"谁""何时""何地"和"为什么"这些埋藏条件，然后突然得出了"一定有"的结论。他编造了一个引人入胜但基本没有事实根据的场景，以消除未知因素。虽然钱币学家有时需要想象力来"看到"证据想要告诉他们的东西，但这样做的界限在哪里？我们可以很容易地将毕瓦尔的场景想象成完全不同的样子，比如假设这座窖藏是粟特雇佣兵在守卫奥克苏斯河的营地中留下的储蓄或劫掠来的战利品。除非遇到了像在希腊中部发现的窖藏中的一些钱币上存在刻画这样的证据的情况，毕瓦尔避免猜测的第一反应肯定是正确的。[11] 这类涂鸦暗示了谁埋藏了钱币以及埋藏的原因，如同卢斯奇乌斯·拉努维努斯和杰克·怀特作品中作为情节核心的虚构笔记一样。否则，就像塞缪尔·佩皮斯所熟知的一样，窖藏钱币必须隐藏在秘密之地。只有埋藏者才能知道窖藏埋藏时的内容、地点、时间、人物和原因。

在一本关于如何正确研究作为历史证据的钱币的新书中，优秀的古典学家彼得·索内曼（Peter Thonemann）正确地指出，窖藏钱币的"埋藏原因可能是多种多样的，且我们很少能从考古发现中找到确切的答案"。[12] 这是一个谨慎而恰当的判断，但就像毕瓦尔一样，作者很快就忽略了"马南悖论"（见第 7 章）。索内曼在书中讨论了 14 个具体的钱币窖藏，其中近一半被溯源至特定环境下的特定人物：一位朝圣者、一位商船水手、一位伪造者和三位从战场归来的士兵。[13] 这些不一定是糟糕的猜测，但它们依然是基于非常不可靠的信息所得出的。

索内曼在书中开头提到了锡南帕夏（Sinanpasha）窖藏。这一窖藏（*IGCH* 1395）从未被完整地研究过，因为它的存在就像许多钱币窖藏一样，是根据市场上出现的钱币重构出来的。
IGCH 的编辑们根据 9 年来从伦敦、雅典和纽约的交易商处购
买的零散商业拍卖品，推测有人在土耳其发现并散佚了一批钱
币。[14] 这批藏品的原始组成——如果它确实存在的话——从未被
确定过，它的真实发现地点也不可考。今天，在博物馆中仍然可
以看到一些被归为这座窖藏的钱币，例如图 8.3 所示的银币。不
过索内曼写道，这座假定的窖藏"几乎可以肯定属于……亚历
山大远征军中一名两鬓斑白的老兵"。[15] 他补充说，这座窖藏
的钱币中"很有可能"包含了这名老兵"在舒适的马其顿老兵
军屯中刀枪入库放下他的萨里沙长矛"之后的最后一笔军饷和
奖金。[16] 索内曼更具体地指出，这位想象中的埋藏者是一位身
经百战的"马其顿步兵"，据称他在 5 年或更短的时间内（约前
320—317/16）"在妓女、酒和一栋漂亮的乡村大别墅上"花费了
8000—9000 德拉克马。[17] 作者对这座存疑的窖藏的基本数据中添

130

图 8.3　于阿卑多斯（Abydus）打制的腓力三世阿里达乌斯（Philip III
Arrhidaeus）的德拉克马银币（前 323—前 300），据称出自锡南帕夏窖
藏，其正反面分别为赫拉克勒斯头像和宙斯像。ANS 1944.100.84594
Courtesy of the American Numismatic Society

加的细节将其变成了一个关于放荡生活的史诗般的故事。并不是说马其顿士兵从未赌博、饮酒、召妓或以其他方式沉迷于奢华的生活方式，[18] 问题在于这一猜测的前提，即这个时代一个随机的大型窖藏就这样"几乎肯定"地被归属于索内曼所描述的这样一个人。

索内曼笔下这个被迷惑、嫖娼、满身伤痕的马其顿老步兵是一个引人入胜的漫画角色般的形象，但他编造的传记可能与 *IGCH* 1395 这座窖藏完全无关。真正的埋藏者可能是一位健康的年轻弗里吉亚建筑师，也可能是一位吝啬谨慎的皮西迪亚（Pisidian）老商人。对于这样一个记录和重构都不完善的窖藏，要想对其主人的生平（年龄、职业、种族、家庭、健康状况、性活动和饮酒习惯）有近乎确定的了解是不可能的。一处不具备完整记录且仅仅是可能存在的隐藏宝藏，已被描绘成了会出现在文学作品中的窖藏，几乎与《织工马南》中的那座一样具有教育意义。

现代窖藏研究对于补全叙事的热情，好似于古物学家从钱币肖像中推测人物性格的冲动，是一种令人遗憾的遗产。请注意，无论可能在锡南帕夏附近发现的窖藏的埋藏者是谁，都会被赋予强烈的个性，就像每个人想到海盗宝藏时，都会想象其属于一个历史上像基德船长或杰克·斯派洛那样的大恶人一样。钱币确实会讲故事，但同时也能很好地保护那些帮了它们大忙、将他们藏起来的人的秘密。

通过聚合数据进行挖掘

由于这些原因，较之仅对其中的钱币个体进行研究，将窖藏

作为整体可在历史复原中发挥更大的作用。举例来说，让我们回
到 79 年维苏威火山爆发当晚赫库兰尼姆所经历的恐怖情景（见
第 7 章）。数百名男女老幼躲在海边的船坞里，等待着不会到来
的救援人员（图 8.4）。其中有一位 37 岁的妇女，患有关节炎，
牙齿也不好。当第一股火山碎屑涌流将 10 号船坞的所有人焚毁
时，她随身携带了 3 枚钱币。在这些特殊情况下，她的窖藏的内
容、地点、时间和原因都不存在任何问题，她的遗骸也提供了一
些关于其身份的信息。[19] 但是单独来看，她的这一座窖藏能引领
我们得出多少结论？这是否公平地反映了当晚每个注定要死去的
灵魂所携带的东西？在钱币学中，只有一个样本是不可取的，为
了进行可靠的统计分析，窖藏越多越好。[20]

　　考古学家在 10 号船坞总共发现了 41 具尸体。[21] 其中有 6 名

图 8.4　赫库兰尼姆船坞中的遇难者遗骸
Oleksii Liebiediev/Shutterstock.com

132 儿童，8名青少年和27名成年人。整个群体的年龄中位数为28岁，
最小的刚刚出生，最年长的仅有39岁。牙口不好的女人是女性
中最年长的。大多数受害者，甚至是成年人，身上都没有钱币。
在9个带钱的人（5男4女）中，大多数人身上只有几枚钱币：

1. 男性/14岁　　　1枚铜币

2. 男性/26岁　　　3枚铜币、3枚银币

3. 女/31岁　　　　1枚铜币

4. 女/32岁　　　　9枚铜币

5. 男/33岁　　　　3枚铜币

6. 男/33岁　　　　1铜币

7. 女/34岁　　　　3枚铜币，17枚银币

8. 男性/37岁　　　9枚银币

9. 女/37岁　　　　2枚铜币，1枚银币

女性比男性携带有更多的财富。没人身上有黄金。在这9个
人中，牙口不好的女人（9号）并不特别富有或贫穷，但较之和
她一同殉难时身无分文的26个青少年和成年人更有经济保障。
即便如此，她身上的钱也只相当于海滩上穿甲男子身上发现的财
富中的一小部分，而海滩上穿甲男子身上的钱又无法与庞贝"金
手镯之家"中的女人相比（见第7章）。差距是显而易见的。

窖藏研究是一个数字游戏。[22]不幸的是，数字有时会隐藏其
本来面目。[23]每当发现大量代表某一特定时间和地点的窖藏时，
钱币学家自然会兴奋不已。这种集群现象表明当时发生了一些具

有重大历史意义的事情。但究竟是什么呢？在赫库兰尼姆和庞贝，答案很明显：大规模火山爆发。其他情况则不那么明显。大英博物馆的理查德·霍布斯（Richard Hobbs）最近的一项研究提出了一个有趣的问题："4 世纪末发生了什么事情导致英国境内贵金属的埋藏突然急剧增加？"[24] 根据他所谓的地区贮藏率，霍布斯提出了一些严峻的假设，如来自北海对岸的入侵和行省内波及范围甚广且此起彼伏的内乱。如果他所探讨的窖藏属于在紧急情况下所埋藏的这一类别，那么这些假设是非常合理的。然而，如果这些窖藏更适合其他分类，情况可能会截然不同。例如，钱币窖藏级别也可能随着经济或政治条件的改善而提高。在和平与繁荣的时代，人们可能会埋藏更多的储蓄窖藏（第 2 类），随时携带更多可能丢失的装有银币的小钱包（第 6 类），或留下更多的墓葬贡品（第 5 类）。这些窖藏埋藏率的提高根本不会描绘出险恶的历史环境。

更值得注意的是，霍布斯走了一条钱币学界常见的捷径，这条捷径可以追溯到 19 世纪伟大的历史学家和钱币学家西奥多尔·蒙森（Théodore Mommsen）。蒙森是有史以来唯一一位获得诺贝尔奖的古代历史学家，他将窖藏行为与政治和军事动乱直接联系起来，并将掩埋的数量与发现的数量相提并论。[25] 同样，霍布斯在提出问题时，仿佛"英国各地贵金属埋藏量突然急剧增加"是根据所发现的窖藏数量得出的一个事实。他当然没有任何欺骗的意图，但如果我们了解窖藏，记住这种传统的捷径会带来什么会是明智的。仔细想想，古代应急窖藏的埋藏率既无法观察，也无法量化。藏钱通常是一种秘密活动，不会受到历史的密切关注，埋藏者取回隐藏的财富时也是如此。我们永远无法知道有多少窖藏被埋，只能知道有多少窖藏从未被取回。因此，比"这个窖藏为什么会在这里"这个问题更重要的是"这个窖藏为什么还在这里"。后一个问题的答案告诉了我们当时的历史条件。

让我们引入一个简单的等式：$(D)-(R)-(U)=(X)$。在任何特定地点和时间，窖藏行为都会产生一定总量的钱币贮藏(D)。这个窖藏行为的数字在考古学上是不可知的。为什么呢？因为这些窖藏中未被观察到的部分后来会被其所有者或接近同一时代的人回收和再循环(R)。在残留的窖藏中，有一部分至今仍未被发现(U)。这样，我们就得到了(X)，即迄今为止发现并记录在案的窖藏样本。霍布斯写道："我们已经看到，在大约395年之前，不列颠的窖藏行为数量逐渐增加。"[26] 在4世纪的不列颠，我们没有直接的证据证明(D)，作者指的只是(X)。

霍布斯的说法只有在涉及第1—3类（有时是第4类）的窖藏，且须在"藏匿行为"一词前加上形容词"失败的"时，才能成立。[27] 从人类的角度来看，被主人取回的应急或储蓄窖藏是成功的，而无法取回的窖藏则辜负了主人的期望。因此，对霍布斯而言更正确的说法应是，在大约395年之前，不列颠境内失败的窖藏行为数量逐渐增加，其后的窖藏行为数量急剧上升。我们可能会出于直觉认为人们在动荡时期会埋藏更多的东西，但除非我们假定窖藏的未寻回率是恒定的，否则我们无法量化这一点。而这种假设与任何基于危险增加的解释都是相悖的。可量化且显著的仅有那些未能被取回的窖藏，而非藏匿这一行为。

悲惨指数

对于应急窖藏和储蓄窖藏而言，（X）构成了代表人类苦难的重要历史指标。毕竟，大多数钱币窖藏的所有者都打算取回它们。[28] 未能取回则预示着某种干预性的悲剧。如果说恐惧让我们的财富入土为安，那么让财富留在地下的则是成真的噩梦。钱币囤藏者很有可能遭遇了可怕的事情，无论是入侵、革命、暴乱、迁移、自然灾害、患病还是死亡。我们在发现宝藏时表现出的欣喜，是以别人的苦难为代价的。例如，所谓的"科尔马宝藏"（Treasure of Colmar）就藏在 1348 年黑死病席卷法国时一栋犹太住宅的墙壁内。[29] 这一大批窖藏包括珠宝和钱币。这个家庭因大疫而亡，或死于由此引发的大屠杀，在大屠杀中，犹太人被控诉他们的邻居烧死。1863 年，工人们拆毁了这座建筑，这批窖藏才得以重见天日，揭示了一场悲剧的存在。

如果在特定时期的特定地区发现大量未能被取回的窖藏（X），这意味着在一个不稳定和危险的时代，许多埋藏者共同经历了不幸。例如，按照埋藏日期对已知的美国窖藏进行分类，可以发现三个高峰期：17 世纪 80 年代初、18 世纪 60 年代和 20 世纪 30 年代。它们分别对应了独立战争、南北战争和大萧条时期。[30] 悲惨指数的概念同样适用于古罗马共和国，在毁灭性的汉尼拔战争、同盟战争和内战期间，失败的窖藏行为数量激增。[31]

我们表述中的（R）代表的是被主人成功收回或被相近时代的人发现的窖藏。这些结果在考古学上是不可见的，因为证据本身会被抹去，尽管在特殊情况下我们可以管中窥豹。在佩皮斯的日记中，我们得知他的大部分窖藏被安全找回（R），只剩下一小部分（U）在他家院子里的某个地方。20 世纪 30 年代，得克萨斯州一位名叫鲍勃·梅纳德（Bob Maynard）的前奴隶回忆了美国内战期间种植园主藏匿的一个古老窖藏（D），而非（R）：

> 战争期间，老主人挖了一条长长的壕沟，埋藏了所有的银器、精美的衣服、珠宝和很多钱。我猜他挖出来了，但我不记得了。[32]

在庞贝和赫库兰尼姆古城，一些死者无疑是在执行（R）的过程中受害的，他们计划在逃亡时寻回自己的积蓄。第 7 章中引用的关于艾特纳山的诗句中的"富人的困境"就是如此。事实上，（D）和（R）是对即将发生的灾难的两种强有力的反应。人们倾向于把贵重物品藏起来，以便日后再拿出来（"储藏—逃跑"，Stow-and-Go），或者不顾财产，与悲惨指数赛跑，逃到安全的地方（"只管走"，Just-Go），或者把所有可能的财富解救出来带走（"拿了再逃"，Grab-and-Go）。总的来说，"储藏—逃跑"这一选项会增加窖藏（D）。而"只管逃"不会增加钱币窖藏（D），但可能会留下更多的现有窖藏供日后发掘（U+X）。而"拿了再逃"则会因为（R）而降低考古发现中（D）和（U+X）的出现率。在大多数危机中，人们倾向于认为只有"储藏—逃跑"反应，但随着受影响人群焦虑水平的上升，恐惧可能会引发其他反应。因此，从理论上讲，在面对"见不到明天"的情形时，有可能在那些遭受过最严重威胁的地方发现更少的窖藏，因为人们普遍会将自己之前的窖藏寻回。

如果我们重温赫库兰尼姆 10 号船坞中的遇难者的例子，就可能看到这种行为。当这些人带着孩子、钥匙、油灯和提灯以及珠宝和钱币等一些贵重物品在一片漆黑中到达海滩时，维苏威火山已经爆发了大约 12 个小时。成人有足够的时间来决定如何应对危机，当然，除非有些人是奴隶，别无选择。10 号船坞的 35 名成人和青少年所拥有的钱币数量很少，这表明他们太穷了，没有钱，或者是选择"只管逃"而仓皇出逃的；其中只有 5 人随身携带了两三枚以上的铜币。一位妇女（7 号）是这些逃难者中最富有的。她似乎是"拿了再逃"行为的最佳代言人。她收集了 3 枚铜币和 17 枚银币，这表明她在逃离前取回了自己囤藏的现金。

有人将 79 年维苏威火山周围的情况与 19 个世纪后世贸中心双子塔内的情况相提并论。[33] 去或留、带走或离开，这些都是古罗马人和现代纽约人被迫做出的可怕决定，他们的城市都在燃烧，充满危险。"9·11 事件"发生几天后，《纽约时报》报道说，双子塔的废墟下埋藏着价值 2.31 亿美元的金银。[34] 还有许多个人物品被遗弃在办公室里，或悲剧地在试图逃离灾难的被害者身边被发现。另一个"见不到明天"的场景发生在 1912 年 4 月 15 日的海上，当时泰坦尼克号邮轮在北大西洋冰冷的海水中沉没。船上有许多人，但大多数乘客最后都屈服于"只管逃"选项。1987 年，探险队从海底打捞出一个保存完好的格莱斯顿（Gladstone）

皮包，里面塞满了钱和珠宝。最初的报告认定这是一个犯罪窖藏，装满了在泰坦尼克号最后几个小时的混乱中掠走的赃物，然后遗失。[35] 这个皮包在巡回展览"泰坦尼克号：文物展"中展出，现在人们相信它是船员们为抢救部分乘客的财物而进行的"拿了再逃"行为的一部分。

虽然这个所谓的"水手窖藏"是在沉没 75 年后才被发现的，但里面的物品显然没有重新流通。我们必须依靠书面资料在（R）中找到几个近似同时代人将窖藏中的财物重新流通的案例。例如，我们知道在 6 世纪，意大利国王狄奥多里克下令将墓葬中的金银解除封存，并宣布当金钱仍可为活人使用时将其随葬是一种犯罪。[36] 第 7 章提到了一些关于窖藏中金银财宝的发现和所有权争议的报告，这种情况时常发生，以至于需要法律来裁决。[37]

等式的每个部分都很重要，但实物证据主要是针对（X）而存在的。钱币学家使用标准参考书对这一变量进行量化，如前面提到的 IGCH，它是西德尼·诺伊倡始的一个项目的最终成果。从 1920 年发表的题为《钱币窖藏》的短篇论文开始，诺伊探索了人们藏匿钱币的原因，以及从宝藏中找到的钱币可能揭示的历史价值。[38] 开始时，他仅聚焦于 9 座窖藏。诺伊很快将这项工作扩展为持续系统地罗列所发现的窖藏，其研究重心是古希腊钱币。[39] 1973 年，在诺伊去世四年后，国际钱币委员会出版了 IGCH，对 2387 座古希腊钱币窖藏进行了编目，从而继承了他的遗产并扩充了其研究成果。除此以外，现在还可加上正在出版的系列图书《钱币窖藏》（Coin Hoards）第 1 卷至第 10 卷作为补充资料。

那么，就古希腊钱币窖藏而言，（X）目前的数值是多少呢？任何一个研究过这 11 卷图书的人都知道，答案远不止将这些书中的数目相加那么简单。[40] 有些窖藏在不同的分卷中重复出现，以便更正或更新条目。一些数字被随意跳过，例如，《钱币窖藏》第 7 卷中没有 83 号窖藏；有些分卷（如《钱币窖藏》第 6 卷）包括非古希腊的窖藏；有些分卷列出了只包含一枚钱币的"窖藏"（《钱币窖藏》第 9 卷 549 号）；第 4 卷 3 号记录了"来自意大利的 80 个前货币化时代的青铜窖藏"，这应该算作 1 个窖藏，还是 80 个？它到底能不能算作钱币窖藏？如果是，它属于古希腊吗？对这些数据进行不懈筛选后，截至 2010 年，记录在案的古希腊钱币窖藏共有 4274 个——关键词是"记录在案"，因为许多发现者自私地隐瞒了出土的物品和发现地点。尽管如此，对钱币窖藏的详尽研究仍是现代钱币学的最大贡献。古代文献当然也提到过钱币窖藏和窖藏行为，但只是一笔带过。中世纪和文艺复兴时期的记录同样稀少。在 IGCH 和 CH 中的 4274 个古希腊钱币窖藏中，1800 年前记录的不到 20 个。在英国发现的最早的钱币窖藏记载可追溯到 1435 年对一名验尸官的审讯。[41] 而对钱币窖藏的实际研究只能追溯到 17 世纪，也就是布伦德尔发表哈基尔克宝藏相关内容的同一时期。[42] 钱币学家现在了解到，钱币并不一定是文艺复兴时期的古物学家们所钟爱的那种孤独的物体；钱币喜欢聚集在社会群体中，这些社会群体中的钱币与单个的钱币一样重要。如今，我们对广泛历史和经济问题的最佳研究大多以钱币窖藏为基础。

失落的黄金

当代编纂和出版窖藏目录的努力让我们得以纠正其他证据所造成的一些强烈但具有误导性的印象。例如，回顾一下第 7 章中提到的古代窖藏的文学记载，我们会发现，如图 8.5 所示，黄金是最常见的藏宝。

在所有 11 个窖藏内容有明确记载的案例中，金子即便不是窖藏的全部，也在其中有一席之地。这是文学创作和选择偏差的

古代文献中描述的窖藏	
内容	出处
装有重 4 罗马磅黄金的罐子	Plautus, *Aulularia*
3000 枚马其顿腓力金币	Plautus, *Trinummus*
3000 枚波斯大流克金币	Philostratus, *Apollonius*
100 枚波斯大流克金币、400 枚斯塔特琥珀金币和 1.8 万枚德拉克马银币	Lysias, *Eratosthenes*
金币和其他财宝	Dio and Diodorus
金币和其他财宝	Plutarch, *Alexander*
金币	Menander, *Thesauros*
金币	Lavinius, *Thesauros*
金币	Plutarch, *Moralia*
金币	Josephus, *Jewish War*
5 罗马磅的黄金和一些塞斯特提乌斯铜币	Cicero, Pro *Cluentio*
重量为一塔兰特的未知成分	New Testament
内容未知	Philostratus, *Apollonius*
内容未知	New Testament

图 8.5　古代文献中描述的窖藏
作者自制

结果，还是古代人的真实写照？文学作品可能倾向于提及黄金而非白银，以引起人们更多的兴趣。根据格雷欣法则（第4章），储蓄窖藏更有可能展现出对更好、更有价值的钱币的选择性偏差。我们如何寻求真实？如果我们研究一下古典时代晚期到希腊化时代（前379—前30）的窖藏数据——由于亚历山大大帝在波斯的劫掠，学者们通常认为这一时期是黄金参与古希腊和古罗马经济流通最多的时期——我们能够发现什么？[43] 在迄今为止编入目录的4274个希腊窖藏中，*IGCH* 和 *CH*，I-X 列出了自意大利以东的3372个属于这一时期的窖藏。[44] 图8.6反映了7个半世纪中已知窖藏的分布情况。[45]

　　虽然窖藏的总数会随着人们的恐惧和灾祸的到来而增加，但通过追踪至少含有一些金币的未能被取回的窖藏的百分比，

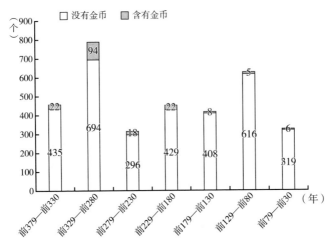

图8.6　前379—前30，古希腊钱币窖藏
作者自制

可以否定古代作者的观点。如果我们假设，埋藏者每半个世纪都在将可用财富的代表性样本埋入地下，那么这些财宝中有多少未被所有者取回这一变数，并不会掩盖经济流通中金币的占比。图 8.7 按时期呈现了包含黄金且未能被取回的窖藏的占比。[46] 公元前 329—前 280 年出现了一个显著的高峰，约有 12% 的丢失窖藏财富的人在他们的窖藏中藏有金币，高于前半个世纪的 5%。随后的数据显示，囤积黄金的比例在 50—100 年恢复到了古典时期晚期的水平（分别为 6% 和 5%）。此后的 150 年中，埋藏者藏匿黄金的比例要小得多（1%—2%）。亚历山大对货币流通的影响无疑是巨大的，但几乎不是永久性的。这些证据并不支持"他从苏萨和巴比伦的波斯王室金库中攫取并投入流通的大量金银永远地改变了古代世界的经济"的说法。[47] 就白银而

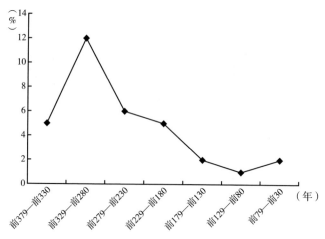

图 8.7　包含黄金的窖藏占比
作者自制

言这或许成立，但对黄金来说并非如此。

因此，根据从 *IGCH* 和 *CH*, I-X 收集到的证据，亚历山大黄金的影子在短短几代人的时间里就从古代货币经济中消失了，而黄金从来都不是窖藏中流失的主要金属。亚历山大帝国的继业者们统治的国度在希腊化时代发行的金币越来越少，这一点可以从塞琉古和托勒密两国造币厂的产出中看出。[48] 这带来了其他问题，鉴于其内在价值，黄金从一组数据中消失表明我们应该在其他地方寻找其身影。[49] 遗憾的是，我们在已公布的窖藏资料中只发现了这一现象的少许迹象，记录中有时会提到珠宝与钱币一起出现的情况。通常情况下，珠宝缺乏描述，也有少数窖藏（如 *IGCH*, 289、1731 和 2016）中提到了金器。[50] 文献和文学证据也可能被引作佐证，但它们非常稀少。[51] 与此同时，我们必须依靠艺术史学家和考古学家的判断，他们断言"黄金的主要用途是制作首饰，而希腊化时期产出了大量华美的首饰"。[52]

对于钱币学家来说，幸运的是数千年来，数百万枚钱币被埋藏或丢失，在实物和文字证据上为研究人员了解窖藏提供了无与伦比的遗产。建立一个信息库并非易事，因为发现地下宝藏的人往往犹豫不决，不愿将历史重要性置于其市场价值之前考量。他们更愿意填满收银机，而非填写如同 *IGCH* 和 *CH* 这样的窖藏记录。学者们必须认识到这些简编固有的局限性，而它们的巨大潜力和为编写它们付出的牺牲同样不容忽视。[53] 这个事实自然引发了所有钱币学家都必须面对的道德和认识论问题。

140

9

收藏的伦理与道德

我知道金钱是万恶之源

对一些人来说，金钱会带来一些有趣的东西

给我美分，兄弟，你能给我 10 美分吗？

但金钱也能让一些人失去理智。

——O'Jays, "For the Love of Money"

对与错

钱币没有良知。它们将无情的利己主义置于利他主义之上，以保证其模因的生存和繁衍。与人类的合作取决于对利弊的权衡，而不用考虑一枚钱币自身的道德责任。即使这种安排会对人类造成伤害，在奉行达尔文主义的钱币世界里也没有其他选择。另一方面，人类在是非问题上挣扎。他们必须以合乎道德的方式与金钱打交道，牢记着奥杰乐队（O'Jays）歌词中的另外一句话："你想用它做事，做事，做好事。"人们是否应该收藏可能出自非法发掘和被非法出口的钱币？大学和博物馆是否是钱币类文物的好的管理者？如果一枚具有重大历史意义的钱币的来源无从考证，它是否可以被发表？收藏家的财产权是否受到考古学家的威胁？钱币学者是否应该与钱币收藏家和经销商建立联系？钱币对这些问题的答案漠不关心，但如今我们必须思索如何回答以上难题。

自文艺复兴以来，这些问题的答案已经发生了很大变化。该变化并非源自钱币的改变，而应归因于我们自身。我们的精神和道德已经以 16 世纪西班牙人文主义者安东尼奥·奥古斯丁·伊·阿尔巴内尔（Antonio Agustín y Albanell）所无法想象的方式演进。这位阿拉贡大主教为普罗大众撰写了一本颇具影响力的著作，名为《关于钱币、铭文和其他古物的对话》(*Dialogos de Medallas, Inscriciones y Otras Antiguedades*)，在其逝后于 1587 年出版。[1]奥古斯丁的著作以一位老师和他的学生之间对话的形式展开，表达了当时的古物学家的态度。我们的下列对话使用相同的教学式语境，但导向不同的结果，并为现代钱币学家进行收藏的原因和方式提供了一个案例研究。[2]对话者在这一开放式的讨论中交流其观点及兴趣点，从而就一个经常被忽视，或者仅被从单方面论证的主题提出关键性问题。

故事的开端

学生们在教室门口踌躇不前，不愿意打扰已端坐其中、衣着考究的老先生。没有人认出他是一位教员，而他的年龄也让人觉得他不可能是一位迷路的大学生。他只是透过优雅的双光眼镜直视前方，用指尖触摸着膝上的大公文包。他没有与疑惑不解的学生们交流，学生们安静地从他身边走过，坐到自己的座位上。当教授走进教室时，老先生拘谨地坐着，学生们等待着老师向这位先生致意。

教授握了握这位老先生的手，欢迎他来到课堂。"同学们，"他开宗明义，"今天我们有幸请到了一位尊贵的客人。"经过一番精心准备的介绍，大家才知道这位先生是一位退休的海洋生物学家，以收藏大量以水生生物和历史名舰为主题的钱币而闻名于钱币学界。这位先生微笑着打开公文包，开始在桌子上摆放带有编号的盒子。他戴上一双纯白的棉手套，并给每个学生和他们的老师发了一套相同的手套。待每个人都戴好手套后，他才揭开盒子的盖子，每个盒子里都有一个方形塑料容器，里面装满了钱币。这些容器后来被辨识为博物馆级惰性塑料双面币夹。它们之所以叫这个名字，是因为每个容器都有两个口袋，可以折叠闭合或翻开取出钱币。接着，他在桌子上放了一本皮面笔记本，上面压印着他的名字。他还在笔记本旁边放了一个自带照明的顶级放大镜。每一个动作都有条不紊，仿佛这位年迈的科学家仍在他的研究室中工作。对他的介绍仿佛已过去了数小时后，他简单地说了句"谢谢你们邀请我"，然后再次等待导师发言。

"在我们参观今天的嘉宾的部分藏品之前，或许您可以告诉我们您是如何开始这一爱好的吗？"教授提问道。

老先生定定地看着老师。"这并不真的是业余爱好，不是吗？您应该知道这一点，教授。这是我的爱好，也是我毕生的事业，它是我海洋科学专业生涯的一部分，就像我对水生环境的现

场研究一样。早在 20 世纪 60 年代初，我就开始研究地中海和黑
海周围海洋生物的变化。[3] 我想到，一个科学且符合方法论的研
究计划必须涵盖与已知古代生物群的比较，因此我阅读了亚里士
多德、普林尼等人关于这一主题的所有著作。后来我了解到，钱
币实际上描绘有数千年前栖息在这些水域的软体动物、甲壳类动
物、鲸类动物、鱼类和爬行动物——包括一些最早的希腊钱币上
的海龟（图 9.1）。于是，我开始收集古钱币进行研究。现在，先
生，这听起来像是一种无所事事的消遣吗？"

"我想不是的。"教授表示同意。

钱币上的生物

这位老先生继续说道："我读到的第一篇相关文献是弗雷德里
克・祖纳（Frederick Zeuner）于 1963 年发表的一篇文章。他是
一位古生物学家，也是动物史和环境考古方面的专家。在他去世
之前不久发表了《古典时期钱币上的海豚》（"Dolphins on Coins

图 9.1　埃伊纳打制的斯塔特银币，正反面图案分别为海龟和打制戳记。
ANS 1944.100.25288
Courtesy of the American Numismatic Society

of the Classical Period"）这一研究成果。[4] 他因一些著名的钱币学家将伊比利亚钱币上的海豚误认为是双髻鲨而对其进行了批判，还批评了一些将海豚与巴克特里亚钱币上的大象混为一谈的钱币学家。这引起了我的兴趣。从那时起，我开始研究其他钱币上的海洋生物类别：小鲔（Euthynnus alletteratus）、真蛸（Octopus vulgaris）、大江珧蛤（Pinna nobilis）、棱皮龟（Dermochelys coriacea）等。"

学生们感到彻底迷失了方向，但又犹豫着要不要打断演讲者。此时教授伸出援手："我们的课堂上只有一个生物专业的学生，也许您应该给我们其他人展示一下您所说的东西。"

"当然可以。"老先生同意了，打开皮质笔记本，伸手拿出一盒钱币。他耐心地对全班同学说："我相信，你们的教授已经向你们介绍过奥尔比亚早期的海豚形钱币。"他用戴着手套的手举起一枚钱币，小心翼翼地在教室里转了几圈（如图 2.2 所示）。"轻一点，"他告诫道，"我们不要伤到这头古代鲸豚类生物脆弱的背部。"他指出，虽然许多动物都曾出现在希腊钱币上，但只有海豚的样貌被采纳用作钱币的形状。"这些都是用模具浇铸的青铜钱币。请注意，这只哺乳动物正在跳跃，就像古希腊人在船边所见的那样。海豚是水手们的亲密伙伴，我想，在沿海的聚落中，使用海洋生物式样的货币是合情合理的。要注意的是，这些钱币对鲸豚类动物的表现在解剖学意义上并不总是准确的，例如，尾鳍通常被表现为垂直的，而不是水平的，这是由于古希腊人受困于平面媒介的艺术局限性。"他查阅了笔记本，其中的记录指引他找到了另一个盒子里的藏品。他从币夹中取出几枚钱币，递给大家。这些钱币包括一枚来自基齐库斯的令人惊叹的赫卡特（hekte）钱币，上面有一条被两条海豚簇拥着的金枪鱼，还有一枚来自叙拉古的、刻画有逼真地蠕动着的章鱼图案的钱币（图9.2）。[5]

当钱币在桌子上转了一圈，回到它们主人手中时，他小心翼翼地将它们放回盒子里的指定位置。这让学生有时间组织语言并下定决心提问："先生，自从古希腊人制造了这些钱币之后，真的有什么变化吗？"

在回答之前，老先生轻轻地念了两遍"僧海豹"（monachus）这个单词，又翻了翻笔记本，从一个盒子里拿出了 3 枚小钱币。他用带灯的放大镜仔细观察了其中一枚钱币（彩插图 13）。"是的，这些是公元前 6 世纪在福西亚（Phocaea）打制的琥珀金币。"他小心翼翼地把钱币递给右边离他最近的学生，但仍旧回答提问者的问题。"福西亚城的名字来自希腊语 Phoke，意思是海豹。你们会在钱币上看到这些动物。它们是地中海僧海豹，即 Monachus

图 9.2　叙拉古打制的里特拉（litra）银币（前 466—前 460），其正反面分别为阿瑞图萨（Arethusa）头像与章鱼图案。ANS 1944.100.55709
Courtesy of the American Numismatic Society

monachus：这些喜欢嬉戏、信任人类、讨人喜欢的海洋哺乳动物曾经在希腊水域繁衍生息。古代钱币和文字记载了它们对共享同一生态环境的人类的重要性，但现在这些海豹已濒临灭绝。我已经很多年没见过海豹了。栖息地的丧失和无情的捕杀可能会在你们的有生之年，甚至在我的有生之年，使得这类生物的末裔走向灭绝。现在，它们不再聚集在海滩上产仔，而是在偏僻的海洋洞穴里躲避人类。[6] 我正在尽我所能帮助和拯救它们，否则，像这样的钱币可能会成为我们对它们曾经存在过的唯一纪念。"

当这位科学家反思其他地中海物种面临的威胁时，全班同学的情绪变得低沉起来。教授陷入沉思，问古钱币是否对现代保护工作有所贡献。

"噢，是的，"老先生兴奋起来，"大江珧蛤和江珧蛤（Pinna rudis）是濒临灭绝的双壳贻贝，现存于西西里岛佩罗洛海岬（Capo Peloro）和法洛（Faro）湖的咸水中。它们是受保护的物种，当生物学家证明它们曾出现在该地区的古代钱币上时，其文化意义得到了显著提升。[7] 这是一枚来自附近库迈（Cumae）城的古希腊钱币，上面有一只贻贝（图 9.3）。当我们知晓这些生物已经在该地区存在了几千年时，就更不忍让它们消失了。没有人愿意成为致使地中海海洋生态崩坏的一代罪人。"

"我们一直在研究窖藏。"一位学生说，"您有钱币窖藏吗？"

"有一座窖藏中的一部分。"生物学家一边回答，一边在其中一个箱子中翻找。他取出一个密封袋，里面装满了小银币。他戴着手套，小心翼翼地把里面的一些银币倒在手上，然后把它们放在桌子上（图 9.4）。"这些小钱币是公元前 2 世纪在古希腊科

图 9.3 库迈打制的 2 德拉克马银币，正反面分别为女性头像和贻贝图案。
ANS 1957.172.38
Courtesy of the American Numismatic Society

图 9.4 科斯窖藏的部分银币
作者

斯（Kos）岛打制的。这里有两种面值，一种是正面为蓄胡的赫拉克勒斯肖像的 1 德拉克马银币；另一种是正面为同样的英雄，但其肖像显得更年轻且没有胡子的半德拉克马银币。我有 6 枚前者和 28 枚后者。所有这些钱币的背面都有一只螃蟹，因此我很感兴趣。"他指出，每枚钱币上都有代表其族属的 Koion 字样，以及任职官员的名字，如厄匹尼科斯（Epinikos）或狄奥根尼斯（Diogenes）。大多数钱币的正反币模相对方向为 12 点。当被问及钱币之间的模具关联时，这位海洋生物学家承认他并不知道。在他的建议下，学生们围着这批钱币开始分类。虽然花了一些时间，但最终全班同学还是找出了两组模具之间的联系，一对用于正面，另一对用于背面，前者将不同官员发行的钱币联系在一起（图 9.5）。教授确认了这些联系，并将其记录在老先生的笔记本中。课堂上讨论了这些链接如何帮助学者建立科斯岛官员任职的时间序列。

"先生，您刚才说'一部分'，这是不是意味着您没有买下整个窖藏？"一位刑事司法专业的学生问道。

"没错，"老先生确认道，"早在 20 世纪 60 年代末，我就从芝加哥的一个商人那里买到了这批钱币。他告诉我，他有一个装在一个小陶罐里，含有 83 枚钱币的窖藏。这是他从其他经销商那里买来的。我仔细一看，果然有 13 枚 1 德拉克马银币和 70 枚半德拉克马银币。我最终买下了 34 枚。"

147

"你为什么不把这个窖藏全部都买下来？"有人问道。

"我后悔我没有买。"他严肃地回答，"你不知道我有多少次责备自己，为什么不把整组钱币和那个罐子都买下来。钱币学家

图 9.5 两组具有模具关联的钱币，上图为钱币正面，下图为钱币背面，出自图 9.4 中的科斯窖藏
作者

们总是激动地责问我为什么没将那个用于储存窖藏的容器交由专家分析。毫无疑问，我在这件事上掉链子了。"

一位大学生转移了话题："螃蟹和其他海洋生物也会出现在现代钱币上吗？"

老先生默默地在笔记本上找了几个例子，然后说："是的。"他展示了一枚来自但泽的德国钱币，上面有一条跳跃的鱼（图 9.6）；一枚塞舌尔 50 卢比银币，上面有四条在珊瑚间游动的金鳞鱼（squirrelfish）；一枚科摩罗 20 法郎钱币，上面有一条曾被

图 9.6　德国发行的 10 芬尼（pfennig）铜合金币（1932），正反面图案分别为鱼和但泽自由市字样。ANS 0000.999.28561
Courtesy of the American Numismatic Society

认为在 6500 万年前就已灭绝的腔棘鱼（coelacanth）；一枚 1975 年汤加 50 瑟尼提（seniti）钱币上簇拥着 50 条鱼和意为"种植更多食物"的币文；帕劳 2015 年发行的一枚钱币，作为其海洋生物保护系列的一部分，上面有一颗真正的珍珠。

航海钱币学

148

这位年长的生物学家停顿了片刻，然后再次开口："我们认为钱币是大陆的产物，但钱币和海洋在历史上也有着悠久的关联。航海钱币学（Nautical numismatics），有时也可写为 numisnautics，研究的就是这种天然的古老联系。由于船舶和潜水装备的存在，人类也是水生动物。因此，我也收集这方面的钱币。"[8]

"这部分收藏只是为了好玩吗？"一位学生问道。

"这部分收藏从描绘有战舰的古代钱币开始，例如一枚在腓尼基的西顿（Sidon）打制的银币（图 9.7）。我这里有……是的，第六个盒子，编号 809。"这枚银币上船桨拍打海浪的精美细节

图 9.7 西顿的斯特拉托三世（Strato III）发行的 2 谢克尔银币（前 342—前 332），正反面图案分别为桨帆战船和战车上的波斯国王及车夫。ANS 1967.152.574
Courtesy of the American Numismatic Society

给大家留下了深刻印象。老先生的脸上几乎闪过了一丝笑容，但只是点了点头，平淡地说："这是枚好钱币。"他讲述了自己的收藏兴趣是如何随着在市场找到的种类繁多的钱币而不断变化的。"此外，我在船上工作的时间太长了，所以我也想记录一下远航。你可能会说这更接近于闲趣，但我认为这是历史（也是历史的一部分）。我是从阅读一本关于古希腊航海题材钱币的书开始了解船，书中列出了 600 多个品种。"[9]

他挑选了一些钱币在课堂上展示，其中包括尼禄铸造的一枚精美钱币，其图案是罗马奥斯提亚（Ostia）繁忙的港口挤满了船只的场景（图 9.8）。他接着展示了带有从双桅纵帆船到豪华邮轮等近乎所有船舶类别的各种现代货币。学生们惊叹于一个大型的德国币章，它描绘了卢西塔尼亚号沉没的场景，甲板上不协调地装满了战争弹药。他们认出了一枚普通的美国钱币，上面刻着 1607 年建立詹姆斯敦（Jamestown）的三艘船：苏珊·康斯坦特号（Susan Constant）、神佑号（Godspeed）和发现号

图 9.8　尼禄在位时于罗马打制的塞斯特提乌斯铜币（62—68），正反面分别为尼禄肖像和奥斯提亚港口与船只。ANS 1967.153.118
Courtesy of the American Numismatic Society

（Discovery）。1932 年发行的一枚中国钱币上的图案是一艘双桅"戎克"船正驶向初升的太阳，这个美丽的图案似乎预示着与日本的良好关系，因此政府被迫对其进行了修改。这位老先生展示了一枚较新的且没有日出图案的 1933 年设计的钱币，并提醒同学们："有时钱币上没有展现的东西也具有历史意义。"

几分钟后，一位大二学生将一枚描绘维京战船的 1934 年爱沙尼亚钱币递给同学，并举手问道："先生，您在钱币上见过的最奇怪的船是什么？"

老先生坐了下来，用手托住下巴，闭上眼睛，思考的时间比大家预想的要长得多。最后，这位科学家不急不躁，翻开笔记本，追寻一枚阿帕米亚（Apameia）铜币的下落。他一边从币夹中取出铜币，一边解释说："这枚铜币是 3 世纪古罗马皇帝阿拉伯人菲利普时期打制的。正面是他，背面是一艘著名的船。谁能认出这艘船？"

"我连一艘船都没看到。"最先拿着钱币的几个学生抱怨道。

老先生把放大镜递给他们，但结果还是一样。他暗示说，那只爪子里抓着橄榄枝的飞翔的鸟很重要，而且船在波浪中漂浮时，有一对夫妇——丈夫和妻子——在船里进进出出。他甚至在黑板上用希腊文写下了盒子一样的船上印着的字样：NOE。

"诺伊？"一位古典学专业的学生读起了希腊文币铭。"那不是一个著名钱币学家的名字吗，那个研究窖藏的学者？"

教授称赞她记住了西德尼·诺伊，但由于这枚钱币和钱币学家生活的时代相距约1700年，他鼓励她将希腊语发音说得慢一些："Nooo-eh。"

"诺亚！"一个新闻专业的学生突然说，"那是诺亚方舟吗？在一枚古罗马钱币上？"

"是的，"科学家肯定道，"至少到目前为止，这绝对是我在钱币上见过的最不寻常的船只。那是600岁的诺亚和他的妻子，鸽子预示着未被淹没的陆地已经被发现，而大洪水已经结束。[10] 一个出自希伯来圣经中的故事被印在了古罗马异教统治者的钱币上。"

当全班同学对这枚不寻常的钱币啧啧称奇时，这位科学家解释说，据说方舟的长眠之地就在离弗里吉亚的阿帕米亚不远的亚拉腊山上，因此这枚铜币是为了纪念罗马帝国东部一个偏远角落的当地犹太传说。这位科学家从笔记中补充道，古代地理学家斯特拉波（Strabo，12.8.13）将该城市的希腊语昵称定为Kibotos，意思是一个木箱，这让人想起钱币上船的形状。

钱如何改变钱

"您从哪里得到这枚古币的？您花了多少钱买的？"有人问

道。教授看了她一眼，微微摇了摇头，但老先生毫不犹豫地回答说："我几年前在纽约的一个币展上购得的。"他在笔记本上确认了一下细节，最后说："只花了 21500 美元。不错。这种状态的钱币比较罕见，当然，任何与圣经有关的东西都会受到收藏家的追捧。"

全场顿时安静下来，学生们小心翼翼地把钱币递还给这位科学家，仿佛它突然变成了一枚带电的手榴弹。这位退休的生物学家终于咧嘴一笑，对价格如何改变了一切感到好笑。刚才还具有浓厚历史趣味的古代货币，现在却被重新货币化，变得不可触碰。

最后有人问："什么是币展？"

这位收藏家生动地描述了在酒店、会议中心和其他场所定期举办的此类活动。他描述了一种叫作"展销会"的活动：在一个开放式的展厅，一排排桌子在玻璃柜、杂物箱和斜灯的重压下呻吟着。每个展台前的椅子上都坐满了热情洋溢的收藏家，他们往往腰缠万贯，在打趣的币商的引导下，仔细研究待售的钱币。当学生们开始诋毁这些"贪婪的商贩"时，这位生物学家很快就对卖家表示了同情，因为他们必须不遗余力地计算每一笔成本（包括住宿、餐饮、交通、展位费、潜在的盗窃、设备租赁、延误、实体店的销售损失、税收等）才能在这些展会上赚取利润。他补充说，信誉良好的经销商是在职业钱币学家协会的支持下开展业务的，该协会成立于 1955 年，以"知识、诚信、责任"为座右铭，制定了一套职业道德准则。教室里有人窃窃私语，认为"有信誉的币商"是个矛盾的说法，但老先生似乎没有听到。

"我猜那些展会是收藏家们去买顶尖钱币的地方，就像你那昂贵的诺亚钱币。"一位依然为那枚钱币的价格所震撼的学生说道。

"还有劣币中的极品币，"科学家哭笑不得地补充道，"别忘了那些不完美钱币的收藏者，那些偏爱造币厂失误的产物和其他钱币史上怪胎的人。"他异想天开地说起了收藏界的"甲醛阵营"，这些不完美主义者追求的是带有不匹配的序列号、错位、墨迹斑斑、倒置的套印以及污损图像的褶皱沟槽的纸币。在硬币中，他们珍视的是一些奇特的，如带有错打、错模、模具堵塞和双面额错打等现象的钱币，例如 1 枚 11 美分钱币：它是在罗斯福 10 美分钱币上意外打上林肯美分后产生的（图 9.9）。

这位科学家提到，他在一次大型钱币展上看到 1 枚"价值 200 万美元的分币"，这是一枚罕见的 1974-D 铝质美分，根本不应该用这种金属打制。这是一个突变体，类似于生物学家们收集并保存在罐子里的大自然的错误，他们对双头蛇、六条腿的小

图 9.9　美国 1 美分 /10 美分银币，即 1 枚"11 美分"错币（1946）。
ANS 2010.22.4
Courtesy of the American Numismatic Society

猫和其他保存在甲醛中的反常奇物着迷。与基因相比，这位科学家对模因并不那么熟悉，所以他没有意识到他的比喻的重要性。组成铝币的每一个自私的模因都与"正常"美分上的模型完全相同，只有一个例外——所用的金属。这一个被破坏的模因通过随机创造出相当于更快的猎豹或第5只忍者神龟的钱币，推动了所有其他模因的发展。铝制林肯分币能够通过模仿进行复制，而被浸泡在防腐剂中的怪胎标本则无法做到这一点。它是一种罕见的超级钱币，肯定会受到其人类宿主的守护。

收起诺亚方舟钱币，收藏家抬起头，看着一张张渴望的年轻面孔，郑重地说："永远不要让价格成为你们对一枚钱币的唯一记忆。"

"我们不会的。"他们保证道，但显然他们对钱币的购买和研究都非常感兴趣。

教授插话了："商业方面的事情，嗯，与我们无关。我们还是只谈学术吧。"然后，他向生物学家道歉。

"没关系。"他反驳道，"让他们问我任何他们想问的问题，只要他们信守承诺。"

在接下来的30分钟里，这位科学家讲述了其他类型的销售方式：固定价格、邮寄竞标、公开和私人拍卖、定价买入/竞价二选一等等。[11] 他强调了收集拍卖目录与钱币同样重要，并重复了所有认真的收藏家的口头禅——"先买书，再买钱币"，以强调在购买之前研究商品的必要性。他谈到了钱币包浆的重要性：包浆是旧钱币上五颜六色的氧化物，既能保护钱币，又能增加其价值。他介绍了钱币的鉴定和评级规则，以及他个人的记录方法。他自豪地展示了自己的皮面笔记本，在上面他对每一枚钱币都做了一丝不苟的记录。他甚至透露了一些行业秘密，比如交易商和收藏家为了不在出售钱币时蒙受损失，会对标本的价格进行加密。他在黑板上写下了这样一个记号：GBHSS。

"你经常会看到这样的加密价格写在卡片上，也许和钱币一起被放在币夹里。卖家在谈价之前会看一眼。在这种情况下，这个人以 3600 美元的价格买下了这枚钱币，并且知道不会以低于这个价格的价格出售它。"

"暗码是什么？"有人问。

"在这里，是 CABIN HOMES（小木屋），"他回答道，"诀窍是选择一个不重复的十个字母的单词或短语，这样每个字母都可以代表 1 到 0 的数字。为了迷惑别人，你可以在密码中的任何地方插入一个 G 这样的零散字母。所以，去掉 G 后，你就得到了价格：3-6-0-0。"

"当你在拍卖会上竞得钱币时，你会感到'买方兴奋'吗？"一位市场营销专业的学生问老人。

"嗯，是的，我承认我会，但千万不要被兴奋冲昏了头脑。必须事先研究拍卖目录，做好功课。拍卖的节奏很快，也很无情。每小时可能会售出 200 件或更多的拍品。"

"你能改变主意吗？"一位大二学生问道。

"如果底价竞拍者举手或举起号码牌，一锤定音，交易即为最终结果。请注意，我不建议你们在任何形式的拍卖会、售卖会、展会或商店购买钱币。我不是来鼓励你们收藏的，我不是在宣传一种爱好。我是应你们教授的邀请来推动历史研究事业的。让像我这样的人来收藏钱币，你们来研究它们。"

一个挑战

"但是，我们应该这样做吗？"一位古典学专业的大四学生问道。这个问题让所有人都感到困惑，于是她换了一种说法："我们应该让您，或者除了博物馆之外的其他人，这样收集钱币吗？"

她指了指桌子上打开的盒子。"您有权拥有它们吗？"

这位科学家深思熟虑道："这才是值得我们关注的问题。谢谢你提出这个问题。"他的反应使整个班级震惊。

"好吧，"这位学生一边翻着笔记，一边继续说道，"几周前，我们的教授告诉我们，一本考古学教科书上说，'收藏家才是真正的盗掘者'，而且这两类人群不再和睦相处。"桌子周围的人纷纷点头表示同意。

"这是一个有道理的观点，"老先生坐在他的珍宝中间表示同意，这一场景略显讽刺，"我是一名科学家，也是一名保护主义者，所以我经常思考我的道德责任。如果我一方面谴责对僧海豹的盗猎，另一方面又偷盗古董，那是断然不行的。无论是海洋生物还是钱币，掠夺就是掠夺。"

"那么，你为什么要这么做呢？"一位新生大胆地问道。

"收藏还是掠夺？"老先生反问道。

"它们是一回事吧？"学生问。

"让我们一探究竟吧。"生物学家戏剧性地转向教授。

"这很复杂。"老师结结巴巴地说，"例如，我是一名历史学家，同时依赖于钱币学和考古学，所以我希望它们都能相互尊重。这很难做到，因为每个群体都有持相反观点的小群体。您还记得我们讨论过的现代考古学中的许多派别吧。钱币学家的分歧较少，但在 1921 年，贝伦特·皮克（Behrendt Pick）确定了两个阵营：纯粹或基础型的钱币学和应用或研究型的钱币学。[12] 他将严肃的收藏家和爱好者归入基础型一派，他们的兴趣集中在对钱币的分类和描述上，就像最初的古物学家一样。研究型一派由具有科学目标和标准的学者组成，他们的工作对历史和经济具有重要意义。换言之是实用的，而不是单纯为了消遣。"

"那么，"一名学生指着房间里的两位长者冒险地问道，"您是应用派，他是纯粹派？"

"是吗？"教授反问道。"我们的客人收集钱币只是为了消遣，还是有科学目的？"

"我觉得两者都占一点。"一位学生评论道，"那要看是什么钱币了。收藏现代的钱币没什么科学目的，但我知道了他通过研究古代钱币所达成的成就。"

"有人反对他收藏现代钱币吗？"教授问道。

"当然不反对。"学生回答，"问题出在古钱币上。"

"然而，"教授争辩道，"你自己说过，他收集古代资料是出于科学目的。你的立场是什么？他的行为是否合乎道德？"

这位学生并不确定，他要求了解更多背景；另一位学生想知道基础型钱币学和研究型钱币学是否应是相互排斥的类别。教授说："并不总是这样。"他向同学们讲述了剑桥大学刚刚去世的钱币学教授菲利普·格里森（Philip Grierson）的故事。他于 1975

154

年出版了一本非常有影响力的学术著作，书名就叫《钱币学》（*Numismatics*）。[13]"按理说，格里森应该属于应用派，但他在书中却将钱币收藏和商业交易与钱币学研究联系起来，这与贝伦特·皮克的二分法大相径庭。大卫·塞尔伍德（David Sellwood）为格里森的书撰写的书评中指出："格里森对负责任的币商和拍卖行在促进钱币研究方面所发挥的重要作用投以友好和他们所应得的赞扬。"[14]"最近，"这位讲师引述说，"有人认为钱币学是一个不同寻常的学术领域，因为收藏家—学者和学者—币商在深化我们的基础知识方面仍然扮演着重要角色。"[15]

一些学生皱起了眉头，仿佛他们并不认同老师的话。老先生拘谨地坐着。

一位大四学生举起了手。"我想我们都同意，收集普通钱币是件好事。这确实不比收藏纽扣或神奇宝贝卡更糟。用古钱币来研究海洋生物之类的领域很好，也许也很有必要。但问题是：为什么要拥有它们？为什么不直接去博物馆来进行这种研究呢？"他看了看海洋生物学家，诚恳地补充道，"对不起。"

"永远不要为真诚的好奇心道歉。"这位老先生说，"我觉得这次谈话很有启发性。我对自己的选择很满意，但我想听听大家的意见。"

教授引出了一个在这一学期早些时候的课堂上涉及的话题。[16]"20世纪的考古学提出了'考古学就是人类学，否则什么都不是'的口号。我们是否应该在21世纪宣布钱币学就是考古学，否则它什么都不是？一些学者显然是这样认为的。"他告诉同学们，2011年，布鲁塞尔欧洲钱币研究中心开始出版《考古钱币学杂志》(*Journal of Archaeological Numismatics*)。[17] 编辑以一篇题为《考古学与钱币学：我们能否调和这对宿敌？》("Archaeology and Numismatics: Can We Reconcile the 'Fraternal Enemies'?") 的文章为该杂志揭幕。[18] 教授指出，在该文中，钱币学家被要求更加考古化，许多其他学者也持同样的观点。[19] "毫无疑问，这是事实，"教授承认，"但这也提出了一个问题，即钱币研究中的收藏家群体该怎么办？研究型杂志必须拒绝业余收藏家的投稿吗？难道钱币学会必须在学术界和业余爱好者之间做出选择，将钱币收藏者和经销商视为盗掘者而清除出自己的队伍吗？研究型杂志拒绝发表来源可疑的钱币，而无视这些信息对科学研究的潜在价值有多大，这样做是否负责任？"[20]

"是的，"一位学生主张，"这是正确的道路。"

教授反驳道："买卖钱币的钱币学家往往不认同关于他们的活动威胁到了对过往历史的研究这一说法，并对他们以前在古代研究领域的盟友如今所倡导的对古物私人所有权的限制表示不满。一些收藏者坚持认为，钱币是与雕塑、花瓶或马赛克不同的文物；后者往往是独特的艺术创作，而不是像大多数钱币那样是大规模生产的日常用品。考古学家反驳说，钱币收藏者似乎特别热衷于收藏那些与最精美的古代珍宝相媲美的艺术品，如图拉真的一枚奥雷金币，上面描绘了一座装饰有雕像的神庙（彩插图 14）。考古学家指出，目前的拍卖目录证明，收藏家们仍然坚持路易·约贝尔（Louis Jobert）的古物学原则，即稀有性决定钱币的价值。钱币学家反过来指责考古学家对钱币不屑一顾，只把钱币当作年代标记，可能会使用糟糕的方式进行清理，并粗心大意地将其存

155

放在大学的柜子里。在他们手中，钱币被自视为道德典范的吝啬鬼学者囤积起来，而不是与有鉴赏力的公众分享。考古学家则指出，'有鉴赏力的公众'通常会将钱币加工成服饰首饰，对钱币进行破坏性抛光，或将钱币存放在橡木或雪松柜中，久而久之就会损毁金属。"

学生们回忆起老先生刚才解释的加密价格符号，但当一些人将这些符号作为他的钱币不可逆转地被商业化的证据时，另一些人提醒全班同学，他让他们承诺将钱币视为历史和科学证据，而不是价格昂贵的小玩意儿。

"信守那个承诺是我们所能做到的吗？"一位学生问道，"我同意考古学家的观点，他们甚至不会接触私人手中的钱币。对我来说，这间教室内的钱币根本就不存在。"

"但如果我把钱币捐给博物馆，它们会突然变得存在于世吗？"老先生大声问道，"请问有什么区别吗？"

"博物馆是公共的，为所有人所有。"一位大四学生说。

"不是所有博物馆都是这样的。"教授纠正道。

"但所有的博物馆都是非营利性的，对吗？"她又试着问道。

"不是，"这次回答她的是一位艺术专业的学生，"那你觉得博物馆的文物是从哪里来的？它们购买、交易、借用甚至在战争中夺取文物。"

"没错，"老先生附和道，"我的一些较好的钱币目前借给了公共博物馆。"

"把所有藏品都捐出去不是更好吗？"一位学生建议。

"你的意思是让它合法化？"他问。

"是的，我想是这样的。"学生回答，"这样，你就可以和别人分享钱币了。"

"就像我现在所做的这样吗？"老先生挑起眉毛提醒他。

"但你明天就可以把它们都卖掉，"学生争辩道，"在博物馆里，它们是安全的，会被永久保存。"

"这并非事实。"老先生平静地说，"约翰·亚当斯（John Adams）总统和约翰·昆西·亚当斯（John Quincy Adams）总统收集了从古代到当代的钱币，这些钱币在适当的时候被交给了马萨诸塞州历史学会。1971 年至 1973 年间，这些藏品被公开拍卖。现在其中的一些被博物馆收藏，但大部分又落入私人手中。"

"为什么要出售它们？"一位大四学生惊愕地问。

"因为博物馆需要钱，"生物学家说，"还因为这些藏品从未被认真研究过。它们被存放在波士顿艺术博物馆，对钱币学的科学研究毫无贡献。我自己也竞拍了其中的几件藏品。这种情况经常发生。博物馆称其为清藏，这是一种整合藏品和筹集资金的策略。梵高或埃及雕像不可替代，但美元钱币可以。我从不想再保存它们的博物馆购买钱币的做法难道有错吗？"

学生们对这位科学家刚刚使用了"可替代"一词感到惊讶，几乎没有注意到他的问题的意义。教授插话进来，让学生们明白博物馆也是收藏家，而且在历史上也是艺术品市场上的大玩家。[21]

"给他们讲讲加勒特（Garrett）集藏吧。"老先生催促道。

教授对约翰·沃克·加勒特（John Work Garrett）进行了一

个简短的介绍："加勒特出身于一个富有的工业家和慈善家家庭，他建立了一个庞大的私人钱币集藏，收藏了几乎所有历史时期和地方的钱币。他将钱币借给研究人员，让学生使用，向美国钱币学会捐赠现金和钱币，并协助编写模具研究报告。1942 年，他将自己价值数百万美元、成千上万枚钱币的宏大集藏遗赠给了约翰斯·霍普金斯大学。"

"这就是我要说的，"一位学生再次说道，"捐献一切收藏。"

教授继续说："大学把这些藏品锁在校外的一个银行保险库里，几十年来一直保存在那里。具有讽刺意味的是，这些钱币在加勒特手中时还可以被用于研究，但在一家大型研究机构手中就不行了。1976 年到 1985 年间，约翰斯·霍普金斯大学拍卖了这批捐赠的藏品，因为没有人使用它们，而学校需要钱（图9.10）。"[22]

"亨廷顿藏品呢？"老先生补充道。

"是的，"教授点头道，"在另一个案例中，阿彻·M. 亨廷顿（Archer M. Huntington）继承了一笔财富，并将其用于收集钱币和其他展示西班牙文化影响的艺术品。他成立了美国西班牙裔协会，并将自己收藏的近 3.8 万枚钱币捐赠给了该协会。西班牙裔协会于 2012 年将这些藏品全部清藏。"

"那沃德收藏呢？"老先生继续问道。

教授叹了口气。"是的，是的，当 J. 皮尔庞特·摩根（J. Pierpont Morgan）购买了精美绝伦的约翰·沃德（John Ward）集藏并将其捐赠给纽约大都会艺术博物馆时，也发生了类似的事情。博物馆于 1973 年在拍卖会上将其售出。"

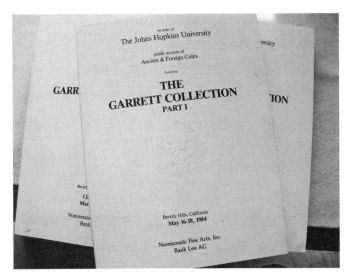

图 9.10　加勒特收藏拍卖目录
作者

归责

学生们争论这些故事中是否有坏人。起初，他们直截了当地批判博物馆和大学将具有重大学术意义的钱币藏品推向市场。一位主修文学的学生痛心疾首地说："出售就是出卖。"然而，当没有人能够容忍在无法对这些资产进行妥善管理的情况下继续持有这些资产时，争论的方向发生了变化。他们了解到，一些博物馆出于维护成本的考量，从一开始就拒绝接受捐赠的藏品。"被拍卖总比永远埋在地下好。"一位学生认为。批评加勒特似乎是不公平的，除非自彼特拉克以降的所有其他古董商都受到类似的评价。一位历史专业的学生问道："如果没有这些收藏家，我们现在的研究会进展到何处？"他翻动着笔记本，念出了一个个名字："奥尔西尼、佩勒林、汤姆森……"

"如果政府及早对收藏进行干预，也许就不会这样了。"一位大二学生拍着桌子说。

"他们自身就是早期的收藏家。"一位同学纠正道，并念出了她记下的国王、王子和教皇名单。

"只有考古学家做到了洁身自好。"一位建筑学专业的学生指出，期待得到所有人的赞同。

音乐专业的学生粉碎了他的希望："我有另一份收藏家名单供你参考：加德纳、皮特里、埃文斯、休姆、马洛安……他们都是考古学家。"

"但那是过去了，"一位大二学生反驳道，"现在考古协会对文化财产的买卖执行严格的规定。"当他听闻关于"哈拉吉宝藏"（Treasure of Harageh）的消息时，信心动摇了。"哈拉吉宝藏"是公元前 1900 年埃及古墓出土的一组文物，于 2014 年的一次拍卖会上被出售。将这些文物推向市场的并不是某个私人收藏家，而是一个与著名的美国考古研究所有关联的团体。[23]

"任何事情都不像表面上看起来那么简单，"教授总结道，"考古学家、博物馆或钱币学家阵营中并不是每个人都有无可指摘的历史记录。一套规则不可能适用于所有情况。我可以站在这里宣布，作为一名考古学家，我个人绝不会拥有一枚古代钱币，但每次我在教学或研究中使用他人的藏品时，我仍然是与钱币所有者串通一气。如果道德绞索存在的话，我的脖子也被套上了绞索。"

"但他的收藏行为鼓励人们去挖掘古城，然后卖掉他们找到的东西。"一位学生坚持这样评价他们的客人。

"你这样做过吗？"教授问这位老科学家。

"没有，我没有直接从来源国购买钱币，也没有在知情的情况下购买过非法文物。"他回答。

"没有直接或故意，"学生用强调的语气重复道，"这就够了吗？让我们面对现实吧，如果我们都拒绝购买这些东西，还会有人盗掘考古遗址吗？"

"是的，他们会的。"一位大三学生争辩道，"不出意外的话，金银的市场需求很大，所以盗掘者会把钱币熔化，从无法被追踪的金银块中获利。你们不觉得这比把金币卖给收藏家更糟糕吗？"

全班同学似乎都不知道该如何回答。没有人宽恕掠夺行为，但如何以既不自私自利，又不自以为是的合理方式防止掠夺行为？如果世界上所有的私人钱币收藏都突然被交出，博物馆和大学能处理得了吗？他们愿意吗？让大量已被发现的钱币继续在收藏家中间流通是否有错？界限应该设在哪里，并需要被强制执行吗？如果市场上突然出现了一枚来源可疑或没有文献记载的重要新钱币，学者们是否应该拒绝谈论它、研究它，甚至拒绝承认它的存在？如果该文物是一卷纸莎草纸，上面记载着失传的欧里庇得斯（Euripides）剧作或托勒密失传的亚历山大大帝史文本，是否也会有同样的限制？"哪个白痴会假装这些东西不存在？"这位古典学专业的大三学生嘲笑道。

科学家开始一丝不苟地收起箱子，他看着自己的皮面笔记本，仿佛在房间里自言自语："那么，我到底有没有权利拥有这些

159

钱币收藏呢？如果有，我的道德责任是什么？如果没有，那么我收藏这些钱币一直都是错误的，还是它在历史的某个时间点变成了错误？我是否可以合法地收藏某些种类的钱币而不收藏另一些种类的钱币？谁说了算？"

学生们对他的独白作出了不同的反应，但大多数人似乎还是一如既往地不安。"我很喜欢你们的意见，也会将它们铭记在心，"老先生说，"但在我走之前，想听听你们的教授到底是怎么想的。"其他人也都这么想。

"很好，"教授点了点头，"显而易见，在邀请我们的客人分享他的收藏和知识之时，我就接受了他拥有这些钱币的权利。我希望他的购买是合法的，他对这些钱币的使用也是合乎道德的。然而，这肯定不是所有收藏家的真实写照。有些冷酷无情的人毫不犹豫地购买盗掘来的钱币和被盗文物，他们都应该受到谴责。在这中间，有许多人只是对这些问题缺乏了解，还没有考虑到他们作为过去历史的保管人所应承担的责任。文化财产的私人所有权历史悠久、错综复杂，无法通过单一的授权进行调解，即使是联合国教科文组织 1970 年《关于禁止和防止非法进出口文化财产和非法转让其所有权的公约》也没有结束这场争论。持正反意见的双方各自都有一个积极的游说团体。"[24]

"那么，真的没有答案吗？"一位沮丧的学生代表她的同学问道。

"据我所知，没有一个好的答案，"她的教授坦言，并补充道，"但有些解决方案优于其他。如果我们只承认和研究考古学家发掘出来的少数钱币，那么钱币学就无法存在。而且，即使我们愿意，也没有足够的博物馆空间来容纳世界上所有的钱币收藏。此外，馆长们自己也会告诉你，尽管印第安纳·琼斯说过一句正巧相反的名言，但并非所有文物都属于博物馆。在英国，堪称典范的'可移动古物计划'几十年来一直在监督和管理数十万件文物的出土，其中许多是钱币。同样，以色列文物局管理着一个国家钱币集藏，其中87%的藏品都有已知的出处。[25]钱币学家，无论是基础型一派还是研究型一派，都可以从古生物学等科学领域寻找一个可接受的模式。"[26]

"你是说，像挖掘恐龙那样？"一位学生插话道。

"是的，"他回答道，"早期的钱币收藏家有时会为他们的奇珍室（Kunstkammern）寻找化石，这就赋予了钱币学和古生物学一个共同的古物学起源（图9.11）。[27]更重要的是，钱币学和古生物学两者所用研究方法（从分类学到制作石膏模型）已经变得非常相似。古生物学也依赖于埋藏在地下的有限且不可再生的资源。尽管"侏罗纪公园"系列电影很受欢迎，但现在外面已经没有活着的恐龙再制造新的骨骸供科学家研究了。"想到这里，全班哄堂大笑。

"在许多机构中，古生物学仍然主要是一个促进以收藏为基础的研究的专业。例如芝加哥著名的菲尔德博物馆（Field Museum）聘用拥有博士学位的研究型科学家，他们的职业生涯遵循典型的大学教轨制，可从常任助理晋升为终身管理员。[28]与考古学教授一样，这些管理员作为出版者和教育者必须满足公众对其的高期望；他们从美国国家科学基金会和其他机构寻求需通过竞争获得的研究基金；他们组织并参加国际会议，在会上讨论

160

图 9.11 与植物和三叶虫化石一起展示的古币
作者

最新的证据和理论。但与考古学不同的是，古生物学在许多领域仍然是一门描述性学科，与追求利润的化石猎人和私人收藏家保持着开放和相互理解的关系，这类似于格里森和塞尔伍德对商业化钱币学所采取的立场。"

"但恐龙骨不像钱币那么值钱。"一位学生宣称。

"听说过一只名叫苏（Sue）的霸王龙吗？"来访者忍不住插嘴道，"芝加哥菲尔德博物馆在拍卖会上以 800 多万美元的价格买下了那些古老的骨头。"[29] 全班同学惊呼，教授继续说道："如今，营利性采石场雇用了大量挖掘者，挖掘出数以百万计的化石，这让一些科学家感到高兴，也让另一些科学家感到沮丧。"教授从公文包里拿出一本书，读了起来：

从重要的古生物学遗址采集化石的商业性与科学性之争是一个敏感的问题。

最为极端的立场从认为应该在所有土地上（包括公共和私人土地上）公开允许商业挖掘化石，到认为化石商业化对科学研究构成威胁，所以应该被禁止。[30]

161

"这是资深古生物学家兰斯·格兰德（Lance Grande）写的，他主张公民科学的路径，将私人收藏家和专业供应商纳入古生物研究的合作伙伴。[31] 他承认，这必须根据具体情况进行解决，并且并非没有风险。苏可能很容易就会被某个富有的收藏家藏在私人仓库里，我们其他人无法接触到它，犹如它被发现的前一天一样。这种风险是关键科学证据商业化所固有的，也使得收藏家和学者能否安全合作的问题依然存在。这也说明了一些博物馆退出市场带来的问题，该行为默认将所有未来的发现都让给私人买家。"教授看了看表，开始擦黑板。

"因此，如果钱币学想在艺术和科学领域取得与考古学和古生物学同等的学术地位，就必须像考古学家那样，将收藏家和交易商从学术界分离出来，或者效仿古生物学家的管理模式，允许一定程度商业化和私人对过往文物的所有权。欧洲一些大学或少数几个大型博物馆并不排斥后一种做法。然而，理想的情况是，全世界的大学都能像对待古生物学一样对待钱币学，建立由教授级别的学者负责合规管理的研究用集藏。不要出售钱币，而是要聘请钱币学家！正如古生物学家经常做的那样，这些学术钱币学家需要在可能的情况下指导业余收藏家的活动，并在必要的情况下监督他们的活动。私人手中的重要钱币的翻模样本必须与教学和研究用钱币一起被收集、编目和整理，就像对待恐龙和其他化石一样。"老先生似乎表示同意，但还是等着教授把话说完。

"钱币学的未来取决于在考古学和古生物学之间找到一个中间地带。钱币研究必须接受考古学家们在理论和方法论上的争论，但也必须按照古生物学的模式制定某种实用的公民科学政策，其中兼容纯粹型钱币学和应用型钱币学二者。认为在叙利亚和阿富汗等冲突地区进行收集是不道德的想法是天真的，要求每一枚古代或中世纪钱币都属于博物馆也是天真的。这些都需要特殊注意。[32] 钱币学家需要接受最好的文物管理和考古模式，严格记录钱币的发现背景和传承序列；他们必须以钱币的最佳利益为出发点。如果商业交易商和私人所有者希望以合乎道德的方式经营，并赢得他们作为公众科学家所声称的尊重，那么他们就必须关心钱币的来源和去向，以及钱币收藏的风气和道德。所有形式的钱币学研究都必须摒弃向并无清晰的来源和出处的钱币的妥协。他们必须严格执行联合国教科文组织的各项公约，必须支持来源国对包括钱币在内的所有文物出口进行监管的权利。"

"这是个有趣的前提，教授。"生物学家一边说，一边"咔嗒"一声合上了公文包。"是一位古生物学家引导我开始成为一名收藏家的，我想古生物学可能是我今后的指南。"说罢，生物学家鞠躬告辞。

没有完美的结局

这个老收藏的案例研究没有完美结局。很少有人会质疑他拥有无考古记录的新近出土钱币的权利。大多数学者可能会宽恕他对古代钱币的学术兴趣，但不会宽恕他拥有这些钱币的冲动。热衷于此的收藏家可能认为在不涉及明显被掠夺的物品交易的情况下参与钱币交易没有任何害处，尽管人们很容易对这些害处视而不见。严谨的考古学家会严格遵守联合国教科文组织的公约，有些人甚至会提出更高的要求。

对话也许不会改变人们思想，但可能会带来一些思考。这是重要的第一步。可行的妥协，即使是古生物学模式的妥协，仍然难以实施，更难以执行。然而，尽管存在种种隐患，以某种方式解决该僵局对钱币学的未来至关重要。与此同时，这一未来还有其他方面值得我们在最后一章中探讨。

10

旅程仍在继续

没有什么比告知前辈们我们实际上已经找到了回到铸币作坊的方法更会令他们惊讶的了。

——乔治·麦克唐纳（George MacDonald），《古希腊钱币学五十年》(*Fifty Years of Greek Numismatics*)

寻找失落之物

在历史长廊的最深处，有一些名为古代的黑暗房间。在语言、时间和风俗习惯的阻隔下，这些空间空旷、宁静，遥远且难以接近。人类历史 70% 以上的故事都发生在这些房间里。然而，在这里的数百万居民中，只有少数特权阶层的脚步声仍在摇摇欲坠的墙壁上回响，他们是步伐沉重的国王、王后和征服者，他们的名字是亚历山大、克莉奥帕特拉、恺撒和君士坦丁。为他们效劳的无数臣民则默默无闻，仿佛从未存在过。与此同时，在长廊的一端，在许多狭小明亮、代表近代历史的房间中，无名者的声音震耳欲聋，令人愉悦。由于人口普查记录、报纸、日记、博客等资料的存在，他们的日常生活纤毫毕现。对非贵族生活感兴趣的历史学家很少远离当下，更不用说去历史的长廊深处，因为那里几乎没有什么可看、可听的东西，当然，除非冒险家带着一盏特殊的灯前去，那盏灯可以照亮虚空，找到被遗忘的大众。

前行的钱币学

164

认知钱币学（cognitive numismatics）就是这样一盏灯，它是寻找那些曾在地球上生活和劳作，却未能够上传统史料门槛、被历史排除在外的人的最新方法。这种方法看似违反直觉，毕竟，钱币的本质似乎是崇高权力的延伸。它们是代表特权和自我放纵的人工制品，出自专横的帝王和官员之手。耶稣看着纳税钱问道："这是谁的肖像和铭文？""恺撒的。"这一回答已说明了一切：钱币属于皇帝，因为上面有他的肖像、头衔、名字、事迹和护佑他的神祇，而不曾传递关于这位巡回拉比和他的听众的任何信息。40 年后，参与这场钱币学辅导课的人中有些仍然在世，并见证了其悲剧性的终章。另一位恺撒的名字和面孔出现在一枚钱币上，钱币上写有 IVDAEA CAPTA（"犹太已被征服"），以及一个被缚囚犯和犹太王国拟人形象的哀悼场景（图 10.1）。[1] 这枚钱币，毫无疑问地，也经由古罗马元老院的法令归属于恺撒。

如此来看，钱币学似乎是一门精英自我陶醉的学问。由此人们常常将钱币学视作一门自上而下的学科，它更多地关注统治者，而不是他们所统治的社会。正如最近一位钱币学家所说："钱币自然而然地将重点放在了发行钱币的国王身上，而非拓展对他

图 10.1　古罗马发行的维斯帕先的塞斯特提乌斯铜币（71），正反面分别为维斯帕先和犹太王国拟人形象与被捆绑的俘虏。ANS 1944.100.41594 Courtesy of the American Numismatic Society

们所处社会的了解，但这是我们不得不接受的局限性。"[2] 对于认知钱币学，这一前提并不成立：它并未放弃钱币作为一种国家官方媒体形式所传递给我们的一切，但同时也在钱币中增进对社会中下阶层的了解，可以作为将我们的知识边界向历史最黑暗的深处推进的跳板。

　　我们需要将这一步视作一场漫长进化过程中的一个阶段。在文艺复兴时期，古物学家采用了一种简陋但可靠的方法，叫作"清单式钱币学"（Checklist numismatics）。[3] 收藏家从文字史料中总结出的统治者名录出发，力图寻找其中每一位统治者统治时期最具代表性的钱币。每找到一枚代表性钱币，就从名单上勾掉一人，国王名录由此变为一柜子钱币。同样的方法也可用于收集古希腊城邦的类别或奥林匹斯诸神的钱币。虽然不利于进行深入的历史或经济分析，但以清单为重点的做法为越来越多的出土的钱币建立了序列，并为该学科的未来奠定了良好的基础。如今，许多收藏者仍在追求清单式的钱币收藏，他们在预先印制的相册中填入不同系列的钱币（如美国分币或欧元）（图10.2）。

随着时间的推移，人们将钱币依据越发复杂的相互关联的造币模式进行排列分组，尤其是在文献证据只能提供有限指导的情况下，促进了框架式钱币学的发展。有时，发现一枚不在任何已知清单上的统治者钱币迫使钱币学家将这位"新"国王或王后纳入更大的框架中。例如，1872年，一位阿富汗村民发现了一枚印有名为神显者柏拉图（Plato the God Manifest）肖像的古币，并将其转交给了当地一位名叫钱德拉·马尔（Chandra Mall）的古董商。马尔又将这枚古币的消息提供给拉瓦尔品第的一位名叫詹姆斯·乔治·德尔梅里克（James George Delmerick）的英国公务员。[4] 因无法负担这枚钱币，德尔梅里克向孟加拉亚洲学会的秘书报告了其发现。几个月内，大英博物馆就筹集到了紧急资金，购买了这枚独一无二的钱币。[5] 此后，真正的侦查工作开始了，

图10.2　钱币收藏家的预印币册，这是"清单式钱币学"的一个范例
Lost_in_the_Midwest/Shutterstock.com

学者们争相将这位国王和他发行的钱币归入相应的历史和钱币学语境。随着更多发现的现世，框架式钱币学研究将该钱币定位于公元前2世纪巴克特里亚的欧克拉提德王朝（Eucratid dynasty）（图10.3）。随着近代钱币学的多样化，研究者开始尝试年代学、谱系学、类型学、地理学等学科的新方法。学者们在研究窖藏、模具关联和其他技术特征的同时，通过学术团体和期刊更有效地分享他们的发现。摄影、光谱仪到计算机等一系列技术为我们了解古代宫殿以外的世界提供了一些重要的新视角，尤其是当时的整体经济环境，但重点仍然是独裁者、暴君和王朝。

我们需将无法轻易纳入整体框架的钱币作为奇珍钱币学（Novelty Numismatics）中的异常现象来处理。这些钱币包括特异尺寸的钱币，如基什特－特佩出土的征服者阿明塔斯的20德拉克马银币（彩插图4、5），或欧克拉提德斯大王绝无仅有的20斯塔特金币，它们分别是古代世界打制的最大的银币和金币。其他奇珍还包括设计出人意料的钱币，如备受争议的亚历山大大帝

图10.3　巴克特里亚的柏拉图国王4德拉克马银币（前2世纪），正反面分别为柏拉图和驷马战车中的赫利俄斯。ANS 1995.51.88
Courtesy of the American Numismatic Society

生前打制的大象金章，昭示了他的神圣地位（图10.4）。由于其稀有性和特异性，这些奇珍钱币的真实性常常受到质疑；但如果它们是真的，就往往能够改写历史。[6] 例如，1900年在法国发现了一枚独一无二的钱币，证明了一位以前未被记录的罗马皇帝图密善二世的统治时期。然而，这枚钱币的真实性遭受了几代人的怀疑，直到2003年在一个确定的考古环境中找到了第二枚与先前的发现存在模具关联的钱币。[7]

第二枚图密善二世钱币来自牛津附近农田中新出土的一批窖藏。从历史上看，在人口增长的阵痛期，人类越是积极地耕种和建设，就越能开垦出更多的土地，发现更多的钱币。每一天都有更多的窖藏重见天日，发现者多为农民和建筑工人，而非考古学家。精确且经济实惠的金属探测器的出现在全球范围内催生了寻宝俱乐部，其结果可想而知。各国之间，甚至经常是每个国家内部对拾获财产（无论是遗失、误失还是遗弃）在法律上的定义和处置都不尽相同。[8] 只要国家和国际法律体系崩溃，如在中东、非洲和中亚的不稳定地区，盗掘就可能发生。从叙利亚到阿

图10.4 亚历山大金章，正反面分别为头戴象盔且有阿蒙羊角的亚历山大肖像和大象

Osmund Bopearachchi

富汗，持续不断的战争为许多高科技盗掘者提供了掩护。因此，在过去的 40 年里，抢救性钱币学已经成为一个必要的分支领域。为了尽可能挽救更多钱币，细致详尽的研究方法可能会变得仓促建立或被修改，因地制宜，以便在糟糕的情况下发挥最大作用。抢救性钱币学类似于抢救性考古学，只不过后者通常是事先在建筑工地安排训练有素的承包挖掘者。不幸的是，大多数钱币窖藏都是意外发现的，被盗掘或秘密分散的风险更大。

总体而言，最常见的钱币学学术研究形式是叙事钱币学，自19 世纪晚期以来尤为普遍，其目的是根据钱币编写完整的叙述性历史。在缺乏其他资料来源的情况下，这是一项特别大胆的工作。使用钱币来帮助撰写叙事性历史是理所当然且可取的，但研究方法必须谨慎。为不知名的统治者提供足以撰写其生平叙事的人物形象是一种谬误，尤其是利用钱币肖像的相貌特征。同样，钱币窖藏并不能成为某些叙事的很好证据，比如想象藏匿钱币者的生平故事。因此，尽管叙事钱币学至少在某种程度上反映出人们对非精英人群日益浓厚的兴趣，但它并不总是以负责任的方式被实践，尤其是当它被那些几乎没有或完全没有接受过钱币学训练的人使用时。

大胆且充满想象力的历史学家威廉·伍德索普·塔恩爵士（Sir William Woodthorpe Tarn）就是一个值得注意的例子。20 世纪初，塔恩用钱币为定居古巴克特里亚和印度的希腊人编织了最奇幻的故事。受爱德华·T. 纽厄尔等同时代著名钱币学家的影响，他坚信王室钱币通过肖像揭示了统治者本人的个性。[9] 因此，塔恩毫不犹豫地写道，巴克特里亚钱币肖像画"极度写实且逼真", 是由一位不知名的艺术家制作的, 他称之为 X。[10] 他还补充道: "X 作品的一个特点是毫不妥协的真实和它对事实的忠诚。"[11] 但塔恩从何得知? 肖像画的写实性只能通过与真人或其他同时代的肖像或个人描述进行比较来确定, 而我们完全没有 X 所描绘对象的肖像画。在这种真实和事实的幌子背后, 塔恩和其他人为我们展现了一个充满有趣个性的巴克特里亚——实用主义的国王、被宠坏的国王、有趣的国王、睿智的国王、残暴的国王、老迈的国王, 所有这些人都通过他们的钱币肖像画被塑造成了现代叙述者所需要的任何人物, 以推动故事的发展。[12] 例如, 塔恩看了前面提到的神显者柏拉图国王的钱币, 认为此人"有一种孩子气的虚荣", 因此他的兄弟欧克拉提德斯大王可能给了他"一两个小镇供他玩耍"。[13]

这些有血有肉的人物往往需要一群配角与之互动, 因此塔恩创造了他们的王室姐妹、妻子、继母和其他寡居的女眷。让我们按照塔恩的思路来了解第一个巴克特里亚王朝的迪奥多特斯家族, 其中虚构人物用斜体标出: 王朝建立者的儿子有一个没有史料记录的*邪恶继母*, 她是叙利亚一个外国国王的*妹妹*, 同样没有记录; 当第二个国王登上王位时, 这个没有史料记录的*继母*很不高兴。她与第一位国王有一个没有史料记录的*女儿*, 于是她把这个国王所谓的同父异母的*妹妹*嫁给了一个所谓的王国*将军*。然后, 邪恶的*继母*、听话同父异母*妹妹*和野心勃勃的*将军*合谋杀死了第二任国王, 夺取了他的王国。所有一切组成了一个值得一说的故事, 其中的每一个字都是塔恩从他所谓基于钱币的"非常确定的事实"中编织出来的"假设", 但他错了。[14] 不幸的是, 这种叙事钱币学今天仍有拥趸。[15] 结果就是，我们得到了关于失常王室家族的历史虚构创作—— 一本钱币学的《权力的游戏》（*Game of Thrones*）。

认知钱币学的出现为自下而上而非自上而下地探索古代世界提供了一个更为稳定的平台。[16] 这一重新定位始于在造币厂内工作的无名工人，塔恩将神秘的 X 先生置于他们之中，却从未想过这位工匠是如何进行日常工作的。幸运的是，今天的学者们希望了解有关钱币制造的一切。国际知名钱币学家弗朗索瓦·德·卡拉泰尔、奥斯蒙德·波佩拉奇、约翰·戴尔（John Deyell）和托马·福歇（Thomas Faucher）等人在这些问题上尤为勤奋。[17] 与古代人规模生产的其他材料相比，钱巾为我们留下了漫长而不间断的记录，记载了造币厂内一群人如何日复一日地工作。什么样的思维模式指导着他们的工作？他们面临哪些挑战和压力？他们的经历随着时间的推移发生了怎样的变化？这是认知钱币学提出并解答的问题。它用新的研究方式揭示出一个国家的货币诞生背后所需的数百万小时的劳动。这些过程既涉及钱币的认知生命，也涉及人的认知。双方都是积极的，都具有能动性。

造币厂内部

我们对人们如何制造钱币以及钱币对人类的作用了解多少？古代造币厂的运行并没有像一些中世纪造币厂和大多数现代造币厂那样留下证据。[18] 虽然专家们对典型古希腊造币厂的人员配备知之甚少，但大多数工人似乎都是奴隶。[19] 偶然的机会，我们发现了造币厂中的地板清洁工，他们将扫出的银屑留给自己。[20] 雅

典造币厂的一名"鼓风工"有据可查，因为有人埋下了一块诅咒
该男子及其妻子的碑文，这名工人的头衔表明他负责看管锻造
炉。[21] 古罗马留存的证据更多，但也带来了更多问题。我们可以
从庞贝维蒂别墅（House of Vetii）的壁画中看到繁忙的金属加工
场景，也许是在造币厂内。不过，工作人员被描绘成有翅膀的小
丘比特。这与古罗马墓碑上的情况一样，我们并不总是能够区
分造币工匠和珠宝工匠的手工工具。在 3 世纪奥勒良（图 10.5）
短暂的统治期间，古罗马造币厂的奴隶发动了一次重大起义的
记载依然存世。[22] 这些暴动的造币工人杀死了 7000 名士兵的说
法似乎非常夸张。但在我们今天所见的资料中提及了这次叛乱，
足以证明叛乱的严重性。中世纪的记录提供了更好的对造币生产
规模的理解。在 13 世纪末和 14 世纪初的钱币生产仍然沿用古
代技术时，造币厂的旅程仍在继续。造币厂在最高产能时雇用
了约 250 名工人，可能是"当时欧洲同一建筑内规模最大的生
产设施"。[23]

图 10.5　古罗马发行的奥勒良的安东尼尼安（antoninianus）银币（270—275），
正反面分别为奥勒良头像及索尔与俘虏像。ANS 1977.208.2

因此，尽管古代钱币是大规模生产的，但文献记录不足以支撑我们对这个过程进行充分的研究，研究人员必须转向钱币本身。[24] 幸运的是，过程考古学家教会了我们以动态而不是静态的方式看待文物。每件产品——无论是壶、矛尖还是钱币——都是创造和消耗它所必需过程的总和，从获取原材料、制造到使用、废弃或回收（图 10.6）。这就是文物的运行序列。就钱币而言，该序列的一端连接着另一个行业——采矿业。一旦所需的矿石经过第 3 章所述的奴隶劳动这一无情程序的加工和提炼，这些金属就会在重兵把守下运往造币厂。熔炉周围的空气闷热而沉重，到

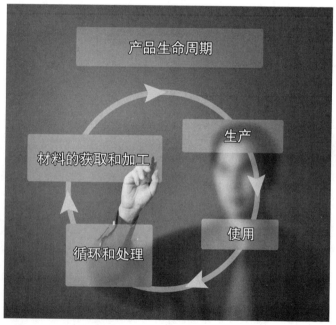

图 10.6 以运行序列展示的产品生命周期
Dusit/Shutterstock.com

处都是铿锵有力的敲击声，烟雾缭绕，化学物质气味刺鼻。男人们在黑暗、乏味、无情的环境中挥汗如雨。金（1064℃）、银（961℃）和铜（1085℃）的高熔点、沉重而锋利的工具、无法听清或看清同事的声音和样貌，以及护目镜等防护装备的缺失都是危险的潜在来源。手、胳膊、脚和眼睛被烧伤和被钝器击伤的人员肯定不在少数。这些从事金属加工的助产士在生产钱币时承受的痛苦可想而知。

在这种情况下，定量的熔融金属被倒入石头或黏土模具中，形成空白的币胚（图 10.7）。另外，也可以从适当直径的金属棒上锯开或凿出圆盘，然后用锤子敲平。[25] 与将被制成信用货币的铜合金相比，制造金银币胚需要更加小心以使它们的重量误差在可接受的范围内。但前者在熔化和敲击时需要倾注更多的精力和燃料。造币厂的监管人员必须根据对冶金学的基本了解来监控每个车间（officina）或每个工作站，也要根据加热情况监控熔炉的温度，例如加热含 12% 锡的青铜合金或含 5% 铅的青铜合金所

图 10.7 哈尔基斯生产的 3 奥波银币币胚（前 225—前 200）。
ANS 1944. 100.20297
Courtesy of the American Numismatic Society

需的温度是不一样的。一些现代实验表明，币胚成品是在冷却而非被加热的情况下打进行打制的，但关于这一点尚未得出明确的结论。[26]

用什么来打制？2000多年来，答案始终如一。正如伊本·赫勒敦在14世纪告诉我们的那样：

> 这是用铁（或铜）制成的模具，刻有图画或文字的镜像。将模具压印在（币胚）上，这些雕刻的图案就会清晰、正确地出现在钱币上。……非阿拉伯人在他们的钱币上镌刻特殊的图案，如当时的在位领袖、堡垒、动物、产品或其他东西。非阿拉伯人一直沿用这种做法，直到他们的统治结束。[27]

残存的模具是罕见而迷人的文物（彩插图15）。雕刻正面和反面的模具对艺术家有几点要求。首先，雕刻师必须具备天赋、出色的视力和稳定的双手，才能雕刻出细小的字母和微小的图形，如指甲盖大小的马或神像。这项任务对年轻人和近视者来说比较有利，不过有些艺术家可能会使用平凸透镜来放大。接下来是雕刻模具所需的凿子、打孔器、锥子和其他工具。最后，工匠必须有一个认知地图，即如何完成手头任务的思维模板或操作模式。通过重现该地图，我们可以了解无名工人的内心世界。钱币学家不需要模具本身就能完成这项调查，因为每枚钱币都保留了其母模的精确DNA。

正如伊本·赫勒敦所解释的，模具必须"反向"雕刻，这样打制出的图案才能正确呈现设计。无论雕刻师希望在钱币上呈现何种效果，他或她都必须在模具上雕刻出与之相反的效果：钱币浮雕图案的高处需在模具的深处雕刻，钱币浮雕的低处则要在模具的高处雕刻，而且图案和字体都要以镜像方式刻制。在我的课堂上，学生们的任务是用一块肥皂而不是青铜来设计一枚钱币并雕刻其所需的模具，他们常常为这些古老的要求而苦恼。只有当学生们看到自己的作品映在镜子里或印在柔软的黏土上时，他们才能观察到可能出现的错误。有时，古代的专业雕刻师也会出错。在一些钱币上，字母看起来是反的，因为雕刻师是像在正常的碑上一样进行雕刻的。[28] 这种疏忽表明，这些雕刻师并不是根据事先准备好的模具草图进行复制，而是只在脑海中或眼前呈现出设计成品。在特定造币厂发生大量这种错误引出了一些有趣的问题。[29] 为什么会出现这种漠视或疏忽？这些错误产品是如何进入市场流通的？雕刻师及其主管是漠不关心、不识字还是工作严重超负荷？

进入造币厂工人的大脑

认知钱币学对关于这些无名个人如何工作的最微小线索抱有浓厚兴趣。[30] 其中一些挑战是显而易见的。在一处币文的末尾，字迹经常不对齐，就像在手工制作的标牌上墨时末端没有空间了一样，这表明了思维的方向性。在图 10.8 中，钱币上国王的名字亚历山大（ALEXANDROY）（ΑΛΕΞΑΝΔΡΟΥ）的开头字母排列整齐，间距适中，但在结尾处字母却偏离了方向并缩小了，因为雕刻师的模具空间明显不够。这意味着，模具制作者是通过铭文从右到左从 A 到 Y，而不是从左到右从 Y 到 A 来拼写的。当我

图 10.8　在安菲波利斯打制的马其顿亚历山大三世 4 德拉克马银币（前 336—前 323），其背面以镜像显示来展现模具的样子。ANS 1944.100.27545
Courtesy of the American Numismatic Society

173　们中大多数人被要求以镜像拼出自己的名字时也会自然而然地做同样的事：我们从右到左写出 JONATHAN（乔纳森），从反转的 J 开始，到反转的 N 结束，一边写一边在脑海中拼出这个单词。我们从一个方向思考，同时在另一个方向刻字，因为这些字对我们来说是有意义的。这表明雕刻师具备一定的基本素养，他并不只是复制已经反转并绘成范本后摆在他面前的东西。

认知钱币学提醒我们，错误比完美无瑕的作品更具有启发性。如果说中世纪抄写员在抄写彼得罗尼乌斯的《萨蒂利孔》文本时的一个失误就能说明问题（第 4 章），那么可以想象一下，从生产数百万枚钱币的造币厂的失误中可以学到什么。当我们观察到币文经常被扭曲以适应字体时，"文字环绕"的现象表明，雕刻图像先于雕刻文字（图 10.9）。[31] 一旦一类图案雕刻成功，工人通常不愿因币文的问题而放弃模具。我们观察到在一些情况

174　下一个犯了错误的雕刻师试图磨去币文中的错误字母并重新将其刻上。[32] 当需要新的控制标记时，忙碌的工人可能会如彩插图 16

图 10.9 马其顿亚历山大三世的铜币（前 336—前 323），正反面分别为人物肖像和骏马图案，骏马周围雕刻有币文。ANS 1944.100.26580
Courtesy of the American Numismatic Society

背面左内和右外侧区域所示那样擦除旧的花押（monograms），将新的花押添加到现有的模具上，而不是重新雕刻一个模具。

有时，个别字母会被意外省略：在一个案例中，一些被省略的字母被简单地刻在了模具的其他位置，好像其所在位置并不重要。[33] 在一枚色雷斯的马克西米努斯（Maximinus Thrax）皇帝的罗马钱币上，有人将 SALVS AVGVSTI 中的第二个词刻成了 AVGVSIT（图 10.10）。拼写错误表明人们的思维在工作中出现了偏差，如今依然如此。2013 年，梵蒂冈召回了数千枚刻有教皇方济各拉丁文题词的金银铜币章，其中耶稣名字的拼写就有误。拉丁化的名字应该以 I 开头，而不是以 J 开头［读者可能还记得印第安纳·琼斯在《最后的十字军东征》（Last Crusade）中也犯了类似的错误，差点导致他的死亡］。尽管如此，意大利造币厂还是印上了"LESUS"，而不是 IESUS 或 JESUS。直到一些币章出售给公众时，才有人发现了这个错误。这当然让收藏界的"甲醛阵营"欣喜若狂。出错是人之常情，在钱币或纪念章上出现错

图 10.10　古罗马发行的色雷斯的马克西米努斯铜币（235—236），正反面分别为色雷斯的马克西米努斯头像和萨卢斯女神像，其币文为 SALVS AVGVSIT 而非应有的 SALVS AVGVSTI。ANS 1941.131.441
Courtesy of the American Numismatic Society

误则是历史性的。

　　认知是一个启发性的过程。钱币表明，不同文化背景下的人们有时会以不同的方式感知和复制相同的事物。历史上的人们都经历过闪电这一自然现象，但经历的方式显然不尽相同。虽然古代的闪电和今天看起来一样，但你可能永远无法从古代钱币和其他艺术品中了解到这一点。我们的文化通常将闪电重新定义为一条三笔画的线条，就像一个被拉长的字母 Z，这是一个举世公认的形象，因此在广告中随处可见，成为速度和电能的代名词。每当现代人看到一个描绘有闪电的古代钱币（这是古希腊－罗马世界中最常见的一种类型），他们其实遇到了一个完全不同的模因。今天，我们经常误认为这是一种虫子或一种被抽象化的植物（图 10.11）。[34] 古希腊和古罗马的模因为闪电配备了抽象的倒刺、手柄和翅膀以作为宙斯的特有武器的象征（图 10.12）。死亡的人、动物和四分五裂的树木表明，闪电具有相当大的质量和动力，就像一把威力巨大的长矛或斧头。在今天的希腊，一道闪电通常仍被称为天斧（astropeleke）。

模因作为一种观念和行为，嵌入并传承于文化记忆中。在看待和描述一种现象或一类需要重复的任务时，一个社群倾向于选择单一的方式，并将其代代相传。闪电纹只是钱币学中的一个例子。使用定位圆点是另一个例子。大型币模的雕刻师可能会使用

图 10.11　奥林匹亚城的斯塔特银币，正反面图案分别为鹰和闪电束。ANS 1957.172.1462

Courtesy of the American Numismatic Society

图 10.12　叙拉古的 8 里特拉银币（前 214—前 212），正反面分别为雅典娜头像和闪电束图案。ANS 1944.100.57196

Courtesy of the American Numismatic Society

一种工具，先在金属上锤打出一对同心圆点，然后将图案和文字置于这个框架中。阿敏塔斯的巨型 20 德拉克马币就是采用这种方法制作的，彩插图 5 中右上方钱币碑铭的底部可以看到部分圆点组成的环。此外，古希腊文的币文和单字习惯于将一系列点连接成字母，这是整个古希腊世界通用的文化符号，在彩插图 16 中可以清楚地看到这一点。[35] 事实上，该钱币上的定位点钻得很深，无法在去除早期的花押时被一同抹去。

腓尼基、西西里－布匿（Siculo-Punic）、罗马和印度等其他文化制造的钱币则采用了不同的方法（图 10.13）。当我们回想起印度和希腊的货币传统在南亚相遇时所迸发出的卓越印度－希腊二体钱币时，这种差异就变得非常重要了。在那里，认知钱币学让我们看到了一个多语言、异质的群体，他们在探讨自己的身份和思维习惯，其中包括王室造币厂的无名工人。他们制造了许多双语钱币，在这些钱币上，我们通常可以看到用点来组成希腊字

图 10.13　西西里－布匿金币（前 320—前 315），正反面分别为塔尼特（阿尔忒弥斯）头像和狮子图案。ANS 1997.9.123
Courtesy of the American Numismatic Society

母的做法，但在雕刻普拉克里特币文中的字母时的手法却是不同的。钱币的每一面都有自己的认知路线图，即使希腊字母和印度文字同时出现，雕刻手法也会有所不同。例如，在图 10.14 中的阿波罗多图斯一世（Apollododotus I）小银币上，这种差异就非常明显。

在罕见的阿加索克勒斯（Agathocles）双语钱币上，这种差异更加清晰，钱币的一面是希腊文币铭，另一面是婆罗米文。刻制希腊文币铭（其中包含字母 lambda）的雕刻师将三个点与两条线连接起来，形成代表该字母的倒 V 形。然而，在另一侧的婆罗米文中，婆罗米字母 ga 的形状与其完全相同，却没有使用点。如图 10.15 所示，工匠在刻画倒 V 时的认知过程会根据所使用语言的不同而发生变化。

在南亚几个世纪的铸币史中，我们可以找到这些同时存在但又相互隔离的模因。直到所谓的印度－斯基泰时期，非希腊字母才最终由相连的点构成。在此之前，即使我们在钱币的同一面发现了希腊文和印度文的字母花押，其中希腊字母会用点进行组

177

图 10.14　巴克特里亚阿波罗多图斯一世的德拉克马银币（前 2 世纪），正反面图案分别为大象与公牛。
作者

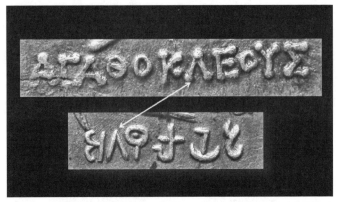

图 10.15　巴克特里亚的阿加索克勒斯发行的印度 – 希腊融合式德拉克马上字母的近距离比较
作者

合，而印度字母不会（图 10.16）。两类字母雕模方式不同的唯一原因是文化差异，而非工具。这就好比一个人将同样的比萨送到同一个地址时，是会根据谁去开门而选择不同的路线。

　　古代的造币工人不知道，在未来，钱币学家们会对世界各地的藏品进行梳理，将他们的每一个习惯和失误都编成目录。专家们煞费苦心地追踪了将尼禄拱门图像印在钱币上的雕刻师们是如何通过每次复制时犯下的错误而逐渐破坏其外观的。[36] 古代的工人们会惊叹于我们会关心他们在雕刻镜像中遇到了什么不顺心的事情，忘记了一个字母，修补了一个错误的单词，或者只是模具上位置不够了。他们永远不会想到，我们会从这些艰辛的劳动中窥见他们的生活、识字能力和模因还原度。当然，他们的工作通常是正确的，对此我们也心存感激。如果不是 19 世纪詹姆斯·普林赛普（James Princep）和其他人使用双语钱币来解读婆罗米

图 10.16　在同一模具上雕刻希腊字母和普拉克里特字母的不同方法
作者提供

和佉卢文，今天的学者就无法阅读古代印度的普拉克里特语。在古典世界另一端的西班牙，曼努埃尔·戈麦斯·莫雷诺（Manuel Gómez Moreno）主要依靠钱币研究来助其找到破解凯尔特－伊比利亚文字的密钥，这项工作至今仍在继续。[37] 钱币还被用来研究阿拉伯、阿克苏姆和贵霜帝国的语言和文字。

　　语言学家很高兴能在钱币上发现一长串刻在金属上的信息，这些信息记录了各民族之间的交流方式。这一点尤为重要，因为随着时间的推移，古代钱币的演变倾向于使用越来越多的文字。一般来说，希腊化时期的 4 德拉克马钱币比雅典或柯林斯早期的钱币在表面刻有更多的文字，而罗马帝国发行的钱币（图 10.17）比共和时期的钱币（图 10.18）文字更多。越来越多的钱币在通过图像展示信息的同时也通过文字表达信息，这是公众识字率不断提高的标志，尽管钱币币文中的词汇量有限。图像也变得更加复杂，这成为现代学者越来越感兴趣的主题，他们关注的是在古希腊和古罗马的街头巷尾或更遥远的地域，尊贵的发行者和卑微的使用者是如何通过钱币交流的。[38] 比如，一个生活在丝绸之路上的中亚游牧民将一枚来自遥远的位于卢格杜努姆（Lugdunum，位于今法国里昂）的罗马帝国造币厂生产的钱币带到了阿富汗

图 10.17　于罗马打制的图拉真奥雷金币（103—111），正反面分别为图拉真及皇帝向达契亚敌人挥剑，币文为：IMP TRAIANO AVG GER DAC P M TR P COS V P P and S P Q R OPTIMO PRINCIPI。ANS 1944.100.43520
Courtesy of the American Numismatic Society

图 10.18　罗马第纳尔银币（前 211），正反面分别为戴头盔的罗马女神和狄奥斯库里双子，币文为 ROMA。ANS 1944.100.77
Courtesy of the American Numismatic Society

的坟墓中，他会对这枚钱币有什么看法呢？[39] 今天在印度发现
的大量古罗马钱币以及在中国发现的少量古罗马钱币又是怎么
回事呢？[40] 在其操作链的这一阶段，它们会被如何改变或诠释   179
呢？无论其血统和状况如何，每枚钱币都必须将自己的生命进
行到底。

被理论填满的孔洞

英国作家罗伯特·格雷夫斯（Robert Graves）于 1925 年发表
了一首题为《被剪边的斯塔特》（The Clipped Stater）的诗，虚构
了一枚希腊银币在公元前 4 世纪末到达中国的故事。在格雷夫斯
的想象中，一枚亚历山大大帝的 4 德拉克马银币在中国被从一个
军饷袋中随机取出，交给了一名守卫边疆的普通士兵；诗意的讽
刺在于，这名卑微的守卫者就是亚历山大本人，隐姓埋名在中国
军队中服役。格雷夫斯是这样描述这枚 4 德拉克马的：

> 钱币百无聊赖地被与国家发行的铜币串在一根绳上，
> 一面被刮得黄铜般光滑；
> 但被剪去头发和脖子的头像，
> 证明了它曾是一枚更大更有价值的钱币。

在这首诗的最后几行，亚历山大像一个认知钱币学家可能
会做的那样思考了中国人使用的他所发行但被改造过的钱币的问
题。然而，最后这位征服者毫不客气地将钱币花在了"鱼和杏仁
的盛宴上"，然后回到他自我流放的岗位。

罗伯特·格雷夫斯显然想象着传统的地中海钱币被从中间穿孔，以像图 3.21 所示的东亚钱币那样在货币系统中发挥作用，这枚穿孔的 4 德拉克马可以神不知鬼不觉地流通，除了发行者本人，不会被任何人认出。格雷夫斯是否见过这样的钱币无从知晓，但他确实对古代钱币学产生了终生的兴趣。[41] 据其自传透露，他从小就收集钱币，其中一部分至今仍在他位于马略卡岛的故居中继续展出。带有孔洞的亚历山大时期的钱币并不罕见，但钻孔通常位于边缘，用来制作挂件。从中心开孔似乎是另一回事。钱币学家马丁·普莱斯（Martin Price）在其大英博物馆藏品目录中展示了 1270 枚亚历山大 4 德拉克马银币，其中 24 枚沿边缘打孔，但没有一枚从中间穿孔。[42]

奇妙的是，最近在乌兹别克斯坦南部的发掘中出土了大量希腊化时期的钱币，这些钱币的中心被刻意钻孔。[43] 此类钻孔钱币在同时期也有其他出土例证，如图 10.19 的巴克特里亚钱币。这些钻孔钱币出现的原因似乎并不是格雷夫斯所说的那样"百无聊赖地，与该国发行的铜币串在一根绳上"是为了迎合中国习俗。那么，为什么会有人对一组钱币这样做呢？这个孔对于制作珠宝或装饰毫无意义，因为它抹去了图案，而且往往选用低面值钱币。经过改造后，这些钱币就失去了商业和装饰上的用途。只有深入了解逝去已久的人们的思想，认知钱币学家才能解开这个谜团。

我们可以从中亚的日常生活中寻找可能的答案。第一种解释是这些钱币可能在注入奥克苏斯河的溪流中被用作渔网的临时配重；第二种解释是搭配古代中亚和南亚广泛使用的小铃铛——在

图 10.19　被穿孔的巴克特里亚阿加索克勒斯王
钱币（前 2 世纪）
作者

一些钻有小孔的巴克特里亚钱币上，可以看到小铃铛挂在大象的
脖子上。[44] 如波斯波利斯宫殿浮雕所示，骆驼上也会佩戴铃铛。
铃铛自然需要金属拍板，可以用一根绳子穿过大小合适的便携钱
币中心，制作一个简易的替代品。实验表明，这种权宜之计效果
很好。中心孔比边缘孔更不容易出问题，如果用绳子将其系在一
起而不是绕住，皮革或金属绳将不会在摇铃时妨碍拍板和外壁之
间的撞击。如果拍板由于绳索或链条断裂之类的原因丢失，可能
很难在短时间内换新，但一枚经过改装的钱币只需投入极少的时
间和材料就能满足这一需求。第三种解释是有孔的钱币也可以作
为锭轮使用。我的妻子是一位纺纱能手，她使用一枚古代穿孔的
巴克特里亚钱币进行了实验（图 10.20）。她证明，这种钱币在支
撑纺纱和落纱时都表现出色，甚至在生丝纺纱时也是如此。被改
装成锭轮的钱币事实上在如今市场上非常常见。

图 10.20　被试用作纺锤轮的带孔钱币
作者

钱币的流通

钱币并非没有生命且一成不变，它们也会购物、躲藏、赌博、游戏。它们可能随着纺锤旋转，也可能随着佩戴铃铛的动物的步伐摆动。和它们的生产过程一样，钱币的流通将我们带入了贵族之外的世界。一枚在灾难中结束其在古代旅程的钱币会告诉我们意想不到的事情：在沉船中发现的钱币或可揭露遇难船只的行程，并以钱币特有的方式为我们揭示船只最后停靠的港口。[45]我们已经对公元 79 年那个不寻常的时刻发生在成千上万普通人身上的事件进行了严肃的审视。当许多人在生命终点蜷缩蹲下或试图逃跑时，钱币是他们最后的伙伴。这场灾难始于 8 月 24 日是最广为接受的史实之一，小普林尼在他目击这场灾难的描述中似乎就是这么告诉我们的。顺理成章地，我们可以料想，埋葬在火山爆发中的每一枚钱币都应当产于这一日期之前，但"金手镯之家"（House of the Golden Bracelet）中出土的两枚提图斯皇帝

（79—81）早期发行的第纳尔动摇了我们对此的信心。[46] 火山爆发可能发生在几个月之后，具体时间取决于钱币从罗马造币厂到庞贝的流通速度。这或许能为有关火山爆发的真实日期和城内日常生活节奏的一些疑问带来答案，如地方选举的时间、季节性作物的成熟期以及一些受害者穿着厚重衣物的原因。

钱币的日常流通也影响了关于罗马另一重大灾难的历史争论。9 年，奥古斯都皇帝的将军普布利乌斯·昆克蒂利乌斯·瓦卢斯（Publius Quinctilius Varus）在德国某地遭遇大规模伏击，损失了 3 个军团。由此引发的条顿堡森林战役震惊了罗马帝国，并被 19 世纪德国人视作民族骄傲。古代文献记载了这场奸灭战及其后果的残酷故事，包括几年后罗马军队重回该地：

> 在战场中央，士兵们发白的尸骨或散落或被堆放，可见有些人逃离了战场，有些人则坚守阵地。附近，可以看到钉在树干上的武器碎片、马的残肢和人的头骨。在附近的小树林里发现了野蛮人的祭坛，他们在那里屠杀了被俘的护民官和首席百夫长。[47]

随着时间的推移，这场灾难的确切地点已不可考，现代学者就各种可能性争论不休。1987 年，一位名叫托尼·克伦（Tony Clunn）的英国军官用金属探测器扫描了卡尔克里（Kalkriese）周围的地区，发现了许多钱币。所有这些钱币都可以追溯到战役所处的年代，从而确认了屠杀发生的地点。考古学家们来到现场，发现了一系列罗马武器（剑、匕首、标枪、箭镞、弹弓）和

182

头盔等防御性盔甲，以及戒指、水桶、锤子、钥匙、剃刀、炊具，甚至还有士兵凉鞋上的钉子。这支荣耀的军队，他们的财物被遗弃在尸骨之中，尸骨成了无声的证人，但是钱币诉说了他们的故事。[48]

钱币研究不仅仅是关于古老战役和火山爆发的学术训练。即便读者对古代某个地方的普通人是如何、在哪里、何时死去的并不关心，当钱币可能在他们自己的未来中扮演同样重要的角色时，他们也会改变想法。今天，我们大多数人对传染病暴发的恐惧远远超过对火山爆发或部落叛乱的担忧。未来，认知钱币学家可能不仅会从货币中知晓灾难何时降临到我们头上，还会了解到携带传染病的现金是如何推动灾难传播的。

奇异的新世界

钱币学的未来对我们来说注定是陌生的，就好像比特币对亚里士多德一样。有朝一日，钱币学可能会成为生物系学生和银河系探险家的必修课，或是地球上每个人的统一语言。它可能会催生出生物伦理学和刑法学的新分支——正如 20 世纪的动物权利运动似乎是 17 世纪以来人权运动的合乎逻辑的延伸一样，这一进步也可能在 21 世纪产生另一场捍卫工艺品权利的运动。目前，关于"谁拥有过去"、博物馆伦理以及如何负责任地对待文物的争论可能是通向对文物全新视角的第一步。文物走私，像贩卖人口和走私动物一样，已经是一种犯罪行为。目前，活动家们认为，法老时期埃及的文物并不属于该地区的现政府，而属于所有人。下一步，这些物品可能将不属于我们任何人。

在这个奇异的未来中，我们目前所强调的文化资源管理（Cultural Resource Management, CRM）可能会被视作贬义概念而遭到完全扬弃，因为文物将不再是由一个提出要求的文化所管理的资源。钱币，就像人和其他动物一样，将有权拥有他们自己。类似当前旨在为其他物种的身体完整性和个体自由建立法律保护的非人类权利计划（Nonhuman Rights Project），也将有针对钱币的类似产物。2011 年 10 月，善待动物组织（PETA）起诉海洋世界饲养虎鲸的行为违反了废除奴隶制的美国宪法第 13 修正案。我们是否敢想象有一天，印第安纳·琼斯"文物属于博物馆"的观念会受到激进分子的谴责，并将此种对钱币的"囚禁"等同于动物园违背动物意愿将其进行展出？这并不是要把人类和虎鲸曾受的苦难等同于钱币所受的待遇，而是物品的能动性已经形成了一股自己的势头，可能会以我们无法完全理解或控制的方式解放钱币。

有朝一日，钱币可能迈出其漫长进化过程中的最后一步，不再局限于出于自身利益而操纵人类，而是真正享有全面的法律保护。届时我们的法庭或成为钱币的巨大避难所，在这里，它们将挣脱运行序列中最后的枷锁，再也不会被粗暴地反复利用。当一枚钱币掉落遗失，就像短尾猫被放归大自然一样，不会再遭到猎取，阴暗的角落和路边的沟渠将成为钱币的庇护所。栖息在我们壁橱瓶子里的大把旧钱币抑或被视作不可侵犯的，不会被回收和再循环。用金属探测器追踪钱币窖藏的行为可能会被定为刑事犯罪，因为这与战利品狩猎没什么两样，而把钱币当作珠宝佩戴等同于炫耀皮草。在纪念品贩卖机上碾平一枚 1 美分，或往自动售货机里塞进一枚 25 美分钱币则必然是违法的。大猩猩、犀牛、秃鹰、25 美分……都将成为我们道德上需要承担的责任，无论人类社会付出多大代价，都不能让它们灭绝。事实上，你口袋里的分币们已经在"咯咯"发笑了，因为未来就在当下。它们危险地存在着，使人类付出巨大代价，以惊人的数量繁殖着，昭示进化的胜利。它们不惧怕改革或数字化替代，它们拥有最初一枚钱币的坚持和最纯的弗罗林金币的自信。如果有一天，为它们供能的人类从地球上消失了，它们也会高枕无忧，直到其他可能的供能者到来。在我们的商店货架上难以购买任何东西的美分，将作为银河系历史上最非凡的信息传递工具，受到外星种族的尊敬和爱护。

如今，钱币最先进的进化形态正徘徊在诞生的边缘。2020 年 4 月，一项法案在美国国会被提出，要求国家造币厂生产数枚面值万亿美元的铂金钱币，用于支付新冠救济金。H.R. 6553 号提案没能通过，但发行非流通"超级钱币"来解决美国金融问题这一主张已有几十年历史。如果有一天人们实现了这一进化上的飞跃，这种钱币将成为终极的模因集合。一枚价值万亿美元的钱币将没有天敌，它的寿命不会因为被人经手或过度使用而受影响，也不用担心消亡。

它将告诉其他文明，我们对钱币有多么仁慈，哲学家和宗教领袖对钱币有多么深刻的思考，以及我们为钱币学苦心研读、著书立传是多么明智。毕竟，钱币学是一门美丽的科学，对我们和我们之外的文明都是如此。[49]

术语表和缩写

AE（Aes，拉丁语）：青铜或其他贱金属（如黄铜或铜）
货币。

埃伊纳标准（Aeginetan Standard）：埃伊纳使用的古希腊币制，使用重约 6.3 克（0.2 盎司）的重型德拉克马。

埃癸斯（Aegis）：一种被蛇包围的山羊皮防具，是宙斯的神圣象征。

古物学（Antiquarianism）：被称为古物学家的信徒收集和研究古老文物和书籍的做法，通常作为一种教育性消遣。

安东尼尼安银币（Antoninianus，拉丁语，复数形式为Antoniniani）：卡拉卡拉（M. Aurelius Antoninus）推出的日益贬值的罗马银币，面值为 2 第纳尔（denarius），其纯度最终降为比隆合金。

AR（Argentum，拉丁语）：银。

阿斯（As，复数为 assēs，拉丁语）：罗马铜币，最初价值1/16 第纳尔，最终价值 1/4 第纳尔。

阿提卡币制（Attic Standard）：雅典钱币使用的重量系统。

归属（Attribution）：识别钱币的发行者。

奥古斯塔（Augustales）：腓特烈二世发行的金币。

奥雷（Aureus）：标准罗马金币面值，价值25第纳尔。

AV（Aureus，拉丁语）：金币。

AVG（奥古斯都，阴性形式为 Augusta，复数形式为 AVGG，拉丁语）：屋大维的名字，后来被罗马皇帝及其妻子用作称号。

Biga（拉丁语）：由一对动物拉动的战车。

比隆（Billon）：一种含有降纯金属的合金，含银量低于50%。

黑柜（Black Cabinet）：博物馆中存储用于比较研究的伪造钱币托盘。

交易所（Bourse）：钱币大会或钱币展的公开交易大厅。

薄片币（Bracteate，拉丁语）：在薄铸币胚上铸造的钱币，其正面图案会在反面印出。

婆罗米文（Brahmi）：印度早期使用的一种曾被用于书写普拉克里特语的文字。

错打（Brockage）：造币失误，当先前击出的钱币粘在模具上时产生的薄片。

恺撒（CAES，拉丁文）：尤里乌斯·恺撒的名字，后来成为帝国时期的称号。

铜钱、零钱（Cash）：中间有孔的圆形中国贱金属钱币，后来泛指硬币和纸币。

浇铸币（Cast Coins）：使用模具浇铸而非打制的钱币。

监察官（CEN/CENS，拉丁语）：担任罗马监察官一职。

清单式钱币学（Checklist Numismatics）：根据预先确定的统治者、钱币品种等清单收集、整理和研究钱币。

城邦币（Civic Coinage）：城邦生产的钱币，有别于皇家或帝国钱币。

剪边币（Clipped Coins）：被试图在消费钱币的同时积累金银碎屑的使用者去除一小部分的贵金属钱币。

认知考古学（Cognitive Archaeology）：新考古学的一个分支，其理论视角侧重于古代社会的思维方式和过去物质文化中可感知的符号结构。

认知钱币学（Cognitive Numismatics）：受新考古学的启发，试图从钱币中发现文物从制造到使用和再利用的心理过程。

钱币（Coin）：带有权威印记的金属或塑料货币；在法语中，指用于打制印记的模具。

钱币类型（Coin-Type）：见类型。

控制标记（Control Mark）：见 Monogram。

执政官（COS，拉丁语）：罗马执政官职位。

假币（Counterfeit）：未经授权复制的货币，意在冒充货币；另见伪造钱币、臆造钱币和仿制品。

戳记（Countermark）：加盖在钱币上的打制印记，作为重新制订面额、重新授权等的一种手段。

克洛伊塞德（Croesid）：由吕底亚国王克洛伊索斯发行的早期琥珀金（EL）钱币。

加密货币（Cryptocurrency）：使用区块链技术保障交易的数字货币。

货币（Currency）：当前被用于现金交易的钱。

DAC（Dacicus，拉丁语）：达契亚征服者。

大流克（Daric）：阿契美尼德波斯帝国的标准金币，重8.4克（0.3盎司），以国王大流士一世命名。

清藏（Deassessioning）：为了合并藏品和/或筹集资金而从博物馆中撤出文物的做法。

10德拉克马（Decadrachma，古希腊语）：价值10德拉克马的大银币。

第纳尔（Denarius，复数为：denarii，拉丁语）：罗马的主要银币，约于前212年问世，与古希腊的德拉克马相当。

德涅尔（Denier，法语）：意为1德涅尔，该词后来被用于中世纪的银便士。

DES（Designatus，拉丁文）：被指定担任某种职务。

图案（Device）：钱币上的中心图案，即类型。

2德拉克马（Didrachma，古希腊语）：面值为2德拉克马的钱币。

模具（Die）：用于打制钱币的雕刻金属印模，通常一个用于钱币正面，一个用于钱币反面。

模具轴线（Die Axis）：正反面模具在打制过程中的相对位置，用箭头或时钟数字表示。

模具关联（Die-Link）：两枚或多枚钱币共用一个模具。

第纳尔（Dinar）：源于拉丁语第纳尔，一种以阿拉伯哈里发王朝金币为基础的钱币面额。

双奥波（Diobol，希腊语）：面值为两个奥波的钱币。

DIVA/DIVVS（拉丁语）：神格化的。

德拉克马（Drachma，希腊语）：古希腊银币面值，价值6奥波，按阿提卡标准重约4.2克（0.15盎司）。

杜卡特（Ducat）：在中世纪的威尼斯，银币，后来出现了金币（ducato d'oro）。

都彭狄乌斯（Dupondius，拉丁语）：罗马铜币，价值两阿斯。

EL（Electrum）：琥珀金，金银合金，也称白色黄金。

尊号（Epithet）：加在神或统治者名字上的崇拜描述词，如"救主"或"无敌者"。

族属（Ethnic）：钱币图例中可被用来辨认其发行方的部分。

结构（Fabric）：钱币的整体外观。

臆造币（Fantasy Coin）：从未作为货币存在过的虚构钱币，通常用作护身符。

法新（Farthing）：英国便士的1/4（"fourthling"）。

菲（Fei）：密克罗尼西亚用作货币的石盘，有些比人还大得多。

法定货币（Fiat Monet）：没有内在价值的货币，其价值由法令确定。

底板（Field）：钱币中心图案周围的区域。

币胚（Flan）：用于在模具之间打制的一块预先称重的空白金属，有时也称作铸板。

币夹（Flips）：一种储存钱币的方法，标准尺寸为2英寸×2英寸的双层惰性塑料。

弗罗林（Florin）：佛罗伦萨发行的金币。

富利（Follis，拉丁语，复数形式为 folles）：罗马帝国晚期一种大重量铜币，带有洗银层；后期的拜占庭铜币。

假币（Forgery）：未经授权的真币复制品，旨在欺骗收藏者。

夹心（Fourré，法语）：外表有镀层的钱币。

框架式钱币学（Framework Numismatics）：试图将钱币排列成有意义的组别，而不仅仅是核对清单，尤其是在缺乏其他资料的情况下。

可替代性（Fungibility）：一种商品的单个单位可分割且无法相互区分的特性。

日耳曼尼库斯（GERM，拉丁语）：日耳曼征服者。

皇室希腊币（Greek Imperials）：罗马帝国东部使用希腊文币铭的钱币的旧称，现在一般称为罗马行省币。

格罗特（Groat）：中世纪英国银币，价值 4 便士。

格罗斯（Gros）：路易九世推出的中世纪法国银币。

几尼（Guinea）：用从几内亚进口的金锭铸造的重型英国金币。

沟槽（Gutter Fold）：一种可收藏的错币，由印刷时的折叠造成，因此当纸张展开时，纸币上会出现一条空白条纹。

银块（Hacksilber，德语）：作为金属块交易和储存的切割银块。

赫卡特（Hekte，希腊语）：价值 1/6 斯塔特的钱币。

半德拉克马（Hemidrachma）：面值为半个德拉克马的钱币。

窖藏（Hoard，撒克逊语）：钱币的囤藏，通常作为储蓄或在紧急情况下被藏匿起来。

仿制币（Imitation）：模仿另一种当代货币制作的钱币，用于在被仿制币的区域之外流通。

IMP（Imperator，拉丁语）：对罗马胜利将领的敬称，后来专指皇帝。

将帅钱币（Imperatorial Coins）：罗马共和国和帝国之间的过渡时期，由安东尼和屋大维等军阀铸造。

凹印（Incuse）：凹入钱币背面的图案或简单冲孔，是古风和古典时期早期钱币的特征。

卡沙帕纳（Karshapana，印度语）：正方形或长方形，印有戳记的印度钱币。

佉卢文（Kharoshthi，印度语）：一种源自阿拉米文的印度文字，从右向左读，与从左向右读的婆罗米文相反。

珍奇柜（*Kunstkammer*，复数为 *Kunstkammern*，德语）：专门收藏艺术、历史和 / 或自然历史中稀有且具有启发性的物品的奇珍异宝柜。

L（埃及世俗体文字）：埃及打制的古希腊罗马钱币上的标志，指"在某某年"，后跟希腊文数字，用以标明统治日期。

币文（Legend）：钱币上出现的文字，刻印的铭文。

莱普塔（Lepta，单数为 lepton，希腊语）：小铜币。

纪念章、币章（Medal）：早期术语，指钱币或类似工艺品。

模因（Meme）：生物基因的文化类似物，一种可复制的编码信息，如神话、音乐、图案或完成传播常用的方法。

模因合集（Memeplex）：许多相互支持的模因组合，如一枚钱币。

米纳（Mina）：重量单位，约500克（1磅）。

造币厂标记（Mint Mark）：见Monogram。

单元（Module）：钱币的物理尺寸，通常以毫米为直径单位。

货币化（Monetization）：采用钱币作为标准的交易手段。

货币（Money）：词源来自朱诺·莫内塔，罗马人在她的神庙中首次打制了钱币，这个词逐渐发展为包括所有作为交换媒介、记账单位和价值储存手段的经济工具。

花押（Monogram）：印在钱币上的字母或符号，用于识别发行钱币的铸币厂或地方官。

骡子（Mule）：用不匹配的模具打制的钱币，通常是一种造币厂错误。

叙事钱币学（Narrative Numismatics）：试图基于钱币学证据创建详细叙事历史的努力，通常依赖于钱币肖像的相貌特征。

应急钱币（Notgeld，德语）：通常是为应对极端经济困难而临时使用的钱币。

奇珍钱币学（Novelty Numismatics）：研究异常通常是独一无二的钱币。

钱币学（Numismatics，希腊语）：钱币及相关文物的收藏、整理和研究。

钱币学家（Numismatist，希腊语）：从事全部或部分钱币学相关活动的人。

航海钱币学（Numisnautics，希腊语）：以航海为主题的钱币物品的收集和研究。

努姆斯（Nummus，复数为nummi，拉丁语）：罗马帝国和拜占庭帝国晚期的一种小铜币。

物的能动性（Object Agency）：物体独立行动或由人类设计的有意行动的能力。

奥波（Obol，希腊语）：小面额银币，相当于1/6德拉克马。

正面（Obverse）：钱币由砧模打制的一面，通常为"正面"。

工坊（Officina，拉丁语）：造币厂的车间和部门。

重打（Overstrike）：使用较旧钱币作为币胚铸造的钱币。

帕多瓦币（Paduan）：帕多瓦艺术家为古董市场制作的伪造或臆造钱币。

包浆（Patina）：钱币表面的保护性氧化层，通常为收藏家所珍视。

便士（Penny，复数形式为Pence）：英国的小银币，但在美国通常指铜质1美分钱币。

芬尼（Pfennig，德文）：与便士有关的银币。

颅相学（Phrenology）：对头盖骨的形状和大小进行的研究，以确定一个人的性格和智力。

面相学（Physiognomy）：试图通过外在表现来确定一个人的性格、气质和个性。

铸板（Planchet）：参见"币面"（Flan）。

模具堵塞（Plugged Die）：模具被附着的金属遮盖导致的造币失误。

PM 或 PONT MAX（Pontifex Maximus，拉丁语）：罗马首席祭司的职位。

后过程考古学（Post-Processual Archaeology）：新考古学的分支，认为过程考古学的一些科学主张不切实际，坚持该学科的主观性。

PP（Pater Patriae，拉丁语）：祖国之父，奥古斯都的称号，历代罗马皇帝均沿用此称号。

过程考古学（Prossesual Archaeology）：新考古学的一个分支，追求科学理论而非文化历史模式，将考古记录理解为一个过程。

传承（Provenance）：一件文物的所有权历史。

出处（Provenience）文物的确切产地，即其发现地。

心理定价（Psychological Pricing）：利用消费者认为价格低于一个完整单位（如 1.98 美元而不是 2 美元）就意味着节省了很多钱的心理而采取的营销策略。

戳记币（Punchmarked Coin）：在称重的金属上印有一个或多个独立的戳记，是南亚的一种特色类型钱币。

夸德兰（Quadrans，拉丁语）：罗马小铜币，价值 1/4 阿斯。

驷马战车（Quadriga，拉丁语）：由四只动物拉动的战车。

抢救性钱币学（Rescue Numismatics）：在恶劣环境下保护和研究钱币的必要努力，例如抢救被掠夺的钱币窖藏。

反抗主义（Resistentialism）：认为无生命之物以挫败人类为乐的观念，如洗衣店丢失的袜子。

背面（Reverse）：钱币由上方经受锤击的币模冲压产生的一

面（"背面"）。

里克斯达勒（Riksdaler，瑞典语）：表示银币。

罗马式钱币（Romaion Coins）：常用于拜占庭钱币的名称。

SC（Senatus Consultum，拉丁文）：由罗马元老院授权。

临时券（Scrip）：在军事行动等特殊情况下有限流通的纸币。

铸币税（Seigniorage）：通过铸造面值超过生产成本的钱币获得的利润。

塞斯特提乌斯（Sestertius，复数形式为 sestertii，拉丁语）：罗马大铜币，价值 1/4 第纳尔。

谢克尔（Shekel，希伯来语）：最初是相当于 1/60 米纳的重量单位，后来成为银币单位。

先令（Shilling）：英国铜币，价值 12 便士。

西格洛斯（Siglos，希腊语）：阿契美尼德波斯帝国的标准银币，与阿提卡德拉克马相当。

索利德（Solidus，复数形式为 solidi，拉丁语）：字面意为"坚固的"，罗马帝国晚期的一种金币，重约 4.5 克（0.16 盎司），有半分（塞米西斯 semissis）和三分（翠米西斯 tremissis/triens）之分。

铸币（Specie）：与纸币相对的钱币。

春宫币（Spintriae）：有情色含义的罗马代币。

SPQR（Senatus Populusque Romanus，拉丁语）：元老院和罗马人民。

斯塔特（Stater，希腊语）：古希腊城邦的主要钱币面额，根 191

据阿提卡标准，是一种重量为 8.4 克（0.3 盎司）的金币。

苏丹尼（Sultani）：奥斯曼帝国的一种金币。

汇编（Sylloge，希腊语）：在钱币学中，精选藏品的钱币目录，为所有钱币配图，但只有有限的注释和描述。

塔兰特（Talent）：重量单位（25.8 千克 = 56.88 磅），在古希腊等于 6000 德拉克马。

4 德拉克马（Tetradrachma，希腊文）：银币，面值 4 德拉克马，按阿提卡币制重 16.8 克（0.6 盎司）。

改刀（Tooling）：使用雕刻刀或类似工具增强或改变钱币的特征。

试金石（Touchstone）：一块片岩或碧玉，用于根据其上留下的印记颜色测试金的合金纯度。

桌子（Trapeza，希腊语）：桌子，当桌子用于兑换钱币时也指银行。

三人铸币官（Tresviri Monetales，拉丁语）：罗马三位铸币官组成的委员会。

TRP、TRIB POT 或 TRIBUNIC POTEST（Tribunicia Potestate，拉丁语）：意为"在罗马拥有护民官的权力"，帝国钱币上通常在这一缩写后跟有数字。

图格里克（Tugrik）：最初用银铸造的蒙古国钱币面值。

类型（Type）：钱币上的显著图案，钱币中心的设计。

重量标准（Weight Standard）：特定钱币的面额重量，如阿提卡币制。

注 释

1 引言

1. Claudia Goldin and Frank Lewis, "The Economic Cost of the American Civil War: Estimates and Implications," *Journal of Economic History 35* (1975): 299–326 提出了一项关于成本的开创性研究。

2. HR 240, The Legal Tender Act of February 25, 1862. 在殖民地时期，定居者曾尝试使用纸币，但 1764 年议会颁布的《货币法》限制了这种做法。

3. 绿币之争还催生了美国政坛的第三党，见 Darcy Richardson, *Others: Third Party Politics from the Nation's Founding to the Rise and Fall of the Greenback-Labor Party* (New York: Universe, 2004)。

4. 最高法院在赫本诉格里斯沃尔德案（1870 年 2 月 7 日）中宣布《法定货币法》违宪，但后来在诺克斯诉李案和帕克诉戴维斯案（1871 年 5 月 1 日）中维持原判。有关背景，请参阅 Joseph Cormack "The Legal Tender Cases: A Drama of American Legal and Financial History," *Virginia Law Review 16* (1929): 132–148。

5. Robert Natelson, "Paper Money and the Original Understanding of the Coinage Clause," *Harvard Journal of Law and Public Policy 31* (2008): 1017– 1081，并对该词在 18 世纪的含义进行了深入探讨。

6. 例如，1792 年的《铸币法》规定："特此颁布并宣布，为国家铸币之目的建立一个铸币厂。"该法案授权生产 0.5 分铜币和美分铜币；5 美分银币、10 美分银币、25 美分银币、0.5 美元银币和 1 美元银币，以及 1/4、1/2 和 1 美元老鹰金币。

7. Nathaniel Popper, *Digital Gold* (New York: Harper Collins, 2015).

8. Brian Kelly, *The Bitcoin Big Bang: How Alternative Currencies Are about to Change the World* (Hoboken, NJ: Wiley, 2015); Pedro Franco, *Understanding Bitcoin: Cryptography, Engineering, and Economics* (Chichester, UK: Wiley, 2015).

9. 甚至还要考虑宗教方面的影响；见 Sudais Asif, "The Halal and Haram Aspect of Cryptocurrencies in Islam," *Journal of Islamic Banking and Finance 35*.2 (2018): 91–101。

10. https://www.bloomberg.com/news/articles/2019-10-07/quadriga-ceo-s-widow-agrees-to-return-estate-assets.

11. 以回应 CoinOut 在电视节目《鲨鱼坦克》（*Shark Tank*）中的推介（2018 年 2 月 18 日）。

12. J.K.N. Kuria et al., "Profile of Bacteria and Fungi on Money Coins," *East African Medical Journal 86* (2009): 151–155. See also Emmanouil Angelakis et al., "Paper Money and Coins as Potential Vectors of Transmissible Disease," *Future Microbiology 9* (2014): 249–261.

13. https://www.forbes.com/sites/lisettevoytko/2020/01/23/new-york-city-poised-to- ban-cashless-businesses/#265444fe5781.

14. Matty Simmons, "The Day Cash Died," *Saturday Evening Post 288* (March/April, 2016): 82–85.

15. Andrew Meadows and Jonathan Williams, "Moneta and the Monuments: Coinage and Politics in Republican Rome," *Journal of Roman Studies 91* (2001): 27–49; Pier Tucci, "Where High Moneta Leads Her Steps Sublime: The 'Tabularium' and the Temple of Juno Moneta," *Journal of Roman Archaeology 18* (2005): 6–33.

16. 在现代法语中，"coin" 的本义是楔形的角；该词也用于模具，而 "monnaie" 在英语中的本义是 "钱币"。

17. Joe Cribb, ed., *Money: From Cowrie Shells to Credit Cards* (London: British Museum, 1986), 17 (no. 23).

18. Arnold Keller, *Das Notgeld besonderer Art* (1959, rpt. Munich: Battenberg, 1977).

19.　Cribb, *Money* , 189 (no. 794).

20.　例 如，David Baker, "Stealmint and Juicy Loot: Gum Stolen from the UK Being Used as Currency on Black Market in Romania," *Daily Mail* February 27, 2012.

21.　Marc Shell, *Wampum and the Origins of American Money* (Champaign: University of Illinois, 2013). 另一个可能的词源将这个短语与从豆荚中剥豌豆壳的行为联系起来，如同从钱包中掏出货币一样。

22.　Cameron McNeil, ed., *Chocolate in Mesoamerica: A Cultural History of Cacao* (Gainesville: University Press of Florida, 2009).

23.　Pietro Martire d'Anghiera, *De Novo Orbe* , Vol. 2, Trans. Francis MacNutt(New York: G.P. Putnam's Sons, 1912), 102.

24.　Ibid., 354.

25.　Marcus Terentius Varro, *De re rustica* 2.1.11. 有关古罗马货币、钱币和农业的分析，请参阅 David Hollander, *Farmers and Agriculture in the Roman Economy* (New York: Routledge, 2018)。

26.　Roland Portères, "La monnaie de fer dans l'Ouest-Africain au XXe siècle," *Recherches Africaines 4* (1960): 3–13; John Thornton, *Africa and Africans in the Making of the Atlantic World, 1400–1800* , 2nd ed. (New York: Cambridge University Press, 1998), 44–48.

27.　请参阅 Nanouschka Myrberg Burström and Gitte Tarnow Ingvardson, eds., *Divina Moneta: Coins in Religion and Ritual* (New York: Routledge, 2018)。

28.　Ceri Houlbrook, "The Wishing-Tree of Isle Maree: The Evolution of a Scottish Folkloric Practice," in *The Materiality of Magic: An Artifactual Investigation into Ritual Practices and Popular Beliefs* , edited by Ceri Houlbrook and Armitage Natalie, pp. 123–142 (Oxford: Oxbow Books, 2015).

29.　Ceri Houlbrook, "Small Change: Economics and the Coin-Tree in Britain and Ireland," *Post-Medieval Archaeology 49* (2015): 114–130.

30.　Annabelle Mooney, *The Language of Money* (New York: Routledge, 2018), 77.

31.　关于信任因素的详细讨论，请参见 R.J. van der Spek and Bas van Leeuwen, eds., *Money, Currency and Crisis: In Search of Trust; 2000*

195

BC to AD 2000 (London: Routledge, 2018)。

32. 现代"纸币"实际上是一种棉混合物，因此，欧元钞票被昵称为"纤维"。

33. Marco Polo, *The Travels of Marco Polo* , chapter 26 "Paper Money".

34. 有关英国围绕纸币的动荡，请参阅 William Cobbett, *Paper Against Gold: Or, the History and Mystery of the Bank of England, of the Debt, of the Stocks, of the Sinking Fund, and of All the Other Tricks and Contrivances, Carried on by the Means of Paper Money* (London: Wm. Cobbett, 1828)。

35. George Cuhaj, ed., *Standard Catalog of United States Paper Money* , 32nd edition (Iola, WI: Krause Publications, 2013), 12.

36. D.H. Lawrence, "Money Madness," line 1.

37. 杰斐逊的蒙蒂塞洛山庄（Monticello）是这枚镍币的特色，此前曾出现在 1928 年至 1966 年的 2 美元钞票上，还出现在一些美国纪念银元上。

38. 杰斐逊种植园的名字蒙蒂塞洛在意大利语中是"小山"的意思。美国硬币上最接近法语的单词是"dime"（10 美分硬币）这个被篡改过的名字，最初拼写为"disme"，发音为"deem"，来自 dixième，意为"1/10"。事实上，有人推测"迪克西土地"源于新奥尔良的一张印有 DIX 的旧钞票：Bill Bryson, *Made in America* (New York: Harper Collins, 1994), 67–68.

39. 在英国，钱币上刻有"NEMO ME IMPUNE LACESSIT"（"没有人攻击我而不受惩罚"）和"PLEIDIOL WYF I'M GWLAD"（"我忠于我的国家"）等铭文。

40. Jillian Keenan, "Kick Andrew Jackson Off the $20 Bill!" https://slate.com/ news- and- politics/ 2014/ 03/ andrew- jackson- should- be-kicked- off- the- 20-bill-he-ordered-a-genocide.html. See also https://billofrightsinstitute.org/ educate/educator-resources/lessons-plans/current-events/down-with-hamilton- and-jackson-why-our-currency-may-be-changing/.

41. https://www.cnn.com/2019/05/27/us/tubman-money-stamp-trnd/index.html.

42. https://treasury.un.org/operationalrates/OperationalRates.php.

43. 重要研究成果包括 David Schaps, *The Invention of Coinage and the Monetization of Ancient Greece* (Ann Arbor: University of Michigan Press, 2004); Richard Seaford, *Money and the Early Greek Mind* (Cambridge, UK: Cambridge University Press, 2004); Andrew Meadows and Kirsty Shipton, eds., *Money and Its Uses in the Ancient Greek World* (Oxford, UK: Oxford University Press, 2001); Leslie Kurke, *Coins, Bodies, Games, and Gold* (Princeton, NJ: Princeton University Press, 1999); Thomas Martin, *Sovereignty and Coinage in Classical Greece* (Princeton,NJ: Princeton University Press, 1985); Sitta von Reden, *Money in Classical Antiquity* (Cambridge, UK: Cambridge University Press, 2010); Alain Bresson, *The Making of the Ancient Greek Economy* (Princeton, NJ: Princeton University Press, 2016)。

196

44. Typus 源自拉丁语，意为形象浮雕，而 legendus 的字面意思是"可以阅读的东西"，说明钱币来源的币文被称为钱币的族称，因为它告诉我们该钱币属于哪个民族。

45. 在一些小说中，偶尔出现的钱币会推动情节的发展，例如 Steve Berry, *The Venetian Betrayal* (New York: Ballantine, 2007); Lawrence Sanders, *The Eighth Commandment* (New York: G.P. Putnam's Sons, 1986); 以及 John Manhold, *The Elymais Coin* (Virginia Beach, VA: CEREB, 2008)。电影 *Black Widow* (1987) 中出现了一位痴情的收藏家，而一位痴迷于钱币学的教授在 Nikitas Terzis 的小说 *Bird of Prey* (Amazon Kindle, 2010) 中扮演了重要角色。

46. 有关这些妇女的更多信息，请参见第 5 章。

47. Frank Holt, *Lost World of the Golden King* (Berkeley: University of California Press,2012), 7–10.

48. 故事的主人公是一位来得太晚的救援者：Joseph Wolff, *Narrative of a Mission to Bukhara, in the Years 1843–1845* (London: J.W. Parker, 1845), v。

49. Holt, *Lost World of the Golden King* , 34.

50. Margaret Drower, *Flinders Petrie: A Life in Archaeology* (Madison: University of Wisconsin Press, 1995); Sylvia Horwitz, *The Find of a Lifetime: Sir Arthur Evans and the Discovery of Knossos* (New York: Viking Press, 1981); Ivor Hume, *A Passion for the Past* (Charlottesville:

University of Virginia Press, 2010); and Max Mallowan, *Mallowan's Memoirs* (New York: Dodd, Mead & Co., 1977).

51. 那些都是特色样品，见 Howard Berlin, *The Numismatourist* (Irvine, CA: Zyrus Press, 2014)。

52. Holt, *Lost World of the Golden King* .

2 钱币的视角

1. Xinyue Zhou, Sara Kim, and Lili Wang, "Money Helps When Money Feels: Money Anthropomorphism Increases Charitable Giving," *Journal of Consumer Research 45* (2019): 953–972.

2. 这是《民歌完全索引》中的第 5249 首民歌。"老鹰"是一家建于 19 世纪的酒馆，位于霍克斯顿的城市路沿线，see Pieter Zwart, *Islington: A History and Guide* (London: Sidgwick & Jackson, 1973), 42. According to Zwart, "The Tailors in the City Road would Pawn (Pop) Their Irons (Weasels) to Buy Drinks in the Eagle!"

3. Marguerite Yourcenar, *A Coin in Nine Hands: A Novel* (New York: Farrar, Straus andGiroux, 1982).

4. John Green, ed., *Essays of Joseph Addison* (London: Macmillan, 1965), 331–335.

5. Orhan Pamuk, *My Name Is Red* , trans. Erdag Göknar (New York: Vintage, 2001), 105.

6. Richard Dawkins, *The Selfish Gene* , 30th Anniversary Edition (Oxford, UK: Oxford University Press, 2006), x–xii.

7. For a succinct introduction, see Janet Hoskins, "Agency, Biography and Objects," in *Handbook of Material Culture* , edited by Christopher Tilley, et al., pp. 74–84 (London: Sage, 2006). For balance, see also Ian Russell, "Objects and Agency: Some Obstacles and Opportunities of Modernity," *Journal of Iberian Archaeology 9/10* (2007): 71–87.

8. Hoskins, "Agency, Biography and Objects," 81.

9. Lambros Malafouris and Colin Renfrew, eds., *The Cognitive Life of Things* (Oakville, NC: David Brown, 2010).

10. 见 Frank Holt, "Neo-Darwinian Numismatics: A Thought Experiment,"

in *ΦΙΛΕΛΛΗΝ* , edited by D. Katsonopoulou and E. Partida, pp. 1–13 (Athens: Helike, 2016), submitted in 2014。又有一个宽泛的建议，即应该把钱当作活物来对待，见 Kabir Sehgal, *Coined: The Rich Life of Money and How Its History Has Shaped Us* (New York: Grand Central, 2015), 6。

11. Green, *Essays of Joseph Addison* , 332.

12. Pamuk, *My Name Is Red* , 104.

13. Ibid., 103.

14. Eamon Duffy, *The Stripping of the Altars: Traditional Religion in England, 1400–1580* , 2nd ed. (New Haven, CT: Yale University Press, 2005), 183.

15. Green, *Essays of Joseph Addison* , 334–335.

16. *Coinstar* 提供了估算数据：https://consumerist.com/2016/12/06/coinstar- says-that-you-have-68-in-spare-change-should-throw-it-in-a-coinstar。

17. 参阅 Coinstar.com 获取更多细节。

18. 见 https://getcoinmoving.org。

19. 见 Anastasia Denisova, *Internet Memes and Society: Social, Cultural, and Political Contexts* (New York: Routledge, 2019)。

20. John Evans, "The Coinage of the Ancient Britons, and Natural Selection," *Notices of the Proceedings at the Meetings of the Members of the Royal Institution of Great Britain 7* (1875): 476–487. Evans argued the case for his priority in *The Coins of the Ancient Britons: Supplement* (London: B. Quaritch, 1890).

21. 有关钱币逃亡的精彩记录，见 http://raceofthecentury.blogspot.com/ and http://changerace.blogspot.com/。

22. Paul Jennings 创造了这一概念，"Report on Resistentialism," *Spectator* 180 (April 23, 1948): 491。

23. Susan Blackmore, *The Meme Machine* (Oxford, UK: Oxford University Press, 1999), 20："任何模因合集的精髓都在于，其中的模因作为群体的一部分，能比单独复制的效果更好。"

24. 威尔伯掷赢了钱币，但搞砸了起飞，让他的兄弟（成功地）获得了下一次试驾机会：David McCullough, *The Wright Brothers* (New York:

Simon & Schuster, 2015), 102–104。

25. A.L. Lovejoy and Henry E. Reed, "Lovejoy's Pioneer Narrative, 1842–48," *Oregon Historical Quarterly* 31 (1930): 255.

26. Josh Sanburn, "Waiting for Change," *Time 181* .4 (2013): 37–40.

27. Sara O'Hara, et al., "Gastric Retention of Zinc-based Pennies: Radiographic Appearance and Hazards," *Radiology 213* (1999): 113–117.

28. 目前每枚钱币的成本已从 2.4 美分的高位回落；然而，由于技术限制，2019 年的价格不太可能进一步下降。美分的成本注定要高于其面值，这已经是连续 4 个财年的情况了：*United States Mint 2019 Annual Report* , 10。

29. Nicolas Guéguen and Céline Jacob, "Nine-Ending Price and Consumer Behavior: An Evaluation in a New Context," *Journal of Applied Sciences 5* (2005): 383–384.

30. *United States Mint 2019 Annual Report* , 10; cf. Sanburn, "Waiting for Change," 40.

31. Clare Rowan, "Slipping Out of Circulation: The After-Life of Coins in the Roman World," *Journal of the Numismatic Association of Australia 20* (2009): 3–14, and Claudia Perassi, "Gioielli monetali romani dai cataloghi d'asta: Un aggiornamento (2006–2016)," *Rivista Italiana di Numismatica e Scienze Affini 118* (2017): 227–258.

32. Deborah Carlson, "Mast-Step Coins among the Romans," *International Journal of Nautical Archaeology 36* (2007): 317–324.

33. Jean-Marc Doyen, "The 'Charon's Obol' : Some Methodological Reflexions," *Journal of Archaeological Numismatics 2* (2012): i–xviii.

34. 一些经济学家希望纸币消亡，尤其是最大面额的纸币品种：Kenneth Rogoff, *The Curse of Cash: How Large-Denomination Bills Aid Crime and Tax Evasion and Constrain Monetary Policy* (Princeton, NJ: Princeton University Press, 2016).

35. Clive Stannard and Suzanne Frey-Kupper, " 'Pseudomints' and Small Change in Italy and Sicily in the Late Republic," *American Journal of Numismatics 20* (2008): 351–404.

36. Colin Kraay 对这种联系进行了经典阐述，"Greek Coinage and War," in *Ancient Coins of the Greco-Roman World: The Nickle Numismatic*

Papers, edited by Waldemar Heckel and Richard Sullivan, pp. 3–18 (Waterloo, Ont.: WilfridLaurier University Press, 1984)。

37. Christopher Howgego, *Ancient History from Coins* (New York: Routledge, 1995), 50.

38. Erich Boehringer, *Die Münzen von Syrakus* (Berlin: Walter de Gruyter, 1929).

39. 更多例证见 Vasiliki Penna, "Ancient Greek Coins on Greek Banknotes," *Abgadiyat 5* (2010): 50–61。

40. 例如 Harold Mattingly, "The Restored Coins of Trajan," *Numismatic Chronicle 6* (1926): 232–278。

41. Lionel Trilling, *The Liberal Imagination* (New York: New York Review Books Classics, 1950), 258.

3　钱币的发明

1. Plutarch, *Theseus*, 25.3.

2. John the Lydian, *Concerning the Months*, 1.17; Pliny, *Natural History*, 33.13.

3. Michael Crawford, *Coinage and Money under the Roman Republic* (Berkeley: University of California Press, 1985), 17.

4. Veronica Strang and Mark Busse, eds., *Ownership and Appropriation* (Oxford, UK: Berg, 2011); Sergio Focardi, *Money* (New York: Routledge, 2018), 10–16.

5. 有关本问题的介绍见 Peter van Alfen, "Muddle Wrestling: Grappling for Conceptual Clarity in Archaic Greek Money," in *Ancient Greek History and Contemporary Social Science*, edited by M. Canevaro, A. Erskine, B. Grey, and J. Ober, pp. 485–511 (Edinburgh, UK: Edinburgh University Press, 2018)。

6. "For Want of a Boot," Season 2, Episode 17 (January 12, 1974).

7. Aristotle, *Nicomachean Ethics*, 1133a.

8. Herodotus, 4.196.

9. 纽约炮台公园的基座上最著名的雕像可能就是它了。1926 年，H.A. van den Eyden 创作了这座雕塑，作为来自荷兰的礼物。

199　10.　Glyn Davies, *A History of Money* , 3rd ed. (Cardiff, UK: University of Wales Press, 2002), 36–37.

11.　Joe Cribb, ed., *Money: From Cowrie Shells to Credit Cards* (London: British Museum, 1986), 27 and 41.

12.　Scott Fitzpatrick, "The Famous Stone Money of Yap," in *The Archaeology of Money* ,edited by Colin Haselgrove and Stefan Krmnicek, pp. 43–66 (Leicester, UK: School of Archaeology and Ancient History, 2016).

13.　Milton Friedman, *Money Mischief: Episodes in Monetary History* (New York: Harcourt Brace, 1994), 1–7.

14.　有关将牲畜作为货币使用的注意事项，请参阅 David Schaps, "What Was Money in Ancient Greece?," in *The Monetary Systems of the Greeks and Romans* , edited by William Harris, pp. 38–48 (Oxford, UK: Oxford University Press, 2008), 41。

15.　同样，在元素周期表中，金是 Au，银是 Ag。

16.　Pindar, *Olympian Ode* , 1.

17.　参阅 Claude Domergue, *Les mines antiques. La production des métaux aux époques grecque et romaine* (Paris: Picard, 2008)。

18.　Reported by Agatharchides and preserved in Diodorus, 3.12–14, cf. Athenaeus, *Deipnosophistae* , 6.272 c–f. For discussion, see Thomas Faucher, "Ptolemaic Gold: The Exploitation of Gold in the Eastern Desert," in *The Eastern Desert of Egypt during the Greco-Roman Period: Archaeological Reports* , edited by Jean-Pierre Brun et al., pp. 1–16 (Paris: Collège de France, 2018).

19.　Gil Davis, "Mining Money in Late Archaic Athens," *Historia 63* (2014): 270–271.

20.　Pliny, *Natural History* , 33.21 (gold) and 33.31 (silver); cf. 33.3.

21.　Joseph McConnell et al., "Lead Pollution Recorded in Greenland Ice," *Proceedings of the National Academy of Sciences 115* (2018): 5726–5731.

22.　有关近期的精彩论述，请参阅 David Orrell and Roman Chlupatý, *The Evolution of Money* (New York: Columbia University Press, 2016)。

23.　Marvin Powell, "Money in Mesopotamia," *Journal of the Economic and*

Social History of the Orient 39 (1996): 224–242, and more recently Joe Cribb, "The Origins of Money, Evidence from the Ancient Near East and Egypt," in *La Banca Premonetale* , edited by Guido Crapanzano, (Milan: Art Valley Association, 2004).

24. Miriam Balmuth, ed., *Hacksilber to Coinage: New Insights into the Monetary History of the Near East and Greece* (New York: American Numismatic Society, 2001); Nicola Ialonga, Agnese Vacca, and Luca Peyronel, "Breaking Down the Bullion. The Compliance of Bullion-Currencies with Official Weight-Systems in a Case-Study from the Ancient Near East," *Journal of Archaeological Science 91* (2018): 20–32.

25. 例如，大英博物馆楔形文字文献 BM WA-82279 中的神庙借贷："Puzurum, son of Ili-Kaden, has received from the god Shamash 38 and 1/16 shekels of silver, to be repaid with interest at harvest time。"

26. Albrecht Goetze, "The Laws of Eshnunna," *Annual of the American Schools of Oriental Research* 31 (1951–1952): 1–197 provides the following details.

27. Genesis 23:15–16.

28. Exodus 21:32.

29. Deuteronomy 22:29, paid to the woman's father.

30. 见 Deuteronomy 25:13–16 and Micah 6:10–11。

31. Maria Alberti, Enrico Ascalone, and Luca Peyronel, eds., *Weights in Context: Bronze Age Weighing Systems of the Eastern Mediterranean; Chronology, Typology, Material and Archaeological Contexts* (Rome: Istituto Italiano di Numismatica, 2006). 200

32. Ibid., 234.

33. Federico Poole, " 'All That Has Been Done to the Shabtis': Some Considerations on the Decree for the Shabtis of Neskhons and P. BM EA 10800," *Journal of Egyptian Archaeology 91* (2005): 165–170, and David Warburton, "Work and Compensation in Ancient Egypt," *Journal of Egyptian Archaeology 93* (2007): 175–194.

34. 年表的依据是考古证据，其中最著名的是埋在以弗所阿耳忒弥斯神庙下的奠基窖藏。

35. Herodotus, 1.94.1. 要了解希罗多德证据的来龙去脉，请参阅 Leslie Kurke, *Coins, Bodies, Games, and Gold* (Princeton, NJ: Princeton University Press, 1999). Strabo, 8.6.16, 引用 Ephorus，将最早的银币归功于埃伊纳岛的斐顿。

36. Aristotle, *Nicomachean Ethics* , 1133a–b, and *Politics* , 1257a–b.

37. Isidore of Seville, *Etymologiae* , 16.18.

38. 关于吕底亚语有许多语言学上的争论，它实际上可能说的是"我是巨吉斯的（后裔）"：Alexander Dale, "WALWET and KUKALIM," *Kadmos 54* (2015): 151–166。

39. Richard Seaford, *Money and the Early Greek Mind* (Cambridge, UK: Cambridge University Press, 2004), 116.

40. 克洛伊索斯的故事出现在希罗多德作品的开篇。

41. 有关讨论和背景情况，请参见 Christopher Tuplin, "The Changing Pattern of Achaemenid Persian Royal Coinage," in *Explaining Monetary and Financial Innovation* , edited by Peter Bernholz and Roland Vaubel, pp. 127–168 (Cham: Springer, 2014)。

42. Mark Twain, *A Connecticut Yankee in King Arthur's Court* (New York: Charles Webster, 1889), chapter 16.

43. 在 G.K. Jenkins, *Ancient Greek Coins* , 2nd ed.(London: Seaby, 1990) 中有详尽展示。

44. Owls: Aristophanes, *The Birds* , 1105–1108; archers: Plutarch, *Agesilaus*, 15.6.

45. Plutarch, *Lysander* , 16.2.

46. 有关造币过程的说明，见 Samuel Pepys's diary for Tuesday, May 19, 1663。

47. Ute Wartenberg Kagan, "The Perception of Ancient Myths: Narratives and Representations," in *Words and Coins from Ancient Greece to Byzantium*, edited by Vasiliki Penna, pp. 53–63 (Gent: MER, 2012), 59–60.

48. 荷马史诗《奥德赛》第 9 卷讲述了这个故事。

49. The Sestos Inscription: *Orientis Graeci Inscriptiones Selectae* 339, lines 43–45.

50. See Kutalmıs Görkay, "Zeugma in Light of New Research," in

Stephanèphoros: De l'Économie antique à l'Asie mineure , edited by Koray Konuk, pp. 275–300 (Bordeaux, France: Ausonius, 2012).

51. Athenaeus, *Deipnosophistae* , 6.225b and 226e.

52. Matthew 21:12 and Mark 11:15. 关于货币兑换商的坏名声，请参阅 Suetonius, *Augustus* , 2–4。

53. Matthew Ponting and Kevin Butcher, *The Metallurgy of Roman Silver Coinage: From the Reform of Nero to the Reform of Trajan* (Oxford, UK: Oxford University Press, 2014) 进行了很好的介绍。

54. 见 Frances Joseph, "Power-Policy Numismatics and Demetrius I of Bactria's Minting System," *Ancient West and East 17* (2018): 187–201。

55. François Thierry, *Les monnaies de la Chine ancienne. Des origines à la fin de l'Empire* (Paris: Les Belles Lettres, 2017).

56. Aristophanes, *Women at the Thesmophoria* , 425 and 1190–1197; *Wasps* , 52; *Acharnians* , 960–962; *Peace* , 254 and 374–375; and *Frogs*, 141.

4　最初的钱币学家

1. John Evelyn, *Numismata: A Discourse of Medals, Antient and Modern* (London:Benjamin Tooke, 1697), 1–2.

2. Charles Medd, *The Value of Numismatics in the Study of Ancient History* (Oxford: Shrimpton, 1865), 7.

3. 译自 Thomsen's *Ledetraad til Nordisk Oldkyndighed (1836)* in *Guide to Northern Archaeology* (London: James Bain, 1848), 92，见第 6 章。

4. 公元前 5 世纪 : Herodotus, 1.94.1。Nomisma 早期的用法不是指钱币本身，而是指社会对军队等机构的信任。

5. 公元前 4 世纪 : Plato, *Eryxias* , 399e–400c。

6. 公元前 4 世纪 : Aristotle, *Nicomachean Ethics* , 1133a–b, and *Politics*, 1257a–b。

7. Aristotle, *History of Animals* , 1.6.20 (491a).

8. Aristophanes, *Wasps* , 787–793. 在将喜剧引用到"正常"的日常生活中时必须谨慎，但我们往往会对自己经历中熟悉的事物发笑。

9. Aristophanes, *Ecclesiazusae* , 815–824.

10. Strabo, 11.4.4, 描述居住在里海沿岸的阿尔巴尼亚人。

11. Aristophanes, *Women at the Thesmophoria* , 1190–1197.

12. Plato, *Laws* , 5.741e–742b, 918a–b, 11.918a–b, *Republic* , 2.371b; Aristotle, *Politics*, 1257a–b.

13. Plutarch, *On the Pythian Oracles* , 24 (406b). 有人认为钱币实际上是一种语言，但也有人对此提出异议，见 Annabelle Mooney, *The Language of Money* (New York: Routledge, 2018)。

14. Theognis, 117–128, cf. 77–78.

15. Sophocles, *Antigone* , 295–301.

16. Plutarch, *Lycurgus* , 9.1–4, and *Customs of the Spartans* , 42. 关于使用铁钎作为货币的问题一直争论不休，简明摘要可参见 Konstantinos Kapparis, *Prostitution in the Ancient Greek World* (Berlin: de Gruyter, 2018), 317–321。

17. Pliny, *Natural History* , 33.13.

18. Pliny, *Natural History* , 33.3.

19. Chao Cuo, *On the Encouragement of Agriculture* (178 B.C.); 1 Timothy 6:10.

20. Aristophanes 在他的喜剧 *Wealth* 中是这样说的，见 130–131, and 170–185。

21. 见 Demosthenes, *Against Leptines* , 20.167, and *Sylloge Inscriptionum Graecarum* 3, 530 (Dyme); cf. Euripides, *Medea* , 516–519, and Diogenes, *Laertius* , 6.2。

22. *Inscriptiones Graecae* II², 1388.61.

23. John Kroll, "What about Coinage?," in *Interpreting the Athenian Empire*, edited by John Ma, Nikolaos Papazarkadas, and Robert Parker, pp. 195–209 (London: Duckworth, 2009).

24. Ronald Stroud, "An Athenian Law on Silver Coinage," *Hesperia 43* (1974): 157–188.

25. Arrian, *The Discourses of Epictetus* , 1.20.7–10.

26. Arrian, *The Discourses of Epictetus* , 3.3.3.

27. Aristophanes, *Frogs* , 721–723; Polyaenus, *Strategems* , 4.10; Pliny, *Natural History* , 33.46.

28. Aristotle, *Economics* , 345b.

29. Julius Pollux, *Onomasticon* , 5.75.

30. Plutarch, *Alexander* , 3.8 and 4.9; *Moralia* , 105a.

31. Frank Holt, Alexander the Great and the Mystery of the Elephant Medallions (Berkeley: University of California Press, 2003).

32. Ibid., 159–161.

33. Livy, 1.9–13.

34. Suetonius, *Augustus* , 2–3.

35. Suetonius, *Augustus* , 75.

36. Cyprus: David Soren, *Kourion* (New York: Doubleday, 1988), 86; Israel: https:// www.israeltoday.co.il/read/rare-hoard-of-coins-found-in-modiin-israel/.

37. Harold Mattingly, "The 'Restored' Coins of Titus, Domitian and Nerva," *Numismatic Chronicle 20* (1920): 177–207, and "The Restored Coins of Trajan," *Numismatic Chronicle 6* (1926): 232–278.

38. Suetonius, *Nero* , 25.

39. Pausanius, 2.30.6.

40. Cassius Dio, 47.25; cf. 64.6.1.

41. *Scriptores Historiae Augustae* , Firmus, 2.1.

42. Pliny, *Natural History* , 33.46.

43. Charles Larson, *Numismatic Forgery* (Irvine, CA: Zyrus Press, 2004).

44. Pliny, *Natural History* , 33.13.

45. Suetonius, *Vespasian* , 23.

46. Socrates Scholasticus, *Ecclesiastical History* , 3.17.

47. Livy, 37.46.3.

48. Pliny, *Natural History* , 6.24.

49. *Shiji* , 123.

50. Justinian, *Digest* , 1.42.

51. Apollonius, *Life of Philostratus* , 1.15.

52. Suetonius, *Tiberius* , 58.

53. Hans D. Betz, ed., *The Greek Magical Papyri in Translation* (Chicago: University of Chicago Press, 1986), 121.

54. Claudia Perassi, "Monete Amuleto e Monete Talismano," *Numismatica e Antichità Classiche 50* (2011): 223–274.

55. Dio Chrysostom, *Ad Illuminando Catechesis* , 2.5.

56. George Hill, *The Medallic Portraits of Christ; The False Shekels; The Thirty Pieces of Silver* (Oxford, UK: Clarendon Press, 1920), 107.

57. Shane Leslie and Ronald Knox, eds., *The Miracles of King Henry VI* (Cambridge,UK: Cambridge University Press, 1923), nos. 7, 8, 17, 28, 32, 36, 88, 90, 92, 99, 111,122, 127, 140, 142, 146, and 150.

58. Shakespeare, *Macbeth* , Act IV, Scene III, 150–154.

59. Federal Writers' Project, *Slave Narratives IV: Georgia* (Washington, DC: U.S.Government, 1941), 7.

60. Federal Writers' Project, *Slave Narratives I: Alabama* (Washington, DC: U.S.Government, 1941), 86.

61. Ibid., 391 and 431.

62. Lori Lee, "Beads, Coins, and Charms at a Poplar Forest Slave Cabin (1833–1858)," *Northeast Historical Archaeology 40* (2011): 104–122.

63. François de Callataÿ, "Comedies of Plautus and Terence: An Unusual Opportunity to Look into the Use of Money in Hellenistic Time," *Revue Belge de Numismatique 161* (2015): 17–53.

64. Herondas, *The Cobbler* , 49–50.

65. Mark 12:41–44; Luke 21:1–4.

66. Matthew 5:26 and 10:29; Mark 12:42; and Luke 12:6.

67. Mark 12:13–17; Matthew 22:15–22; Luke 20:20–26.

68. Luke 15:8–10; cf. Theophrastus, *Characters* , 10, 类似的故事还有诸如一个吝啬的人为了寻找一枚丢失的铜钱，把房子都拆了。

69. P.J. Casey, *Understanding Ancient Coins* (Norman: University of Oklahoma Press, 1986), 70, 指出："这一命题可以概括为'寻找因素'。找回一枚丢失钱币的努力程度与其内在价值或信托价值直接相关。"

70. Matthew 25:14–30.

71. Matthew 17:24–27.

72. Matthew 10:29 and Luke 12:6.

73. John 12:3–6 (in the KJV, 300 pence); cf. Mark 14:3–5 and Matthew 26:6–9.

74. Matthew 26:14–15; cf. Mark 14:10–11; Luke 22:3–6.

75. Matthew 27:3–10.

76. Acts 1:18–19.

77. 见 Johannes Mol, Klaus Militzer, and Helen J. Nicholson, eds., *The Military Orders and the Reformation* (Hilversum, Netherlands: Uitgeverij Verloren, 2006), 290 (relics), and Barbara Erlichman, *The Judas Hoard* (iUniverse, 2017)。

78. Tony Burke and Slavomir Céplö, "The Syriac Tradition of the Legend of the ThirtyPieces of Silver," *Hugoye 19* (2016): 35–121.

79. Hill, *The Medallic Portraits of Christ*, 91–116.

80. 有关亨特博物馆中这一标本的详细信息,请参见 John Cherry and Alan Johnston, "The Hunt Dekadrachm," *Antiquaries Journal 95* (2015): 151–156。

81. Matthew 27:6.

82. Burk and Céplö, "The Syriac Tradition," 41. 另一个传说,见 François de Villenoisy, *Le denier de Judas du Convent des Capucins d'Enghien* (Enghien, France: Spinet, 1900)。

83. Ernest Babelon, *Ancient Numismatics and Its History*, Trans. Elizabeth Saville. rpt, (London: Spink and Kolbe, 2002), 56–60.

84. Svante Fischer and Lennart Lind, "The Coins in the Grave of King Childeric," *Journal of Archaeology and Ancient History 14* (2015): 3–36.

85. L.D. Reynolds and N.G. Wilson, *Scribes and Scholars: A Guide to the Transmission of Greek and Latin Literature*, 4th ed. (Oxford, UK: Oxford University Press, 2013), 224.

86. Alan Stahl, "Coinage in the Name of Medieval Women," in *Medieval Women and the Sources of Medieval History*, edited by Joel Rosenthal, pp. 321–341 (Athens: Universityof Georgia Press, 1990), 327. 美国造币厂于 1795 年雇用了第一批女工,并让她们负责对币胚生产进行质量控制;自 1933 年以来,许多女性担任了造币厂负责人。

87. Jacques Le Goff, *Money and the Middle Ages* (Malden, MA: Polity Press, 2012), 40.

88. Ibid., 42.

89. Dante, *Paradiso*, 24.83–87.

204

90. Charles Johnson, ed., *The De Moneta of Nicholas Oresme and English Mint Documents* (London: Thomas Nelson, 1956).

91. 良币如愿以偿地退出流通，留下劣币面对日常流通的损耗。

92. Thomas Balch, "The Law of Oresme, Copernicus and Gresham," *Proceedings of the American Philosophical Society 47* (1908): 18–29.

93. Aristophanes, *Frogs* , 718–726.

5 第二波浪潮

1. Ibn Khaldoun, *Muqaddimah*. 更多信息见 Christopher Toll, "Minting Technique According to Arabic Literary Sources," *Orientalia Suecana 19 / 20* (1970/ 71): 125–139。

2. Mansur ibn Ba'ra al-Dhahabi al-Kamili, *Kashf al-asrar al-cilmiya bidar al-darb al- Misriya.* See Martin Levey, "Medieval Arabic Minting of Gold and Silver Coins," *Chymia 12* (1967): 3–14.

3. 小说 *Une tache d'encre* （"The Ink-Stain"）by René Bazin (1888) 中的夏诺先生就是一位典型的古物学家。

4. Pope, "Verses Occasion'd by Mr. Addison's Treatise of Medals" (1720).

5. 有关背景，请参见 John Cunnally, "The Portable Pantheon: Ancient Coins as Sources of Mythological Imagery in the Renaissance," in *Wege zum Mythos* , edited by Luba Freedman and Gerlinde Huber-Rebenich, pp. 123–140 (Berlin: Mann, 2001)。

6. Petrarch , *Epistolae de rebus familiaribus* , 18.8.

7. Petrarch, *Epistolae de rebus familiaribus* , 19.3. 关于钱币物品和兴趣的共通，请参见 John Cunnally, "Ancient Coins as Gifts and Tokens of Friendship during the Renaissance," *Journal of the History of Collections 6* (1994): 129–143。

8. Alan Stahl, ed., *The Rebirth of Antiquity: Numismatics, Archaeology, and Classical Studies in the Culture of the Renaissance* (Princeton, NJ: Princeton University Press, 2009).

9. Jérôme Cotte, "Du trésor au médaillier: Le marché des monnaies antiques dans la France du début du XVIIe siècle," *Bibliothèque de l'école des chartes 154* (1996): 533–564.

10. Susanna Åkerman, *Queen Christina of Sweden and Her Circle* (Leiden, Netherlands: Brill, 1991), and Mattias Ekman, "The Birth of the Museum in the Nordic Countries," *Nordic Museology 1* (2018): 5–26.

11. Luba Freedman, "Titian's Jacopo da Strada: A Portrait of an '*Antiquario*'," *Renaissance Studies 13* (1999): 15–39. See also, Jacopo Strada, *Epitome thesauri antiquitatem* (Lyon, France: Strada and Guérin, 1553), 3.

12. John Pinkerton, *An Essay on Medals* (London: J. Dodsley, 1784), xxiv.

13. Antoine Le Pois, quoted in John Cunnally, *Images of the Illustrious: The Numismatic Presence in the Renaissance* (Princeton, NJ: Princeton University Press, 1999), 3.

14. 关于这枚钱币的神奇历史, 见 Cunnally, *Images of the Illustrious*, 3。

15. Guillaume Budé, *De asse et partibus eius* (Paris: Josse Bade, 1514).

16. 见 Andrew Burnett, Richard Simpson, and DeborahThorpe, *Roman Coins, Money, and Society in Elizabethan England* (New York: American Numismatic Society, 2017) 的精彩论述。

17. Ibid., 181.

18. Andrea Fulvio, *Illustrium Imagines* (Rome: Jacob Mazochius, 1517).

19. Enea Vico, *Imagini con tutti i riversi trovati et le vite degli imperatori* (Venice: EneaVico, 1548).

20. Vico, *Discorsi di M. Enea Vico Parmigiano, sopra le medaglie de gli antichi* (Venice: Gabriele Giolito De Ferrari, 1555).

21. Wolfgang Lazius, *Commentariorum rerum Graecarum libri II* (Vienna: RaphaelHoffhalter et Michael Zimmermann, 1558).

22. Johann Huttich, *Imperatorum et Caesarum Vitae* (Strasbourg, France: Wolfgang Köpfal, 1534).

23. Guillaume Rouillé, *Promptuaire des médailles des plus renommées personnes qui ont esté depuis le commencement du monde* (Lyon, France: Rouillé, 1553).

24. Enea Vico, *Imagini delle Donne Auguste Intagliate in Istampa di Rame* (Venice: Erasmo, 1557).

25. 有关背景见 Giovanni Gorini, "New Studies on Giovanni da Cavino," in *Italian Medals*, edited by Graham Pollard, pp. 45–53 (Washington, DC:

National Gallery of Art, 1987)。

26. 欲了解早期钱币学家的奋斗历程，请参阅 Federica Missere Fontana, *Testimoni parlanti: Le monete antiche a Roma tra Cinquecento e Seicento* (Rome: Edizioni Quasar, 2009)。

27. Babelon, *Ancient Numismatics*, 74–75. 有关内容请参见 Maria Luisa Napolitano, *Hubertus Goltzius e la Magna Grecia: dalle Fiandre all'Italia del Cinquecento* (Naples: Luciano Editore, 2011)。

28. 示例见 Daniela Williams, "Osman Bey of Constantinople: A Late 18th Century Forger of Ancient Coins," *Revue numismatique* 176 (2019): 361–383。

29. Ezekiel Spanheim, *Les Césars de l'Empereur Julien* (Amsterdam: François L'Honoré, 1728), xli.

30. Jean Hardouin, *Chronologiae ex nummis antiquis restitutae prolusio de nummis Herodiadum* (Paris: J. Anisson, 1693).

31. https://www.theonion.com/historians-admit-to-inventing-ancient-greeks-1819571808.

32. Hardouin, *Ad censuram scriptorum veterum prolegomena* (London: P. Vaillant, 1766), 172.

33. 称号见 Edwin Johnson's translation, *The Prolegomena of Jean Hardouin* (Sydney: Angus and Robertson, 1909)。

34. Arnaldo Momigliano, "Ancient History and the Antiquarian," *Journal of the Warburg and Courtauld Institutes 13* (1950): 285–315, 对古物学和历史学进行了有用的讨论。

35. Elvira Clain-Stefanelli, *Numismatics: An Ancient Science* (Washington, DC: Museum of History and Technology, 1965), 18–25.

36. 示例见 John Cunnally, *Irritamenta: Numismatic Treasures of a Renaissance Collector* , 2 vols. (New York: American Numismatic Society, 2016)。

37. Pierre de Nolhac, *La Bibliothèque de Fulvio Orsini* (Paris: F. Vieweg, 1887), 34.

38. Fulvio Orsini, *Familiae Romanae* (Rome: Tramezini, 1577).

39. Hadrien Rambach, "Collectors at Auction, Auctions for Collectors," *Schweizer Münzblätter 60* (2010): 37.

40. 详见 Frank Holt, "Alexander's Chin and Nerva's Nose: On the Origins of Narrative Numismatics," *Mnemon 16* (2016): 117–128。

41. Giambattista della Porta, *De humana physiognomonia* (Vico Equense: Iosephus Cacchius, 1586). 这些想法部分源自亚里士多德伪作，见 Jodie Jenkinson, "Face Facts: A History of Physiognomy from Ancient Mesopotamia to the End of the 19th Century," *Journal of Biocommunications 24* (1997): 2–7。

42. This essay, "De l'utilité des medailles pour l'étude de la physionomie," appeared as part of his *Recherches curieuses d'Antiquité* (Lyon, France: Thomas Amaulry, 1683), 353–396.

43. Ibid., 379.

44. John Evelyn, *Numismata: A Discourse of Medals, Antient and Modern* (London:Benjamin Tooke, 1697).

45. Ibid., 292.

46. Ibid., 297.

47. Ibid., 300.

48. 法文原文见 Georges Bonnard, ed., *Gibbon's Journey from Geneva to Rome: His Journal from 20 April to 2 October 1764* (London: Thomas Nelson, 1961), 112。他在本书后文的讨论中，提到了 Joseph Addison。

49. 例如 Maurice Shelton, *An Historical and Critical Essay on the True Rise of Nobility, Political and Civil* , 2nd ed. (London: St. Paul's Church-Yard, 1720),and Claude Génébrier, *Histoire de Carausius, Empereur de la Grande Bretagne* (Paris: Jacques Guerin, 1740)。

50. Johann Caspar Lavater, *Physiognomische Fragmente* (Leipzig: Weidmann, Reich, Steiner, 1778).

51. Miriam Meijer, *Race and Aesthetics in the Anthropology of Petrus Camper (1722–1789)* (Amsterdam: Rodopi, 1999).

52. Ibid., 109.

53. Babelon, *Ancient Numismatics* , 91.

54. 见 Frank Holt, *Lost World of the Golden King: In Search of Ancient Afghanistan* (Berkeley: University of California Press, 2012), 22–25 和致敬之作: Babelon, *Ancient Numismatics* , 118–120。

55. 2018 年的展览讲述了他的故事: http://edwardworthlibrary.ie/

exhibitions-at-the-worth/smaller-exhibitions/charles-patin-coins-and-condemnation/。

56. 例如 Charles Patin, *Introduction à l'histoire, par la connaissance des mèdailles* (Paris: Jean Du Bray, 1665)。

57. Gabrielle Charlotte Patin, *De Phœnice in numismate imperatoris Caracallæ expressa epistola* (Venice: Franciscum Valuasensem, 1683).

58. Jane Howard Guernsey, *The Lady Cornaro: Pride and Prodigy of Venice* (Clinton Corners, NY: College Avenue Press, 1999). 瓦萨学院的一扇彩色玻璃窗描绘了科尔纳罗在帕多瓦大教堂答辩博士论文的场景。

59. Obadiah Walker, *The Greek and Roman History* ... (London: Croom, 1692).

60. Louis Jobert, *La science des médailles antiques et modernes* (Amsterdam: Compagnie,1717).

61. 中国钱币学，见 Lyce Jankowski, *Les amis des monnaies: La sociabilité savante des collectionneurs et numismates chinois de la fin des Qing* (Paris: Maisonneuve& Larose, 2018)。

62. Joseph Addison, *Dialogues Upon the Usefulness of Ancient Medals* (London, 1726), 11.

63. Ibid., 14.

64. Joseph Eckhel, *Doctrina numorum veterum* , 8 vols. (Vienna: J. Camesina, 1792–1798). 有关背景见 Daniela Williams and Bernhard Woytek, "The Scholarly Correspondence of Joseph Eckhel (1737–1798): A New Source for the History of Numismatics," *Haller Münzblatter 8* (2015): 45–56。

65. Daniela Williams, "Charlotte Sophie Bentinck, Joseph Eckhel and Numismatics," *Virtus: Journal of Nobility Studies 25* (2018): 127–143.

6 科学与伪科学

1. 19世纪末，商人威廉·沃尔多夫·阿斯特（William Waldorf Astor）开始参与争购精选的古希腊钱币，据《钱币学家》（*Numismatist*）第 10 期（1897 年 2 月）报道，他的购买量之多几乎使市场价格翻了两番。

2. 钱币反映了当代社会对这些事件的评论。Michel Hennin, *Histoire numismatique de la Révolution française: ou, Description raisonnée des médailles, monnaies, et autres monumens numismatiques relatifs aux affaires de la France* (Paris: Merlin, 1826).

3. 下文内容参见 Jørgen Jensen, "Christian Jürgensen Thomsen," *Compte rendu 62* (2015): 31–40。

4. 例如 Cohen, *Description générale des monnaies de la République romaine* (Paris: Rollin, 1857) and *Description historique des monnaies frappées sous l'Empire romain*, 2nd ed., 8 vols. (Paris: Rollin et Feuardant, 1880–1892)。

5. Cohen, *Guide de l'acheteur de médailles romaines et byzantines* (Paris: Dumoulin, 1876).

6. Charles-Athanase Walckenaer, "Notice historique sur la vie et les ouvrages de M. Mionnet," *Mémoires de l'Institut national de France 16* (1850): 201–219.

7. Théodore-Edme Mionnet, *Description de médailles antiques grecques et romaines*, 16 vols. (Paris: de Testu, 1806–1838).

8. Jaanika Anderson, *Reception of Ancient Art: The Cast Collections of the University of Tartu Art Museum in the Historical, Ideological and Academic Context of Europe* (Tartu, Estonia: University of Tartu Press, 2015), 119–121.

208

9. Oliver Hoover, "Paper, Plaster, Sulfur, Foil: A Brief History of Numismatic Data Transmission," *ANS Magazine* (Spring, 2012): 18–26. 学会制作铸模是学术钱币学家的第一课。请参阅本章后面的内容。

10. 关于图书管理员和馆长在将钱币与通常伴随钱币收藏的准钱币分类时所面临的挑战，请参见 Lyce Jankowski, "Studying Coin-Related Objects and Redefining Paranumismatics," in *XV International Numismatic Congress Taormina 2015 Proceedings*, Vol. I, edited by Maria Caccamo Caltabiano, pp. 179–182 (Rome: Arbor Sapientiae, 2017)。

11. 所谓"收购年代"，指的是现代大量钱币被发现的时期，这是因为人口增加，开发了更多的土地，用更重型的设备挖掘了更多的道路和地基，最近又使用了金属探测器，所有这些都增加了涌入市场和博物馆的新鲜钱币材料。

12. 在英国，人们很少对术语进行区分。

13. Hyman Montagu, "On Some Unpublished and Rare Greek Coins in My Collection," *Numismatic Chronicle 12* (1892): 37–38. See also Frank Holt, "Eukratides of Baktria," *Ancient World 27* (1996): 72–76, and "The Autobiography of a Coin," *Aramco World 48* (September/October 1997): 10–15.

14. Montagu, "Some Unpublished," 38.

15. 拍卖会的目击者描述载于 The *Numismatist 10* (January 1897): 14–15。

16. 本卷图文并茂地展示了该遗赠中的 32 枚钱币，例如 ANS 1944.100.14436, Figure 2.2, and ANS 1944.100.50163, Plate 12。

17. 有关出处研究的实例，请参见 Frank Holt, "Bayer's Coin of Eucratides: A Miscalculation Corrected," *Zeitschrift für Papyrologie und Epigraphik 174* (2010): 289–290; and *Lost World of the Golden King* (Berkeley: University of California Press, 2012), 50–66。

18. Season 3, episode 29: "The Big Battle."

19. Charles Medd, *The Value of Numismatics in the Study of Ancient History* (Oxford, UK: Shrimpton, 1865), 5.

20. Babelon, *Traité des monnaies grecques et romaines* , 9 vols. (Paris: Ernest Leroux, 1901–32). 第 1 卷的导言由以下作者翻译：Elizabeth Saville as Babelon, *Ancient Numismatics and Its History* (London: Spink and Kolbe, 2002)。

21. Babelon, *Ancient Numismatics* , 20–21.

22. Ibid., 26.

23. Dominique Hollard, "L'illustration numismatique au XIXe siècle," *Revue Numismatique 23* (1991): 7–42.

24. Barclay Head, "On the Chronological Sequence of the Coins of Syracuse," *Numismatic Chronicle 14* (1874): 1–80 (quotation from p. 78).

25. Mark Goodman, *Numismatic Photography* , 2nd ed. (Irvine, CA: Zyrus Press, 2009); Sebastian Heath, "One-to-One Digital Photography," *American Numismatic Society Magazine 2* (2003): 44–45.

26. Sylvester Sage Crosby, "The United States Cents of 1793," *American*

Journal of Numismatics 3 (1869): 93–97; Stanley Lane Poole, "On the Coins of the Urtukis," *Numismatic Chronicle 13* (1873): 254–301.

27. François de Callataÿ, "Vaillant, Frölich and the Others (Spanheim, Beger, Haym, Liebe, Pellerin, Eckhel, Duane, etc.): The Remarkable Interest in Seleucid Coinages in the 18th Century," in *Numismatik und Geldgeschichte im Zeitalter der Aufklärung* , edited by Heinz Winter and Bernhard Woytek, pp. 43–77 (Vienna: Selbstverlag der Österreichischen numismatischen gesellschaft, 2015), 52.

28. Edward Bunbury, "On Some Unpublished Coins of Lysimachus," *Numismatic Chronicle 9* (1869): 1–18.

29. 大多数人认为，克罗斯比在本章注释 26 中引用的 1869 年著作中提出了第一个真正的模具研究。同时参见 Kurt Regling, *Terina* (Berlin: Georg Reimer, 1906)。

30. 另请参见第 9 章图 9.5。

31. 示例请见 Wolfgang Fischer-Bossert, *Chronologie der Didrachmenprägung von Tarent, 510–280 v. Chr.* (Berlin: Walter De Gruyter, 1999)。

32. Frédérique Duyrat, "L'avenir des études numismatiques, entre numérisation et corpus en ligne," *Comptes Rendus de l'Académie des Inscriptions et Belles-Lettres* (2015): 867–882.

33. 示例 : Edward Newell, *The Coinage of the Eastern Seleucid Mints* (New York: American Numismatic Society, 1938); Margaret Thompson, *Alexander's Drachm Mints I: Sardes and Miletus* (New York: American Numismatic Society, 1983)。

34. Julius Friedlaender, "Überprägte antike Münzen," *Zeitschrift für Numismatik 4* (1877): 328–349. 补充请见 Friedrich Imhoof-Blumer, "Griechische Überprägungen," *Zeitschrift für Numismatik 5* (1878): 143–150。

35. Matthew Ponting, "The Substance of Coinage: The Role of Scientific Analysis in Ancient Numismatics," in *The Oxford Handbook of Greek and Roman Coinage* , edited by William E. Metcalf, pp. 12–30 (Oxford, UK: Oxford University Press, 2012).

36. 示例 Arnaud Suspene and Maryse Blet-Lemarquand, "Un coin augus-téen d'époque moderne conservé au Louvre," *Bulletin de la Société Française de*

Numismatique 71 (2016): 34–40, 使用能量色散 X 射线分析证明一个模具是假的。

37. 例如, Kevin Butcher and Matthew Ponting, *The Metallurgy of Roman Silver Coinage: From the Reform of Nero to the Reform of Trajan* (Cambridge, UK: Cambridge University Press, 2015)。

38. Walter Hävernick, " 'Cooperation' : Some Thoughts and Suggestions for the Intensification of Numismatic Research," in *Centennial Publication of the American Numismatic Society* , edited by Harold Ingholt, pp. 349–352 (New York: ANS, 1958), 351.

39. Andrew Burnett, Lutz Ilisch, and Wolfgang Steguweit, eds., *A Survey of Numismatic Research 1990–1995* (Berlin: INC, 1997).

40. Michel Amandry and Donal Bateson, eds., *A Survey of Numismatic Research 2002– 2007* (Glasgow: INC, 2009).

41. Vasiliki Penna, "Coins and Words: Perception and Metaphor," in *Words and Coins from Ancient Greece to Byzantium* , edited by Vasiliki Penna, pp. 13–18 (Gent: MER,2012), 15.

42. John Yonge Akerman, "Portraits on the Coins of the Caesars," *Gentleman's Magazine 4* (1835): 22–24.

43. Cesare Lombroso, *L'uomo delinquente* (Milan: Ulrico Hoepli, 1876).

44. Francis Galton, "Generic Images," Proceedings of the Royal Institution 9 (1879): 161–170.

45. Anonymous, "Coin-Portrait of Alexander the Great," *American Journal of Numismatics 19* (1884): 19.

46. Galton, *Hereditary Genius: An Inquiry into Its Laws and Consequences* (London: Macmillan, 1869), 342.

47. Kathleen Sheppard, "Flinders Petrie and Eugenics at UCL," *Bulletin of the History of Archaeology 20* (2010): 16–29; Debbie Challis, *The Archaeology of Race: The Eugenic Ideas of Francis Galton and Flinders Petrie* (London: Bloomsbury Publishing, 2013).

48. Petrie, "The Use of Diagrams," *Man 2* (1902): 81–85.

49. Petrie, *The Palace of Apries* (London: School of Archaeology in Egypt, 1909), 16–17.

50. Alfred Haddon, "The Ethnology of Ancient History Deduced from

Records, Monuments, and Coins," *Nature 63* (1901): 309–311. On Petrie, see Haddon, "Professor Flinders Petrie's Scheme of an Ethnological Store-House," *Science 6* (1897): 565–567.

51. Haddon, "The Ethnology of Ancient History," 310.

52. 有关目前研究的回顾，请参见 Roger Highfield, Richard Wiseman, and RobJenkins, "In Your Face," *New Scientist 201* (2009): 28–32。

53. Anitha Oommen and T. Oommen, "Physiognomy: A Critical Review," *Journal of the Anatomical Society of India 52* (2003): 190 (emphasis added).

54. Ibid., 189–190.

55. 背景详见 Cynthia Freeland, *Portraits and Persons: A Philosophical Inquiry* (Oxford, UK: Oxford University Press, 2010)。

56. Jens Jakobsson, "A Possible New Indo-Greek King Zoilos III, and an Analysis of Realism on Indo-Greek Royal Portraits," *Numismatic Chronicle 170* (2010): 35–51, especially Appendix I.

57. Paolo Spinicci, "Portraits: Some Phenomenological Remarks," *Proceedings of the European Society for Aesthetics 1* (2009): 37–59. 感谢辛西娅·弗里兰教授提供的参考资料。

58. Frank Holt, *Lost World of the Golden King* (Berkeley: University of California Press, 2012), 67–88.

59. Jenkins, *Ancient Greek Coins* (London: Seaby, 1990), 155.

60. Ibid.

61. Holt, *Lost World*, 84. 另见第 10 章。

62. Babelon, *Ancient Numismatics*, 13.

63. Lane-Poole, Stanley, ed., *Coins and Medals: Their Place in History and Art*, 3rd ed.(London: Elliot Stock, 1894), 1.

64. Nathan Schlanger, "Coins to Flint: John Evans and the Numismatic Moment in the History of Archaeology," *European Journal of Archaeology 14* (2011): 465–479.

65. Percy Gardner, *Autobiographica* (Oxford, UK: Basil Blackwell, 1933).

66. 关于这一变化背后的原因，请参见 Archer Huntington, "Annual Address," *Proceedings of the American Numismatic and Archaeological Society* (1907): 24–27。

67. 见 Bruce Trigger, *A History of Archaeological Thought* , 2nd ed. (Cambridge, UK: Cambridge University Press, 1996)。

211 68. 这句话首次出现在 Gordon Willey and Philip Phillips, *Method and Theory in American Archaeology* (Chicago: University of Chicago, 1958), 2。

69. Richard Colt Hoare, *The Ancient History of Wiltshire* , Vol. 1 (London: W. Miller, 1812), 1.

70. 今天的考古学家不再能像威廉·弗洛纳（1834—1925）那样，说一个博学的考古学家可以是一个因编制"质量始终如一的大量拍卖目录"而受人钦佩的收藏家了。参见 Babelon, *Ancient Numismatics*, 150, and also M.-C. Hellmann, "Wilhelm Froehner, un collection- neur pas comme les autres, 1834–1925," in *L'Anticomanie: La collection des antiquités au 18e et 19e siècles* , edited by Annie Laurens and Krzystof Pomian, pp. 251–264 (Paris: École des hautes études en sciences sociales, 1992)。

71. Colin Renfrew and Paul Bahn, *Archaeology: Theories, Methods and Practice*, 3rd ed. (New York: Thames and Hudson, 2000), 556, quoting Ricardo Elia.

72. 见 https://documents.saa.org/container/docs/default-source/doc-careerpractice/ saa_ethics.pdf?sfvrsn=75f1b83b_4。

73. Barclay Head, *Historia Numorum* , revised ed., reprint (London: Spink and Son, 1963), xvi.

74. George Hill, ed., *Corolla Numismatica* (London: Henry Frowde, 1906).

75. 例如，Catharine Lorber, *Treasures of Ancient Coinage from the Private Collections of American Numismatic Society Members* (Lancaster, PA: Chrysopylon, 1996), 记录了一个与大型贸易展览会同时举办的展览。

76. Eleanor Robson, Luke Treadwell, and Chris Gosden, eds., *Who Owns Objects? The Ethics and Politics of Collecting Cultural Artefacts* (Oxford, UK: Oxbow, 2005).

77. *Minerva 28* , no. 2 (March/April 2017): 63.

78. 有关这一主题的更多信息，请参见本书第 9 章。

79. Roger Bland, *Coin Hoards and Hoarding in Roman Britain AD 43– c.498* (London: Spink, 2018).

7 寻找窖藏

1. 关于"世界屋脊"（*Bam-i-Duniah*）一词，见 John Wood, *A Journey to the Source of the River Oxus,* 2nd ed. (London: John Murray, 1872), 232 and 236; and Thomas E. Gordon, *The Roof of the World, Being the Narrative of a Journey over the High Plateau of Tibet to the Russian Frontier and the Oxus Sources on Pamir* (Edinburgh, UK: Edmonston and Douglas, 1876), 121。

2. 马修·阿诺德（Matthew Arnold）在他的叙事诗《索赫拉卜和鲁斯塔姆》（*Sohrab and Rustum*）中写道："我看到黄色的淤泥颗粒 / 在我头顶的水流中翻滚！"阿姆河的淤泥量是尼罗河的两倍，盛夏时节被形容为从山中流出的泥流。

3. 实际上，丝绸之路并不仅仅是丝绸之路，也不是真正意义上的道路。它是一条不断变化的路线，在欧亚大陆上运送了许多贸易产品（以及哲学和宗教思想）。商队并不是将这些产品端到端地从中国运到罗马，而是将它们从一个小贩的村庄或绿洲运到下一个村庄或绿洲。村落或绿洲之间进行一系列的交流。每个阶段都可能对路线的总长度、持续时间和贸易量一无所知。

212

4. Frank Holt, *Lost World of the Golden King* (Berkeley: University of California Press,2012), 115.

5. Ibid., 128.

6. Raoul Curiel and Gérard Fussman, *Le Trésor monétaire de Qunduz* (Paris: Klincksieck, 1965), 9–10.

7. A.D.H. Bivar, "Indo-Greek Victory Medallions," *Spink's Numismatic Circular 61* , no. 5 (1953): 201–202; Bivar, "The Qunduz Treasure," *Spink's Numismatic Circular 62* , no. 5 (1954): 187–191; Bivar, "The Bactrian Treasure of Qunduz," *Journal of the Numismatic Society of India 17* (1955): 37–52.

8. 这些钱币中有数十枚曾出现在拍卖目录中，例如下列钱币（此处按 Curiel and Fussman, *Le Trésor monétaire de Qunduz* 中的编号列出）：TQ 42, TQ 46, TQ 65, TQ 81, TQ 123–125, TQ 132–133, TQ 161, TQ 225, TQ 249, TQ 260–261, TQ 268, TQ 292, TQ 301, TQ 309, TQ

317–318, TQ 324, TQ 340, TQ 342, TQ 344–345, TQ 351, TQ 354–355, TQ 364, TQ 372, TQ 378, TQ 390, TQ 394, TQ 403, TQ 405, TQ 411, TQ 430, TQ 445, TQ 455–456, TQ 459, TQ 464, TQ 470, TQ 478, TQ 482, TQ 488, TQ 492, TQ 499, TQ 502, TQ 507, TQ 510–511, TQ 514–516, TQ 529, TQ 535, TQ 540, TQ 545, TQ 549, TQ 555, TQ 559, TQ 567, TQ 571, TQ 575, TQ 577, TQ 585, TQ 587, TQ 599。

9. 在 eBay 上拍卖的一些基什特 – 特佩的钱币包括 TQ 145, TQ 323, TQ 372（另参见注释 8）, TQ 539, TQ 573 和 TQ 589。

10. 见 Robert Bracey, "A Flood of Fake Bactrian Coins," *Journal of the Oriental Numismatic Society 196* (2008): 2–5, especially note 4。

11. 阿富汗的持续动荡造成了巨大的档案损失。我未能找到关于最初发现窖藏的两封信，一封是边境驻军指挥官写给阿富汗内政部长的，另一封是内政部长写给国家教育部长的。这些信件的副本曾经存放在阿富汗武装部队档案中，现在已经找不到了。我要感谢那些在我寻找遗失资料的过程中提供过帮助的人：Gérard Fussman、Olivier Bordeaux、Pierre Cambon、Cristina Cramerotti、Mohammad Fahim Rahimi 和 Charlotte Maxwell-Jones。

12. Noe, *Coin Hoards* (New York: American Numismatic Society, 1920).

13. P.J. Casey, *Understanding Ancient Coins* (Norman: University of Oklahoma Press, 1986), 51. 另外，一些钱币学家坚持认为需要 3 枚或更多的钱币，见 Cécile Morrison, *La numismatique* (Paris: Presses Universitaires de France, 1992), 95。

14. Nicholas Cahill, *Household and City Organization at Olynthus* (New Haven, CT: Yale University Press, 2002), 270.

15. John Kleeberg, *Numismatic Finds of the Americas: An Inventory* (New York: American Numismatic Society, 2009).

16. 有一次，我在墙上发现了一个用来藏匿贵重物品的假插座，我揭开盖子想看看插头为什么不工作，可惜，里面没有窖藏。

17. *Modern Family*: "And One to Grow On" 是 Episode 11 in Season 5, 首次播出于 2014 年 1 月 9 日。*Big Bang Theory*: "The Financial Permeability" 是 Episode 14 of Season 2, 首次播出于 2009 年 2 月 2 日。

18. 根据美国运通收集的数据：http://www.businesswire.com/ news/ home/ 20150202005113/ en/ Millennials- 2015- Year- Milestone#. VNoaS7DF_dK。

19. Aristophanes, *The Birds*, 599–602.

20. Jack Whyte, *The Skystone* (New York: Forge, 1996).

21. Ibid., 131.

22. Matthew 25:14–30.

23. Xenophon, *Ways and Means*, 4.7.

24. Matthew 13:44.

25. Justinian, *Institutes*, 2.1.39, and *Digest*, 41.1.31.

26. Philostratus, *Life of Apollonius*, 6.39.

27. Philostratus, *Life of Apollonius*, 2.39.

28. Cicero, *For Cluentius*, 179–180.

29. Lysias, *Against Eratosthenes*, 12.10–11.

30. Hunt and Edgar, eds., *Select Papyri II* (Cambridge, MA: Harvard University Press, 1934), number 278.

31. Naphtali Lewis, *Greeks in Ptolemaic Egypt* (Oxford, UK: Clarendon Press, 1986), 121.

32. Plutarch, *Alexander*, 12; *Pompey*, 11.3; *Moralia*, 259d–260d and 176c.

33. Appian, *Civil Wars*, 4.73. 难怪莎士比亚指责卡西乌斯的手掌总是渴望得到更多的钱。*Julius Caesar*, Act 4, Scene 3, 7–12.

34. Athenaeus, *Deipnosophistae*, 8.361b.

35. Josephus, *Jewish War*, 5.13.4.

36. Diodorus, 32.15.2.

37. Cassius Dio, 68.14.4–5. 在其他古代文献中也能找到这个故事的影子，例 Diodorus, 21.13。

38. Herodotus, 8.8.1: Pausanias, 10.19.

39. Livy, 44.4.1–4.

40. Plutarch, *Cato*, 38.1.

41. 托尔金朗诵这首诗的录音可以在互联网上找到，例如 https://www.youtube.com/watch?v=C7zX9kyXRJ4。

42. 感谢 Olivier Gorse（罗讷河口省档案馆文物保护专员）协助我研究这份文件，并感谢 Robert Palmer 教授指导我阅读其中部分中世纪拉丁文古文字。该文件的编号为 Archives départmentales des Bouches-du-Rône, B4 folio 9。

43. Jérôme Cotte, "Du trésor au médaillier: le marché des monnaies antiques dansla France du début du XVIIe siècle," *Bibliothèque de l'école des chartes 154* , no. 2 (1996): 536.

44. H. de Gérin-Ricard and L'Abbé Arnaud d'Agnel, "Découverte d'un trésor à Tourves en 1366," *Revue numismatique 7* (1903): 164–168; Marcus Phillips, "Pelhauquins: Plumbeam Pecuniam de qua Luditur," *Journal of the London Numismatic Society 7* (1987): 39–40.

45. 有关创始文学传统的概览，请参阅 Ralph Paine, *The Book of Buried Treasure* (New York: MacMillan, 1911)。

46. Casey, *Understanding Ancient Coins*, 51.

47. Sir Walter Scott, *Rokeby* , canto 2, part 18.

48. Michael Alram, "A Hoard of Copper Drachms from the Kapisa-Kabul Region," *Silk Road Art and Archaeology 6* (1999/2000): 129–150.

49. 关于庄园及其周边环境，请参见 F.H. Cheetham, "Crosby Hall, Lancashire," *Transactions of the Historic Society of Lancashire and Cheshire 81* (1929/30): 1–37。

50. Thomas Gibson, ed., *Crosby Records: A Chapter of Lancashire Recusancy* (Manchester, UK: Charles Simms, 1887), 42–63 and 69.

51. Gibson, ed., *Crosby Records*, 69–87 显示，几天后的 4 月 10 日，又有一名悔改者被安葬在哈基尔克，随后又有 100 多人被安葬。

52. Ibid., 42. 在 1642 年被送往威尔士保管之前，这些书一直由家族持有，后来在威尔士丢失了，见第 44 页。

53. 有关布伦德尔对古籍兴趣的详细评估，请参见 Daniel Woolf, "Little Crosby and the Horizons of Early Modern Historical Culture," in *The Historical Imagination in Early Modern Britain* , edited by Donald Kelley and David Sacks, pp. 93–132 (Cambridge, UK: Cambridge University Press, 1997)。

54. Gibson, ed., *Crosby Records* , 42.

55. 这是在与地方当局不断发生争执的情况下发生的，有关情况见 Frank Tyrer, "A Star Chamber Case: *ASSHETON v. BLUNDELL* , 1624–31," *Transactions of the Historic Society of Lancashire and Cheshire 118* (1966/67): 19–37。

56. 例如，John Spelman 的 *Aelfredi Magni Anglorum Regis* (Oxford, UK:

Theatro Sheldoniano，1678）中的表 3 就出现了这幅版画，James Parker, *The Early History of Oxford* (Oxford, UK: Clarendon Press, 1885)，367 也对其进行了讨论；William Churchill, "The Harkirke Find," *Transactions of the Lancashire and Cheshire Antiquarian Society 5* (1887): 219–230; John G. Milne, "A Note on the Harkirke Find," *Numismatic Chronicle 15* (1935): 292: and Reginald Dolley, "A Further Note on the Harkirke Find," *Numismatic Chronicle 15* (1955): 189–193。

57. Estelle Lazar, "The Victims of the Cataclysm," in *The World of Pompeii*, edited by John Dobbins and Pedar Foss, pp. 607–619 (London: Routledge, 2008).

58. Steven Ellis, "Re-evaluating Pompeii's Coin Finds," in *The Economy of Pompeii* , edited by Miko Flohr and Andrew Wilson, pp. 293–337 (Oxford, UK: Oxford University Press, 2017), 296.

59. Pier Guzzo, ed., *Pompeii: Tales from an Eruption* (Milan: Electra, 2007), 124.

60. Luigi Capasso, "Herculaneum Victims of the Volcanic Eruption of Vesuvius in 79 AD," *Lancet 356* (2000): 1344–1346.

61. Giuseppe Mastrolorenzo et al., "Herculaneum Victims of Vesuvius in AD 79," *Nature 410* (2001): 769–770; Christopher Schmidt and Steven Symes, eds., *The Analysis of Burned Human Remains* , 2nd ed. (London: Academic Press, 2015), 149–161.

62. Pierpaulo Petrone et al., "A Hypothesis of Sudden Body Fluid Vaporization in the 79 AD Victims of Vesuvius," *PLoS ONE 13* (2018): https://doi.org/10.1371/journal. pone.0203210, 亦见 Schmidt and Symes, *Analysis* , 159–160。

63. Alwyn Scarth, *Vesuvius: A Biography* (Princeton, NJ: Princeton University Press, 2009), 66–69.

64. Guzzo, ed., *Pompeii* , 62.

65. Ibid., 61–62, 67.

66. 615—620 行为笔者自译。

67. Pausanias, 10.28.4; Claudian, *Carmina Minora* , 17; see also Claudio Franzoni, "Amphinomos e Anapias a Catania: Per la storia di due statue

ellenistiche perdute," *Kokalos 41* (1995): 209–227.

68. The Diary of Samuel Pepys: Tuesday, May 19, 1663.

69. George Eliot, *Silas Marner: The Weaver of Raveloe* (1861; rpt. New York: Barnes and Noble Classics, 2005), 15.

70. Ibid., 18.

71. Ibid., 20.

72. Ibid., 117; also 138 and 156–157.

8 理解窖藏

1. 一个具有启发性的例子，见 Harold Mattingly, "The Mesagne Hoard and the Coinage of the Late Republic," *Numismatic Chronicle 155* (1995): 101–108。

2. 关于窖藏文物的分类，请参见 Peter Berghaus, "Coin Hoards: Methodology and Evidence," in *Numismatics and Archaeology* , edited by P.L. Gupta and A.K. Jha, pp. 16–19 (Anjaneri: Indian Institute of Research in Numismatic Studies, 1987); Philip Grierson, *Numismatics* (Oxford, UK: Oxford University Press, 1975), 130–136; and Nick B. Aitchison, "Roman Wealth, Native Ritual: Coin Hoards within and beyond Roman Britain," *World Archaeology 20* , no. 2 (1988): 270–284。

3. Joshua 7:21–26 中记录有一批赃款被埋。

4. John Pointer, *Britannia Romana* (Oxford, UK: Litchfield, 1724) 提出了一个有关废弃窖藏的奇特例子："我宁愿认为，他们在多个地方埋藏了如此大量的金钱，是罗马曾经伟大的无可争辩的纪念，也是他们当时征服范围之广的不可否认的证据。"

5. 最新版的《精神疾病诊断与统计手册》（DSM-5）现在将这种行为归类为一种独立的精神疾病，强迫性囤藏钱币和其他财物以前被认为是强迫症的一种表现。

6. Margaret Thompson, Otto Mørkholm, and Colin Kraay, eds., *An Inventory of Greek Coin Hoards* (New York: ANS, 1973), henceforth *IGCH* .

7. For example, *IGCH* , 252 and 2277.

8. 并非古希腊窖藏，哈基尔克窖藏在另一参考树中找到了自己的位置：J.D.A. Thompson, *Inventory of British Coin Hoards A.D 600–1500*

(Oxford, UK: Royal Numismatic Society, 1956), no. 184。

9. Bivar, "The Bactrian Treasure of Qunduz," *Journal of the Numismatic Society of India 17* (1955): 45.

10. Ibid., 45–46.

11. 关于这一罕见的例外情况，请参见 Katerini Liampi, "NIKA, ΛΕΙΑ: Graffiti on Sicyonian and Theban Staters in a New Hoard from Boeotia/ Beginning of 2000," *American Journal of Numismatics 20* (2008): 209– 226 这是第 27 号窖藏，见 Oliver Hoover, Andrew Meadows, and Ute Wartenberg, eds., *Coin Hoards X: Greek Hoards* (New York: American Numismatic Society, 2010), 5。

12. Peter Thonemann, *The Hellenistic World: Using Coins as Sources* (Cambridge, UK: Cambridge University Press, 2015), 194 (emphasis added). 关于这些考古逻辑背景，请参见后面的讨论。 216

13. Ibid., 3–9, 14–15, 134, 136, 138, 183–185.

14. For *IGCH* , 1395, see also Margaret Thompson, *Alexander's Drachm Mints I: Sardes and Miletus* (New York: ANS, 1983), 86–89.

15. Thonemann, *The Hellenistic World* , 6.

16. Ibid., 6, 8, and 15.

17. Ibid., 8 and 15.

18. 有关这些行为，请参见 Frank Holt, *The Treasures of Alexander the Great* (Oxford,UK: Oxford University Press, 2016)。

19. 小普林尼的文字证据（书信 6.16 和 6.20）提供了火山爆发的确切日期，但有一枚钱币可能会反驳这一纪年，见第 10 章。

20. 关于分析多个窖藏在统计学上的重要性，请参见 Kris Lockyear, "Mind the Gap! Roman Republican Coin Hoards from Italy and Iberia at the End of the Second Century B.C.," *Numismatic Chronicle 178* (2018): 123–164。有关处理海量数据的有趣方法，请参阅 Bruno Callegher, ed., *Too Big to Study?* (Trieste: Edizioni Universita di Trieste, 2019)。

21. 数据来源: Josef Mühlenbrock and Dieter Richter, eds., *Verschüttet von Vesuv: Die letzten Stunden von Herculaneum* (Mainz: Philipp von Zabern, 2005), 256–258。

22. 例见 Kris Lockyear, *Patterns and Process in Late Roman Republican Coin Hoards 157–2 Bc* (Oxford, UK: Archaeopress, 2007)。

23. Frank Holt, "Alexander the Great and the Spoils of War," Ancient Macedonia 6 (1999): 499–506.

24. Richard Hobbs, "'Why Are There Always So Many Spoons?' Hoards of Precious Metals in Late Roman Britain," in *Image, Craft and the Classical World*, edited by Nina Crummy, pp.197–208 (Montagnac, France: M. Mergoil, 2005), 206. 虽然标题如此，但这部作品主要涉及钱币。

25. Théodore Mommsen, *Histoire de la monnaie romaine*, vol. 3 (Paris: Franck, 1873),111, note 1.

26. Hobbs, "Why Are There Always," 201.

27. 埋藏者之间的利益并不相同，因此"成功"和"失败"是相对而言的。

28. 例如 Athenaeus, *Deipnosophistae*, 8.361b。

29. Barbara Drake Boehm, *The Colmar Treasure: A Medieval Jewish Legacy* (New York: ScalaArts, 2019).

30. Consult John Kleeberg, Numismatic Finds of the Americas: An Inventory (New York: American Numismatic Society, 2009).

31. Michael Crawford, *Coinage and Money under the Roman Republic* (Berkeley: University of California Press, 1985), 192.

32. Federal Writers' Project, *Slave Narratives XII: Oklahoma* (Washington, DC: U.S.Government, 1941), 226.

33. 联系见 Charles Pellegrino, *Ghosts of Vesuvius* (New York: WilliamMorrow, 2004)。

34. Jonathan Fuerbringer, "Hoard of Metals Sits under Ruins of Trade Center," *NYT*, September 15, 2001.

35. Reuters News Service: "Briefcase from Titanic Suggests Looter at Work," *Houston Chronicle*, June 16, 1994.

36. Cassiodorus, *Variae*, 4.34.

37. Philostratus, *Life of Apollonius*, 2.39 and 6.39; Matthew 13:44.

38. Noe, *Coin Hoards* (New York: American Numismatic Society, 1920).

39. Noe, *A Bibliography of Greek Coin Hoards*, 2nd ed. (New York: American Numismatic Society, 1937).

40. 例见 François de Callatäy's Review of O. Hoover, A. Meadows, and U. Wartenberg-Kagan, eds., *Coin Hoards*, Vol. X, Greek Hoards

published in *Israel Numismatic Research 6* (2011): 191–195, esp. 191. 他基于选择性抽样得出的 (X) 的数值是 5218。

41. Anne Robertson, *An Inventory of Romano-British Coin Hoards* (London: Royal Numismatic Society, 2000), number 3264.

42. 对于古代（希腊）窖藏而言，日期要晚一些: Philip Kinns, "Two Eighteenth-Century Studies of Greek Coin Hoards: Bayer and Pellerin," in *Medals and Coins from Budé to Mommsen*, edited by Michael Crawford et al., pp. 101–114 (London: Warburg Institute, 1990)。

43. 详细信息见 Holt, *The Treasures of Alexander the Great*, 168–172。

44. 一些窖藏中还包括铜、铅和未确定的金属，例如: *CH*, IX.92 and 98。

45. 这些数据是从 *IGCH* 和 *CH, I-X* 中 "手工" 提取的。由于 *IGCH* 已经数字化，因此可以进行简单的单词搜索，将计算机整理的数据与我整理的数据进行比较。遗憾的是，在数字卷中搜索 "AV"（金）会返回一些不含黄金的窖藏（如 1414、1551 和 1555，它们将 AR 误标为 AV），并错过至少一个金窖藏（77），因为连接词 AV 被错误地数字化为 N。

46. 如前所述，由于 *IGCH* 和 *CH, I-X* 通常对所含内容的报告含糊不清，因此根据囤中黄金数量的进一步计算在此并不可靠。这种方法在其他时期和报告较好的地方（如罗马不列颠）成功的概率更大，例如: Roger Bland, "What Happened to Gold Coinage in the 3rd c. B.C.?," *Journal of Roman Archaeology 26* (2013): 263–280。

47. Seán Hemingway, "Seafaring, Shipwrecks, and the Art Market in the Hellenistic Age," in *Pergamon and the Hellenistic Kingdoms of the Ancient World*, edited by Carlos Picón and Seán Hemingway, pp. 85–91 (New York: Metropolitan Museum of Art, 2016), 88.

48. Seleucids: Arthur Houghton and Catharine Lorber, *Seleucid Coins: A Comprehensive Catalogue*, 2 vols. (New York: American Numismatic Society, 2002); Ptolemies: Catharine Lorber, *Coins of the Ptolemaic Empire*, 2 vols. (New York: American Numismatic Society, 2018).

49. 感谢亚历克西斯·卡斯特博士慷慨地回答了我关于考古背景下的古代珠宝的问题。

50. 见 Plautus, *Menaechmi*, 527, 682, and 541–544, and Jane Rowlandson, "Money Use among the Peasantry of Ptolemaic and Roman Egypt,"

in *Money and Its Uses in the Ancient Greek World*, edited by Andrew Meadows and Kirsty Shipton, pp. 145–155 (Oxford, UK: Oxford University Press, 2001), 153。

51. 有关调查钱币窖藏和珠宝的翔实尝试，请参阅 Mária Vargha, *Hoards, Grave Goods, Jewelry: Objects in Hoards and in Burial Contexts during the Mongol Invasion of Central-Eastern Europe* (Oxford, UK: Archaeopress Publishing, 2015)。

52. Christopher Lightfoot, "Royal Patronage and the Luxury Arts," in *Pergamon and the Hellenistic Kingdoms of the Ancient World*, edited by Carlos Picón and Seán Hemingway, pp. 77–83 (New York: Metropolitan Museum of Art, 2016), 79.

53. 有关近期对各类钱币发现的重要研究，请查阅 Stefan Krmnicek and Jérémie Chameroy, eds., *Money Matters: Coin Finds and Ancient Coin Use* (Bonn: Rudolf Habelt, 2019)。

9　收藏的伦理与道德

1. Antonio Agustín y Albanell, *Dialogos de Medallas, Inscriciones y Otras Antiguedades* (Tarragona, Spain: Felipe Mey, 1587).

2. 本情景完全虚构，不代表任何特定的在世或已故个人。作者从未见过以航海为主题的钱币收藏者，也从未邀请过钱币收藏者到他的大学课程中接受有关道德的提问。

3. 关于古代地中海的现代研究，见 William Harris, ed., *Rethinking the Mediterranean* (Oxford, UK: Oxford University Press, 2005)。

4. Frederick Zeuner, "Dolphins on Coins of the Classical Period," *Bulletin of the Institute of Classical Studies 10* (1963): 97–103.

5. 例如 Mariangela Puglisi, "Water Fauna and Sicilian Coins from the Greek Period," in *SOMA 2011: Proceedings of the 15th Symposium on Mediterranean Archaeology*, vol. 2, edited by Pietro Militello and Hakan Öniz, pp. 763–778 (Oxford, UK: Archaeopress, 2015); Vladimir Stolba, "Fish and Money: Numismatic Evidence for Black Sea Fishing," in *Ancient Fishing and Fish Processing in the Black Sea Region*, edited by Tønnes Bekker-Nielsen, pp. 115–203 (Aarhus, Denmark: Aarhus University Press,

2005)。

6. Harun Güçlüsoy et al., "Status of the Mediterranean Monk Seal, *Monachus mona- chus* (Hermann, 1779) in the Coastal Waters of Turkey," *Journal of Fisheries and Aquatic Sciences 21* (2004): 201–210.

7. Salvatore Giacobbe et al., "The Pelorias Shell in the Ancient Coins: Taxonomic Attribution," *Biologia Marina Mediterranea 16* (2009): 134–135.

8. Wolf Mueller-Reichau, *Naves in nummis* (Laboe, Germany: Privately published, 1974).

9. Leo Anson, *Numismatica Graeca*, vol. 5 (London: Kegan Paul, 1914), 87–146.

10. Genesis 6–8.

11. 详见 Wayne Sayles, *Ancient Coin Collecting* (Iola, UK: Krause, 1996), vol. 1。

12. Behrendt Pick, *Aufsätze zur numismatik und archäologie* (Jena, Germany:Frommannsche buchhandlung, 1931).

13. Philip Grierson, *Numismatics* (Oxford, UK: Oxford University Press, 1975).

14. D.G. Sellwood, "Review of Grierson, *Numismatics*," *Numismatic Chronicle 17* (1977): 249.

15. Jonathan Kagan, "Maximilian John Borrell (c.1802–1870) Dealer, Collector, and Forgotten Scholar and the Making of the *Historia Numorum*," in *ΚΑΙΡΟΣ: Contributions to Numismatics in Honor of Basil Demetriadi*, edited by Ute Wartenberg and Michel Amandry, pp. 83–95 (New York: American Numismatic Society, 2015), 83.

16. 例见 http://ancientcoincollecting.blogspot.com/ and http://coinarchae-ology.blogspot.com/。

17. 从让·斯沃罗诺斯（Jean Svoronos）创办的1898—1927年旧版《国际考古钱币学杂志》（*Journal International d'Archéologie Numismatique*）停刊，到新版《考古钱币学杂志》（*Journal of Archaeological Numismatics*）创刊，中间相隔了80多年。

18. Jean-Marc Doyen, "Archaeology and Numismatics: Can We Reconcile the 'Fraternal Enemies'?," *Journal of Archaeological Numismatics 1* (2011): i.

19. Fleur Kemmers and Nanouschka Myrberg, "Rethinking Numismatics: The Archaeology of Coins," *Archaeological Dialogues 18* (2011): 87–108.

20. 例如 The *American Journal of Numismatics* 的编辑政策：http:// numismatics. org/wp-content/uploads/guidelines/AJN-Guidelines-2018.pdf。

21. Thomas Hoving, *Making the Mummies Dance* (New York: Touchstone, 1993).

22. Catharine Lorber, "The Garretts of Baltimore: Collectors and Patrons," in *The Garrett Collection, Part I* , pp.9–59 (Beverly Hills, CA: Numismatic Fine Arts, 1984).

23. 见 https://www.bonhams.com/auctions/21928/lot/160/。这一拍品随后被撤回，并被纽约大都会艺术博物馆购得。亦见 https://www. biblicalarchaeology.org/daily/archaeology-today/cultural- heritage/ antiquities-as-cash-cows/。

24. Nathan Elkins, "Ancient Coins, Find Spots, and Import Restrictions: A Critique of Arguments Made in the Ancient Coin Collectors Guild's 'Test Case,'" *Journal of Field Archaeology 40* (2015): 236–243.

25. Donald Ariel, "Coins from a Small Country: How Excavated Coins are Managed in Israel, from the Dig to the Bookshelf," in *Les monnaies de fouille du monde grec (VIe- Ier s. a.C.). Apports, approches et méthodes*, edited by F. Duyrat and C. Grandjean, pp. 99–111 (Bordeaux, France: Ausonius, 2016), 100.

26. Frank Holt, *Thundering Zeus: The Making of Hellenistic Bactria* (Berkeley: University of California Press, 1999), 90–91.

27. 罗马皇帝奥古斯都是最早的钱币和骨骼化石收藏家之一：Suetonius, *Augustus*, 72.3。

28. 有关第一手资料，请参阅 Lance Grande, *Curators: Behind the Scenes of Natural History Museums* (Chicago: University of Chicago Press, 2017)。关于纽约的美国自然历史博物馆，见 Michael Novacek, *Time Traveler: In Search of Dinosaurs and Ancient Mammals from Montana to Mongolia* (New York: Farrar, Straus and Giroux, 2002)。

29. Grande, *Curators* , 111–140.

30. Ibid., 43.

31. Ibid., 41–44.

32. 关于一家大型博物馆对这些挑战的回应，请参见 Ute Wartenberg 　220
Kagan, "Collecting Coins and the Conflict in Syria," an address available
online at https://eca.state.gov/files/bureau/wartenbergsyria-coincollecting.
pdf。

10　旅程仍在继续

1. 不过，犹太地区的人看到这些钱币的可能性很小，因为它们是为罗
马人准备的: Nathan Elkins, "Publicizing Victory: The Frequency and
Audience of Flavian 'Judaea Capta' Coins from the Imperial Mints,"
Israel Numismatic Research 14 (2019): 117–130。

2. Jens Jakobsson, "The Greeks of Afghanistan Revisited," *Nomismatika
Khronika 26* (2007): 51.

3. 这一发展过程的命名和定义最早见于 Frank Holt, *Lost World of the
Golden King: In Search of Ancient Afghanistan* (Berkeley: University of
California Press, 2012)。

4. 德尔梅里克的报告发表在《孟加拉亚洲学会议事录》(1872 年 2 月)
第 34~35 页上。

5. W.S.W. Vaux, "On an Unique Coin of Platon, a King of Bactriana,"
Numismatic Chronicle 15 (1875): 1–19. 那个样本不再是独特的，is BM
1872.0509.1.

6. Frank Holt and Osmund Bopearachchi, eds. , *The Alexander Medallion:
Exploring the Origins of a Unique Artefact* (Lacapelle-Marival, France:
Imago Lattara, 2011).

7. Richard Abdy, "The Second-Known Specimen of a Coin of Domitian II
Recorded in a Hoard from Oxfordshire," *Revue numismatique 160* (2004):
219–221.

8. 有关这些问题，请参阅以下一系列文章: "Law and Practice Regarding
Coin Finds," published by the International Numismatic Council, for
example, John Kleeberg, "The Law and Practice Regarding Coin Finds:
Treasure Trove Law in the United States," *Compte rendu 53* (2006): 13–26
and Sergei Kovalenko, "The Law and Practice Regarding Coin Finds:

Russian Legislation on Coin Finds," *Compte rendu 63* (2016): 21–23。

9. Newell, *Royal Greek Portrait Coins* (Racine, WI: Whitman Publishing, 1937), 9 and 78. See also Gisela Richter, "Late Hellenistic Portraiture," *Archaeology 16* (1963): 27, and Norman Davis and Colin Kraay, *The Hellenistic Kingdoms: Portrait Coins and History* (London: Thames and Hudson, 1973), 237.

10. W.W. Tarn, *The Greeks in Bactria and India* (Cambridge, UK: Cambridge University Press, 1938), 75. Later editions include a second (Cambridge, 1951) and third (Ares, 1984).

11. Ibid., 209.

12. 更多例子见 Holt, *Lost World*, 81–84。

13. Tarn, *The Greeks in Bactria and India*, 210.

14. 见 Frank Holt, "The So-Called Pedigree Coins of the Bactrian Greeks," in *Ancient Coins of the Greco-Roman World: The Nickle Numismatic Papers*, edited by Waldemar Heckel and Richard Sullivan, pp. 69–91 (Waterloo, Ont.: Wilfrid Laurier University Press, 1984)。

15. Richard Wenghofer and Del John Houle, "Marriage Diplomacy and the Political Role of Royal Women in the Seleukid Far East," in *Seleukid Royal Women: Creation, Representation and Distortion of Hellenistic Queenship in the Seleukid Empire*, edited by Altay Coskun and Alex McAuley, pp. 191–207 (Stuttgart, Germany: Franz Steiner Verlag, 2016).

16. Carmen Arnold-Biucchi and Maria Caccamo Caltabiano, eds., *A Survey of Numismatic Research 2008–2013* (Taormina, Italy: Arbor Sapientiae, 2015), xii. "对其他学科的更广泛认识正在促成更好的方法论。基于跨学科方法的认知钱币学的引入将不同的来源结合起来，取代了传统的叙事钱币学的重构。"

17. 例如 Thomas Faucher, *Frapper monnaie: La fabrication des monnaies de bronze à Alexandrie sous les Ptolémées* (Alexandria: Centre d'Études Alexandrines, 2013); John Deyell, "Greek Minting in Bactria: Engravers, Dies and Coin Production," in *From Local to Global: Papers in Asian History and Culture*, edited by Kamal Sheel, Charles Willemen, and Kenneth Zysk, pp. 28–50 (New Delhi: Buddhist World Press, 2017), vol. I。

18. 年代更近的记录可以为古代习俗提供有益的启示: Alan Stahl, "Learning from the Zecca: The Medieval Mint of Venice as a Model of Pre- Modern Minting," *Numismatic Chronicle 171* (2011): 347–354。

19. 通过最近的一项模具研究，我们对动荡年代的造币厂人员配备有了一些了解: David Schwei, "The Reactions of Mint Workers to the Tumultuous Second Reign of Demetrius II Nicator," *American Journal of Numismatics 28* (2016): 65–104。

20. Aristotle, *Problemata* , 24.9.

21. *Supplementum Epigraphicum Graecum* , X.394–5.

22. *Scriptores Historiae Augustae* : *Aurelian* , 38.2–3.

23. Stahl, "Learning from the Zecca," 353.

24. 见 Thomas Faucher, "Coin Minting Techniques in Ptolemaic Egypt: Observe, Analyze, Recreate," *Notae Numismaticae 12* (2017): 71–87。

25. John Camp II and John Kroll, "The Agora Mint and Athenian Bronze Coinage," *Hesperia 70* (2001): 127–162.

26. Ibid., 84–85.

27. Ibn Khaldoun, *Muqaddimah* , 2.34.

28. Osmund Bopearachchi, "Some Interesting Coins from the Pandayale Hoard," *Oriental Numismatic Society Newsletter 169* (2001): 19–21.

29. 见 Paul Bernard and Olivier Guillaume, "Monnaies inédites de la Bactriane grecque à Ai Khanoum (Afghanistan)," *Revue Numismatique* (1980): 9– 32, esp. note 24。

30. 见 Osmund Bopearachchi, "Quelques observations sur la gravure des coins indo-grecs," *Bulletin de la Société Française de Numismatique 57* (2002): 73–75。

31. Holt, *Lost World* , 168–170.

32. Ibid., 50–66.

33. Ibid., 170.

34. 其他例子见 Figures 2.9, 4.3, 4.4, and 5.5。闪电击中后留下的蜘蛛状利希滕贝格线条（Lichtenberg lines）可能解释了一些古代钱币上压印的扭曲图案。

35. Holt, *Lost World* , 171–174.

36. Fred Kleiner, *The Arch of Nero in Rome: A Study of the Roman Honorary*

Arch before and under Nero (Rome: Bretschneider, 1985).

222　37. Pere Ripollès and Alejandro Singer, "Coin Evidence for Palaeohispanic Languages," in *Palaeohispanic Languages and Epigraphies* , edited by Alejandro Sinner and Javier Velaza, pp. 365–395 (Oxford, UK: Oxford University Press, 2019).

38. Panagiotis Iossif, François de Callataÿ, and Richard Veymiers, eds., *ΤΥΠΟΙ: Greek and Roman Coins Seen through Their Images: Noble Issuers, Humble Users?* (Liège, Belgium: Presses Universitaires de Liège, 2018).

39. Victor Sarianidi, *The Golden Hoard of Bactria* (New York: Abrams, 1985).

40. Qiang Li, "Roman Coins Discovered in China and Their Research," Eirene 51 (2015): 279–299.

41. 我与他的儿子威廉就此事进行了交流，感谢他提出了个人见解。

42. Martin Price, *The Coinage in the Name of Alexander the Great and Philip Arrhidaeus* ,2 vols. (London: British Museum, 1991), nos. 4h, 574, 833, 863, 979, 1004, 1020, 1077a, 1176, 1488, 1596, 1620, 1659, 1688b, 1690a, 2209, 2466, 2837, 3301, 3349b, 3350, 3403, 3761b, 3807a.

43. 我要感谢在我的这一专题研究中给予合作的考古学家和钱币学家，特别是 Edvard Rtveladze 博士、Nigora Dvurechenskaya 博士、Olivier Bordeaux 博士和 Aleksandr Naymark 博士。

44. 更广的视角的研究，请参见 Sylvain Perrot, "Elephants and Bells in the Greco-Roman World: A Link Between the West and the East?," *Music in Art 38* (2013): 27–35。

45. Panagiotis Tselekas, "Treasures from the Deep: Coins from Hellenistic and Roman Republican Shipwrecks," in *Les monnaies de fouille du monde grec (VIe-Ier s. a.C.): Apports, approches et méthodes*, edited by Frédérique Duyrat and Catherine Grandjean, pp. 147–156 (Bordeaux, France: Ausonius, 2016).

46. Richard Abdy, "The Last Coin in Pompeii: A Re-evaluation of the Coin Hoard from the House of the Golden Bracelet," *Numismatic Chronicle 173* (2013): 79–83.

47. Tacitus, *Annals* , 1.61.

48. David Wigg-Wolf, "Dating Kalkriese: The Numismatic Evidence," in *Römische Präsenz und Herrschaft im Germanien der augusteischen Zeit*, edited by Gustav Lehmann and Rainer Wiegels, pp. 119–134 (Göttingen, Germany: Vandenhoeck and Ruprecht, 2007).

49. 古物学家雅各布·斯特拉达在其著作《古物百科全书》(*Epitome Thesauri Antiquitatem*) 拉丁文版和法文版序言中称钱币学为"这门美丽的科学"。(Lyon, France, 1553).

参考文献

Abdy, Richard. "The Second-Known Specimen of a Coin of Domitian II Recorded in a Hoard from Oxfordshire." *Revue numismatique 160* (2004): 219–221.

Abdy, Richard. "The Last Coin in Pompeii: A Re-evaluation of the Coin Hoard from the House of the Golden Bracelet." *Numismatic Chronicle 173* (2013): 79–83.

Addison, Joseph. *Dialogues Upon the Usefulness of Ancient Medals*. London, 1726.

Agustín y Albanell, Antonio. *Dialogos de Medallas, Inscriciones y Otras Antiguedades*. Tarragona, Spain: Felipe Mey, 1587.

Aitchison, Nick B. "Roman Wealth, Native Ritual: Coin Hoards within and beyond Roman Britain." *World Archaeology 20*, no. 2 (1988): 270–284.

Akerman, John Yonge. "Portraits on the Coins of the Caesars." *Gentleman's Magazine 4* (1835): 22–24.

Åkerman, Susanna. *Queen Christina of Sweden and Her Circle*. Leiden, Netherlands: Brill, 1991.

Alberti, Maria, Enrico Ascalone, and Luca Peyronel, eds. *Weights in Context: Bronze Age Weighing Systems of the Eastern Mediterranean. Chronology, Typology, Material and Archaeological Contexts*. Rome: Istituto Italiano di Numismatica, 2006.

Alram, Michael. "A Hoard of Copper Drachms from the Kapisa-Kabul Region." *Silk Road Art and Archaeology 6* (1999/2000): 129–150.

Amandry, Michel, and Donal Bateson, eds. *A Survey of Numismatic Research 2002–2007.* Glasgow, UK: INC, 2009.

Anderson, Jaanika. *Reception of Ancient Art: The Cast Collections of the University of Tartu Art Museum in the Historical, Ideological and Academic Context of Europe.* Tartu, Estonia: University of Tartu Press, 2015.

Angelakis, Emmanouil, et al. "Paper Money and Coins as Potential Vectors of Transmissible Disease." *Future Microbiology 9* (2014): 249–261.

Anonymous. "Coin-Portrait of Alexander the Great." *American Journal of Numismatics 19* (1884): 19.

Anson, Leo. *Numismatica Graeca.* London: Kegan Paul, 1914.

Ariel, Donald. "Coins from a Small Country: How Excavated Coins are Managed in Israel, from the Dig to the Bookshelf." In *Les monnaies de fouille du monde grec (VIe-Ier s. a.C.). Apports, approches et méthodes.* Edited by Frédérique Duyrat and Catherine Grandjean. Pp. 99–111. Bordeaux, France: Ausonius, 2016.

Arnold-Biucchi, Carmen, and Maria Caccamo Caltabiano, eds. *A Survey of Numismatic Research 2008–2013.* Taormina, Italy: Arbor Sapientiae, 2015.

Asif, Sudais. "The Halal and Haram Aspect of Cryptocurrencies in Islam." *Journal of Islamic Banking and Finance 35*, no. 2 (2018): 91–101.

Babelon, Ernest. *Traité des monnaies grecques et romaines.* 9 vols. Paris: Ernest Leroux, 1901–32.

Babelon, Ernest. *Ancient Numismatics and Its History.* Trans. Elizabeth Saville. rpt. London: Spink and Kolbe, 2002.

Babelon, Jean. *Portraits en Médaille.* Paris: Alpina, 1946.

Bacharach, Jere. *Islamic History through Coins.* Cairo: American University in Cairo Press, 2006.

Balch, Thomas. "The Law of Oresme, Copernicus and Gresham." *Proceedings of the American Philosophical Society 47* (1908): 18–29.

Balmuth, Miriam. *Hacksilber to Coinage.* New York: American Numismatic Society, 2001.

Beckmann, Martin. *Diva Faustina: Coinage and Cult in Rome and the Provinces*. New York: American Numismatic Society, 2012.

Berghaus, Peter. "Coin Hoards: Methodology and Evidence." In *Numismatics and Archaeology*. Edited by P.L. Gupta and A.K. Jha. Pp. 16–19. Anjaneri: Indian Institute of Research in Numismatic Studies, 1987.

Berlin, Howard. *The Numismatourist*. Irvine, CA: Zyrus Press, 2014.

Bernard, Paul, and Olivier Guillaume. "Monnaies inédites de la Bactriane grecque à Ai Khanoum (Afghanistan)." *Revue numismatique 22* (1980): 9–32.

Bivar, A.D.H. "Indo-Greek Victory Medallions." *Spink's Numismatic Circular 61*, no. 5 (1953): 201–202.

Bivar, A.D.H. "The Qunduz Treasure." *Spink's Numismatic Circular 62*, no. 5 (1954): 187–191.

Bivar, A.D.H. "The Bactrian Treasure of Qunduz." *Journal of the Numismatic Society of India 17* (1955): 37–52.

Blackmore, Susan. *The Meme Machine*. Oxford, UK: Oxford University Press, 1999.

Bland, Roger. "What Happened to Gold Coinage in the 3rd c. B.C.?" *Journal of Roman Archaeology 26* (2013): 263–280.

Bland, Roger. *Coin Hoards and Hoarding in Roman Britain AD 43–c.498* (London: Spink, 2018).

Boehm, Barbara Drake. *The Colmar Treasure: A Medieval Jewish Legacy*. New York: ScalaArts, 2019.

Boehringer, Erich. *Die Münzen von Syrakus*. Berlin: Walter de Gruyter, 1929.

Bonnard, Georges, ed. *Gibbon's Journey from Geneva to Rome: His Journal from 20 April to 2 October 1764*. London: Thomas Nelson, 1961.

Bopearachchi, Osmund. "Some Interesting Coins from the Pandayale Hoard." *Oriental Numismatic Society Newsletter 169* (2001): 19–21.

Bopearachchi, Osmund. "Quelques observations sur la gravure des coins indo-grecs." *Bulletin de la Société Française de Numismatique 57* (2002): 73–75.

Bracey, Robert. "A Flood of Fake Bactrian Coins." *Journal of the Oriental Numismatic Society 196* (2008): 2–5.

Bresson, Alain. *The Making of the Ancient Greek Economy*. Trans. Steven Rendall. Princeton, NJ: Princeton University Press, 2016.

Bryson, Bill. *Made in America*. New York: Harper Collins, 1994.

Budé, Guillaume. *De asse et partibus eius*. Paris: Josse Bade, 1514.

Bunbury, Edward. "On Some Unpublished Coins of Lysimachus." *Numismatic Chronicle 9* (1869): 1–18.

Burke, Tony, and Slavomir Céplö. "The Syriac Tradition of the Legend of the Thirty Pieces of Silver." *Hugoye 19* (2016): 35–121.

Burnett, Andrew, Lutz Ilisch, and Wolfgang Steguweit, eds. *A Survey of Numismatic Research 1990–1995*. Berlin: INC, 1997.

Burnett, Andrew, Richard Simpson, and Deborah Thorpe. *Roman Coins, Money, and Society in Elizabethan England*. New York: American Numismatic Society, 2017.

Burström, Nanouschka Myrberg, and Gitte Tarnow Ingvardson, eds. *Divina Moneta: Coins in Religion and Ritual*. New York: Routledge, 2018.

Butcher, Kevin, and Matthew Ponting. *The Metallurgy of Roman Silver Coinage: From the Reform of Nero to the Reform of Trajan*. Cambridge, UK: Cambridge UniversityPress, 2015.

Cahill, Nicholas. *Household and City Organization at Olynthus*. New Haven, CT: Yale University Press, 2002.

de Callataÿ, François. "Vaillant, Frölich and the Others (Spanheim, Beger, Haym, Liebe, Pellerin, Eckhel, Duane, etc.): The Remarkable Interest in Seleucid Coinages in the 18th century." In *Numismatik und Geldgeschichte im Zeitalter der Aufklärung*. Edited by Heinz Winter and Bernhard Woytek. Pp. 43–77. Vienna: Selbstverlag der Österreichischen numismatischen gesellschaft, 2015.

de Callataÿ, François. "Comedies of Plautus and Terence: An Unusual Opportunity to Look into the Use of Money in Hellenistic Time." *Revue Belge de Numismatique 161* (2015): 17–53.

Callegher, Bruno, ed. *Too Big to Study?* Trieste: Edizioni Universita di Trieste, 2019. Camp II, John, and John Kroll. "The Agora Mint and Athenian Bronze Coinage." *Hesperia 70* (2001): 127–162.

Capasso, Luigi. "Herculaneum Victims of the Volcanic Eruption of Vesuvius in

79 AD." *Lancet 356* (2000): 1344–1346.

Carlson, Deborah. "Mast-Step Coins among the Romans." *International Journal of Nautical Archaeology 36* (2007): 317–324.

Carradice, Ian. *Greek Coins.* Austin: University of Texas Press, 1995.

Carradice, Ian, and Martin Price. *Coinage in the Greek World.* London: Seaby, 1988.

Casey, P.J. *Understanding Ancient Coins.* Norman: University of Oklahoma Press, 1986.

Challis, Debbie. *The Archaeology of Race: The Eugenic Ideas of Francis Galton and Flinders Petrie.* London: Bloomsbury Publishing, 2013.

Cheetham, F.H. "Crosby Hall, Lancashire." *Transactions of the Historic Society of Lancashire and Cheshire 81* (1929/30): 1–37.

Cherry, John, and Alan Johnston, "The Hunt Dekadrachm." *Antiquaries Journal 95* (2015): 151–156.

Churchill, William. "The Harkirke Find." *Transactions of the Lancashire and Cheshire Antiquarian Society 5* (1887): 219–230.

Clain-Stefanelli, Elvira. *Numismatics: An Ancient Science.* Washington, DC: Museum of History and Technology, 1965.

Clain-Stefanelli, Elvira. *Numismatic Bibliography.* Munich, Germany: Battenberg, 1985.

Cobbett, William. *Paper Against Gold: Or, the History and Mystery of the Bank of England, of the Debt, of the Stocks, of the Sinking Fund, and of All the Other Tricks and Contrivances, Carried on by the Means of Paper Money.* London: Wm. Cobbett, 1828.

Cohen, Henri. *Description Générale des monnaies de la République romaine.* Paris: Rollin, 1857.

Cohen, Henri. *Guide del'acheteur de médailles romainesetbyzantines.* Paris: Dumoulin, 1876.

Cohen, Henri. *Description historique des monnaies frappées sous l'Empire romain.* 8 vols. 2nd ed. Paris: Rollin et Feuardant, 1880–1892.

Cormack, Joseph. "The Legal Tender Cases: A Drama of American Legal and FinancialHistory." *Virginia Law Review 16* (1929): 132–148.

Cotte, Jérôme. "Du trésor au médaillier: le marché des monnaies antiques dans la France du début du XVIIe siècle." *Bibliothèque de l'école des chartes 154* (1996): 533–564.

Crawford, Michael. *Roman Republican Coinage*. 2 vols. London: Cambridge University Press, 1974.

Crawford, Michael. *Coinage and Money under the Roman Republic*. Berkeley: University of California Press, 1985.

Crawford, Michael, et al., eds. *Medals and Coins from Budé to Mommsen*. London: WarburgInstitute, 1990.

Cribb, Joe, ed. *Money: From Cowrie Shells to Credit Cards*. London: British Museum, 1986.

Cribb, Joe. "The Origins of Money, Evidence from the Ancient Near East and Egypt." In *La Banca Premonetale*. Edited by Guido Crapanzano. Pp. 35–78. Milan: Art Valley Association, 2004.

Crosby, Sylvester Sage. "The United States Cents of 1793." *American Journal of Numismatics 3* (1869): 93–97.

Cuhaj, George, ed. *Standard Catalog of United States Paper Money*. 32nd ed. Iola,KS: Krause Publications, 2013,

Cunnally, John. "Ancient Coins as Gifts and Tokens of Friendship during the Renaissance." *Journal of the History of Collections 6* (1994): 129–143.

Cunnally, John. *Images of the Illustrious: The Numismatic Presence in the Renaissance*. Princeton, NJ: Princeton University Press, 1999.

Cunnally, John. "The Portable Pantheon: Ancient Coins as Sources of Mythological Imagery in the Renaissance." In *Wege zum Mythos*. Edited by Luba Freedman and Gerlinde Huber-Rebenich. Pp. 123–140. Berlin: Mann, 2001.

Cunnally, John. *Irritamenta: Numismatic Treasures of a Renaissance Collector*. 2 vols. New York: American Numismatic Society, 2016.

Curiel, Raoul, and Gérard Fussman. *Le Trésormonétairede Qunduz.*Paris: Klincksieck, 1965.

Dale, Alexander. "WALWET and KUKALIM." *Kadmos 54* (2015): 151–166.

Davies, Glyn. *A History of Money*. 3rd ed. Cardiff: University of Wales Press, 2002.

Davis, Gil. "Mining Money in Late Archaic Athens." *Historia 63* (2014): 257–

277.

Davis, Norman, and Colin Kraay. *The Hellenistic Kingdoms: Portrait Coins and History*. London: Thames and Hudson, 1973.

Dawkins, Richard. *The Selfish Gene*. Oxford, UK: Oxford University Press, 2006.

della Porta, Giambattista. *De Humana Physiognomonia*. Vico Equense, Italy: Iosephus Cacchius, 1586.

Denisova, Anastasia. *Internet Memes and Society: Social, Cultural, and Political Contexts*. New York: Routledge, 2019.

Deyell, John. "Greek Minting in Bactria: Engravers, Dies and Coin Production." In *From Local to Global: Papers in Asian History and Culture*. Edited by Kamal Sheel, Charles Willemen, and Kenneth Zysk. Pp. 28–50. New Delhi: Buddhist World Press, 2017.

Dolley, Reginald. "A Further Note on the Harkirke Find." *Numismatic Chronicle 15* (1955): 189–193.

Domergue, Claude. *Les mines antiques. La production des métaux aux époques grecque et romaine*. Paris: Picard, 2008.

Doty, Richard. *The Macmillan Encyclopedic Dictionary of Numismatics*. New York: Macmillan, 1982.

Doyen, Jean-Marc. "Archaeology and Numismatics: Can We Reconcile the 'Fraternal Enemies'?" *Journal of Archaeological Numismatics 1* (2011): i–viii.

Doyen, Jean-Marc. "The 'Charon's Obol': Some Methodological Reflexions." *Journal of Archaeological Numismatics 2* (2012): i–xviii.

Drower, Margaret. *Flinders Petrie: A Life in Archaeology*. Madison: University of Wisconsin Press, 1995.

Duffy, Eamon. *The Stripping of the Altars: Traditional Religion in England, 1400–1580*. 2nd ed. New Haven, CT: Yale University Press, 2005.

Duncan-Jones, Richard. *Money and Government in the Roman Empire*. Cambridge, UK: Cambridge University Press, 1994.

Duyrat, Frédérique. "L'avenir des études numismatiques, entre numérisation et corpus en ligne." *Comptes rendus de l'Académie des Inscriptions et Belles-Lettres* (April-June 2015): 867–882.

Duyrat, Frédérique. *Wealth and Warfare: The Archaeology of Money in Ancient Syria*. New York: American Numismatic Society 2016.

Eckhel, Joseph. *Doctrina numorum veterum*. 8 vols. Vienna: J. Camesina, 1792–1798.

Ekman, Mattias. "The Birth of the Museum in the Nordic Countries." Nordic Museology 1 (2018): 5–26.

Elkins, Nathan. "Ancient Coins, Find Spots, and Import Restrictions: A Critique of Arguments Made in the Ancient Coin Collectors Guild's 'Test Case.'" *Journal of Field Archaeology 40* (2015): 236–243.

Elkins, Nathan. "Publicizing Victory: The Frequency and Audience of Flavian 'Judaea Capta' Coins from the Imperial Mints." *Israel Numismatic Research 14* (2019): 117–130.

Ellis, Steven. "Re-evaluating Pompeii's Coin Finds." In *The Economy of Pompeii*. Edited by Miko Flohr and Andrew Wilson. Pp. 293–337. Oxford, UK: Oxford University Press, 2017.

Evans, John. "The Coinage of the Ancient Britons, and Natural Selection." *Notices of the Proceedings at the Meetings of the Members of the Royal Institution of Great Britain 7* (1875): 476–487.

Evans, John. *The Coins of the Ancient Britons: Supplement*. London: B. Quaritch, 1890.

Evelyn, John. *Numismata: A Discourse of Medals, Antient and Modern*. London: Benjamin Tooke, 1697.

Faucher, Thomas. *Frapper monnaie: La fabrication des monnaies de bronze à Alexandrie sous les Ptolémées*. Alexandria, Egypt: Centre d'Études Alexandrines, 2013.

Faucher, Thomas. "Coin Minting Techniques in Ptolemaic Egypt: Observe, Analyze, Recreate." *Notae Numismaticae 12* (2017): 71–87.

Faucher, Thomas. "Ptolemaic Gold: The Exploitation of Gold in the Eastern Desert." In *The Eastern Desert of Egypt during the Greco-Roman Period: Archaeological Reports*. Edited by Jean-Pierre Brun et al. Pp. 1–16. Paris: Collège de France, 2018.

Ferguson, Niall. *The Ascent of Money*. New York: Penguin, 2008. Fiffer, Steve. *Tyrannosaurus Sue*. New York: W.H. Freeman, 2000.

Fischer, Svante, and Lennart Lind. "The Coins in the Grave of King Childeric." *Journal of Archaeology and Ancient History 14* (2015): 3–36.

Fischer-Bossert, Wolfgang. Chronologie der Didrachmenprägung von Tarent, 510–280v. Chr. Berlin: Walter De Gruyter, 1999.

Fitzpatrick, Scott. "The Famous Stone Money of Yap." In *The Archaeology of Money.* Edited by Colin Haselgrove and Stefan Krmnicek. Pp. 43–66. Leicester, UK: School of Archaeology and Ancient History, 2016.

Focardi, Sergio. *Money.* New York: Routledge, 2018.

da Fonseca, Tairacan Augusto Pereira, Rodrigo Pessôa, and Sabri Saeed Sanabani. "Molecular Analysis of Bacterial Microbiota on Brazilian Currency Note Surfaces." *International Journal of Environmental Research and Public Health 12* (2015): 13276–13288.

Fontana, Federica Missere. *Testimoni parlanti: Le monete antiche a Roma tra Cinquecento e Seicento.* Rome: Edizioni Quasar, 2009.

Franco, Pedro. *Understanding Bitcoin: Cryptography, Engineering, and Economics.* Chichester, UK: Wiley, 2015.

Franzoni, Claudio. "Amphinomos e Anapias a Catania: Per la storia di due statue ellenis-tiche perdute." *Kokalos 41* (1995): 209–227.

Freedman, Luba. "Titian's Jacopo da Strada: A Portrait of an 'Antiquario.'" *Renaissance Studies 13* (1999): 15–39.

Freeland, Cynthia. *Portraits and Persons: A Philosophical Inquiry.* Oxford, UK: Oxford University Press, 2010.

Friedberg, Arthur. *Coins of the Bible.* Atlanta, GA: Whitman, 2004.

Friedlaender, Julius. "Überprägte antike Münzen." Zeitschrift für Numismatik 4 (1877): 328–349.

Friedman, Milton. *Money Mischief: Episodes in Monetary History.* New York: Harcourt Brace, 1994.

Fulvio, Andrea. *Illustrium Imagines.* Rome: Jacob Mazochius, 1517.

Galton, Francis. "Generic Images." *Proceedings of the Royal Institution 9* (1879): 161–170.

Galton, Francis. *Hereditary Genius: An Inquiry into Its Laws and Consequences.* London: Macmillan, 1869.

Gardner, Percy. *Autobiographica.* Oxford, UK: Basil Blackwell, 1933.

Génébrier, Claude. *Histoire de Carausius, Empereur de la Grande Bretagne.* Paris: Jacques Guerin, 1740.

Gérin-Ricard, H. de, and L'Abbé Arnaud d'Agnel. "Découverte d'un trésor à Tourves en 1366." *Revue numismatique 7* (1903): 164–168.

Gerloff, Wilhelm. *Die Entstehung des Geldes und die Anfäng des Geldwesens,* 3rd ed. Frankfurt am Main: Klostermann, 1947.

Giacobbe, Salvatore, et al. "The Pelorias Shell in the Ancient Coins: Taxonomic Attribution." *Biologia Marina Mediterranea 16* (2009): 134–135.

Gibson, Thomas, ed. *Crosby Records: A Chapter of Lancashire Recusancy.* Manchester: Charles Simms, 1887.

Goetze, Albrecht. "The Laws of Eshnunna." *Annual of the American Schools of Oriental Research 31* (1951–1952): 1–197.

Goetzmann, William. *Money Changes Everything: How Finance Made Civilization Possible.* Princeton, NJ: Princeton University Press, 2016.

le Goff, Jacques. *Money and the Middle Ages.* Malden, MA: Polity Press, 2012.

Goldin, Claudia, and Frank Lewis. "The Economic Cost of the American Civil War: Estimates and Implications." *Journal of Economic History 35* (1975): 299–326.

Goodman, Mark. *Numismatic Photography.* 2nd ed. Irvine, CA: Zyrus Press, 2009.

Gordon, Thomas. *The Roof of the World, Being the Narrative of a Journey Over the High Plateau of Tibet to the Russian Frontier and the Oxus Sources on Pamir.* Edinburgh, UK: Edmonston and Douglas, 1876.

Gorini, Giovanni. "New Studies on Giovanni da Cavino." In *Italian Medals.* Edited by Graham Pollard. Pp. 45–53. Washington, DC: National Gallery of Art, 1987.

Görkay, Kutalmıs. "Zeugma in Light of New Research." In *Stephanèphoros: De l'Économie antique à l'Asie mineure.* Edited by Koray Konuk. Pp. 275–300. Bordeaux, France: Ausonius, 2012.

Grande, Lance. *Curators: Behindthe Scenes of Natural History Museums.* Chicago: University of Chicago Press, 2017.

Grant, Michael. *Roman History from Coins.* Cambridge, UK: Cambridge University Press, 1958.

Green, John, ed. *Essays of Joseph Addison*. London: Macmillan, 1965.

Grierson, Philip. *Numismatics*. Oxford, UK: Oxford University Press, 1975.

Güçlüsoy, Harun, et al. "Status of the Mediterranean Monk Seal, *Monachus monachus* (Hermann, 1779) in the Coastal Waters of Turkey." *Journal of Fisheries and Aquatic Sciences 21* (2004): 201–210.

Guéguen, Nicolas, and Céline Jacob. "Nine-Ending Price and Consumer Behavior: An Evaluation in a New Context." *Journal of Applied Sciences 5* (2005): 383–384.

Guérin, Isabelle. "Le sexe de la monnaie." *Journal des anthropologues 90/91*(2002/ 2003): 213–230.

Guernsey, Jane Howard. *The Lady Cornaro: Pride and Prodigy of Venice*. Clinton Corners, NY: College Avenue Press, 1999.

Guzzo, Pier, ed. *Pompeii: Tales from an Eruption*. Milan, Italy: Electra, 2007.

Haddon, Alfred. "Professor Flinders Petrie's Scheme of an Ethnological Store-House." *Science 6* (1897): 565–567.

Haddon, Alfred. "The Ethnology of Ancient History Deduced from Records, Monuments, and Coins." *Nature 63* (1901): 309–311.

Hardouin, Jean. *Chronologiae ex nummis antiquis restitutae prolusio de nummis Herodiadum*. Paris: J. Anisson, 1693.

Hardouin, Jean. *Ad censuram scriptorum veterum prolegomena*. London: P. Vaillant, 1766.

Harl, Kenneth. *Coinage in the Roman Economy 300 B.C. to A.D. 700*. Baltimore, MD: Johns Hopkins University Press, 1996.

Harris, William V., ed. *Rethinking the Mediterranean*. Oxford, UK: Oxford University Press, 2005.

Harris, William V., ed. *The Monetary Systems of the Greeks and Romans*. Oxford, UK: Oxford University Press, 2008.

Hävernick, Walter. "'Cooperation': Some Thoughts and Suggestions for the Intensification of Numismatic Research." In *Centennial Publication of the American Numismatic Society*. Edited by Harold Ingholt. Pp. 349–352. New York: ANS, 1958.

Head, Barclay. "On the Chronological Sequence of the Coins of Syracuse." Numismatic Chronicle 14 (1874): 1–80.

Head, Barclay. *Historia Numorum*. revised rpt. London: Spink and Son, 1963.

Heath, Sebastian. "One-to-One Digital Photography." *American Numismatic Society Magazine 2* (2003): 44–45.

Hellmann, M.-C. "Wilhelm Froehner, un collectionneur pas comme les autres, 1834–1925." In *L'Anticomanie: La collection des antiquités au 18e et 19e siècles*. Edited by Annie Laurens and Krzystof Pomian. Pp. 251–264. Paris: École des hautes études en sci- ences sociales, 1992.

Hemingway, Seán. "Seafaring, Shipwrecks, and the Art Market in the Hellenistic Age." In *Pergamon and the Hellenistic Kingdoms of the Ancient World*. Edited by Carlos Picón and Seán Hemingway. Pp. 85–91. New York: Metropolitan Museum of Art, 2016.

Hennin, Michel. *Histoire numismatique de la Révolution française: ou, Description raisonnée des médailles, monnaies, et autres monumens numismatiques relatifs aux affaires de la France*. Paris: Merlin, 1826.

Herbert, Kevin. *The John Wulfing Collection in Washington University: Roman Republican Coins*. New York: American Numismatic Society, 1987.

Highfield, Roger, Richard Wiseman, and Rob Jenkins. "In Your Face." *New Scientist 201* (2009): 28–32.

Hill, George, ed. *Corolla Numismatica*. London: Henry Frowde, 1906.

Hoare, Richard Colt. *The Ancient History of Wiltshire*. London: W. Miller, 1812.

Hobbs, Richard. "'Why Are There Always So Many Spoons?' Hoards of Precious Metals in Late Roman Britain." In *Image, Craft and the Classical World*. Edited by Nina Crummy. Pp. 197–208. Montagnac, France: M. Mergoil, 2005.

Hollander, David. *Farmersand Agriculture in the Roman Economy*. NewYork: Routledge, 2018.

Hollard, Dominique. "L'illustration numismatique au XIXe siècle." Revue numismatique 23 (1991): 7–42.

Holt, Frank. "The So-Called Pedigree Coins of the Bactrian Greeks." In *Ancient Coins of the Greco-Roman World: The Nickle Numismatic Papers*. Edited by Waldemar Heckel and Richard Sullivan. Pp. 69–91. Waterloo, Ont.: Wilfrid Laurier University Press, 1984.

Holt, Frank. "Eukratides of Baktria." *Ancient World 27* (1996): 72–76.

Holt, Frank. "The Autobiography of a Coin." *Aramco World 48* (September/ October 1997): 10–15.

Holt, Frank. "Alexander the Great and the Spoils of War." Ancient Macedonia 6 (1999): 499–506.

Holt, Frank. *Thundering Zeus: The Making of Hellenistic Bactria*. Berkeley: University of California Press, 1999.

Holt, Frank. *Alexander the Great and the Mystery of the Elephant Medallions*. Berkeley: University of California Press, 2003.

Holt, Frank. "Bayer's Coin of Eucratides: A Miscalculation Corrected." *Zeitschrift für Papyrologie und Epigraphik 174* (2010): 289–290.

Holt, Frank. *Lost World of the Golden King*. Berkeley: University of California Press, 2012.

Holt, Frank. "Neo-Darwinian Numismatics: A Thought Experiment." In *ΦΙΛΕΛΛΗΝ*. Edited by D. Katsonopoulou and E. Partida. Pp. 1–13. Athens: Helike, 2016.

Holt, Frank. *The Treasures of Alexander the Great*. Oxford, UK: Oxford University Press, 2016.

Holt, Frank. "Alexander's Chin and Nerva's Nose: On the Origins of Narrative Numismatics." *Mnemon 16* (2016): 117–128.

Holt, Frank, and Osmund Bopearachchi, eds. *The Alexander Medallion: Exploring the Origins of a Unique Artefact*. Lacapelle-Marival, France: Imago Lattara, 2011.

Hoover, Oliver. "Paper, Plaster, Sulfur, Foil: A Brief History of Numismatic Data Transmission." *ANS Magazine* (Spring, 2012): 18–26.

Hoover, Oliver, Andrew Meadows, and Ute Wartenberg, eds. *Coin Hoards X: Greek Hoards*. New York: American Numismatic Society, 2010.

Horwitz, Sylvia. *The Find of a Lifetime: Sir Arthur Evans and the Discovery of Knossos*. New York: Viking Press, 1981.

Hoskins, Janet, "Agency, Biography and Objects." In *Handbook of Material Culture*. Edited by Christopher Tilley et al. Pp. 74–84. London: Sage, 2006.

Houghton, Arthur, and Catharine Lorber. *Seleucid Coins: A Comprehensive Catalogue*. 2 vols. New York: American Numismatic Society, 2002.

Houlbrook, Ceri. "The Wishing-Tree of Isle Maree: The Evolution of a Scottish Folkloric Practice." In *The Materiality of Magic: An Artifactual Investigation into Ritual Practices and Popular Beliefs*. Edited by Ceri Houlbrook and Natalie Armitage. Pp. 123–142. Oxford, UK: Oxbow Books, 2015.

Houlbrook, Ceri. "Small Change: Economics and the Coin-Tree in Britain and Ireland." *Post-Medieval Archaeology 49* (2015): 114–130.

Hoving, Thomas. *Making the Mummies Dance*. New York: Touchstone, 1993.

Howgego, Christopher. *Ancient History from Coins*. London: Routledge, 1995.

Hume, Ivor. *A Passion for the Past*. Charlottesville: University of Virginia Press, 2010.

Huntington, Archer. "Annual Address." *Proceedings of the American Numismatic and Archaeological Society* (1907): 24–27.

Huttich, Johann. *Imperatorum et Caesarum Vitae*. Strasbourg, France: Wolfgang Köpfal, 1534.

Ialonga, Nicola, Agnese Vacca, and Luca Peyronel. "Breaking Down the Bullion: The Compliance of Bullion-Currencies with Official Weight-Systems in a Case-Study from the Ancient Near East." *Journal of Archaeological Science 91* (2018): 20–32.

Imhoof-Blumer, Friedrich. "Griechische Überprägungen." Zeitschrift für Numismatik 5 (1878): 143–150.

Iossif, Panagiotis, François de Callataÿ, and Richard Veymiers, eds. *TYΠOI: Greek and Roman Coins Seen through Their Images: Noble Issuers, Humble Users?* Liège, Belgium: Presses Universitaires de Liège, 2018.

Jakobsson, Jens. "The Greeks of Afghanistan Revisited." *Nomismatika Khronika 26* (2007): 51–70.

Jakobsson, Jens. "A Possible New Indo-Greek King Zoilos III, and an Analysis of Realism on Indo-Greek Royal Portraits." *Numismatic Chronicle 170* (2010): 35–51.

Jankowski, Lyce. "Studying Coin Related Objects and Redefining Paranumismatics." In *XV International Numismatic Congress Taormina 2015 Proceedings*. Vol. I. Edited by Maria Caccamo Caltabiano. Pp. 179–182. Rome: Arbor Sapientiae, 2017.

Jankowski, Lyce. *Les amis des monnaies: La sociabilité savante des collectionneurs et numis- mates chinois de la fin des Qing.* Paris: Maisonneuve & Larose, 2018.

Jenkins, G.K. *Ancient Greek Coins.* 2nd ed. London: Seaby, 1990.

Jenkinson, Jodie. "Face Facts: A History of Physiognomy from Ancient Mesopotamia to the End of the 19th Century." *Journal of Biocommunications 24* (1997): 2–7.

Jennings, Paul. "Report on Resistentialism." *Spectator 180* (April 23, 1948): 491.

Jensen, Jørgen. "Christian Jürgensen Thomsen." *Compte rendu 62* (2015): 31–40.

Jobert, Louis. *La science des médailles antiques et modernes.* Amsterdam: Compagnie, 1717.

Johnson, Charles, ed. *The De Moneta of Nicholas Oresme and English Mint Documents.* London: Thomas Nelson, 1956.

Joseph, Frances. "Power-Policy Numismatics and Demetrius I of Bactria's Minting System." *Ancient West and East 17* (2018): 187–201.

Kagan, Jonathan. "Maximilian John Borrell (c. 1802–1870) Dealer, Collector, and Forgotten Scholar and the Making of the *Historia Numorum*." In *ΚΑΙΡΟΣ: Contributions to Numismatics in Honor of Basil Demetriadi.* Edited by Ute Wartenberg and Michel Amandry. Pp. 83–95. New York: American Numismatic Society, 2015.

Kagan, Ute Wartenberg. "The Perception of Ancient Myths: Narratives and Representations." In *Words and Coins from Ancient Greece to Byzantium.* Edited by Vasiliki Penna. Pp. 53–63. Ghent, Belgium: MER, 2012.

Kagan, Ute Wartenberg. "Collecting Coins and the Conflict in Syria." From a symposium organized by the Department of State and the Metropolitan Museum of Art, titled "Conflict Antiquities: Forging a Public/Private Response to Save Iraq and Syria's Endangered Cultural Heritage." September 29, 2015. https://eca.state.gov/files/ bureau/wartenbergsyria-coincollecting.pdf.

Kapparis, Konstantinos. *Prostitution in the Ancient Greek World.* Berlin: de Gruyter, 2018.

Keller, Arnold. *Das Notgeld besonderer Art*. rpt. Munich, Germany: Battenberg, 1977.

Kelly, Brian. *The Bitcoin Big Bang: How Alternative Currencies Are about to Change the World*. Hoboken, NJ: Wiley, 2015.

Kemmers, Fleur, and Nanouschka Myrberg. "Rethinking Numismatics: The Archaeology of Coins." *Archaeological Dialogues 18* (2011): 87–108.

Kinns, Philip. "Two Eighteenth-Century Studies of Greek Coin Hoards: Bayer and Pellerin." In *Medals and Coins from Budé to Mommsen*. Edited by Michael Crawford et al. Pp. 101–114. London: Warburg Institute, 1990.

Kleeberg, John. "The Law and Practice Regarding Coin Finds: Treasure Trove Law in the United States." *Compte rendu 53* (2006): 13–26.

Kleeberg, John. *Numismatic Finds of the Americas: An Inventory*. New York: American Numismatic Society, 2009.

Kleiner, Fred. *The Arch of Nero in Rome: A Study of the Roman Honorary Arch before and under Nero*. Rome: Bretschneider, 1985.

Kovalenko, Sergei. "The Law and Practice Regarding Coin Finds: Russian Legislation on Coin Finds." *Compte rendu 63* (2016): 21–23.

Kraay, Colin. "Greek Coinage and War." In *Ancient Coins of the Greco-Roman World: The Nickle Numismatic Papers*. Edited by Waldemar Heckel and Richard Sullivan. Pp. 3–18. Waterloo, Ont.: Wilfrid Laurier University Press, 1984.

Krmnicek, Stefan, and Jérémie Chameroy, eds. *Money Matters: Coin Finds and Ancient Coin Use*. Bonn, Germany: Rudolf Habelt, 2019.

Kroll, John. "What about Coinage?," In *Interpreting the Athenian Empire*. Edited by John Ma, Nikolaos Papazarkadas, and Robert Parker. Pp. 195–209. London: Duckworth, 2009.

Kuria, J.K.N., et al. "Profile of Bacteria and Fungi on Money Coins." *East African Medical Journal 86* (2009): 151–155.

Kurke, Leslie. *Coins, Bodies, Games, and Gold*. Princeton, NJ: Princeton University Press, 1999.

Kwarteng, Kwasi. *War and Gold*. New York: Public Affairs, 2014.

Lane-Poole, Stanley, ed., *Coins and Medals: Their Place in History and Art*. 3rd ed. London: Elliot Stock, 1894.

Larson, Charles. *Numismatic Forgery*. Irvine, CA: Zyrus Press, 2004.

Laum, Bernhard. *Heiliges Geld: Eine historische Untersuchung über den sakralen Ursprung des Geldes*. Tübingen, Germany: Mohr, 1924.

Lavater, Johann Caspar. *Physiognomische Fragmente*. 4 vols. Leipzig, Germany: Weidmann, Reich, Steiner, 1778.

Lazar, Estelle. "The Victims of the Cataclysm." In *The World of Pompeii*. Edited by John Dobbins and Pedar Foss. Pp. 607–619. London: Routledge, 2008.

Lazius, Wolfgang. *Commentariorum rerum Graecarum libri II*. Vienna: Raphael Hoffhalter et Michael Zimmermann, 1558.

Lee, Lori. "Beads, Coins, and Charms at a Poplar Forest Slave Cabin (1833–1858)." *Northeast Historical Archaeology 40* (2011): 104–122.

Leslie, Shane, and Ronald Knox, eds. *The Miracles of King Henry VI*. Cambridge, UK: Cambridge University Press, 1923.

Levey, Martin. "Medieval Arabic Minting of Gold and Silver Coins." *Chymia 12* (1967): 3–14.

Li, Qiang. "Roman Coins Discovered in China and Their Research." *Eirene 51* (2015): 279–299.

Liampi, Katerini. "NIKA, ΛΕΙΑ: Graffiti on Sicyonian and Theban Staters in a New Hoard from Boeotia/Beginning of 2000." *American Journal of Numismatics 20* (2008): 209–226.

Lightfoot, Christopher. "Royal Patronage and the Luxury Arts." In *Pergamon and the Hellenistic Kingdoms of the Ancient World*. Edited by Carlos Picón and Seán Hemingway. Pp. 77–83. New York: Metropolitan Museum of Art, 2016.

Lockyear, Kris. *Patterns and Process in Late Roman Republican Coin Hoards 157–2 BC*. Oxford, UK: Archaeopress, 2007.

Lockyear, Kris. "Mind the Gap! Roman Republican Coin Hoards from Italy and Iberia at the End of the Second Century B.C." *Numismatic Chronicle 178* (2018): 123–164.

Lombroso, Cesare. *L'uomo delinquente*. Milan, Italy: Ulrico Hoepli, 1876.

Lorber, Catharine. "The Garretts of Baltimore: Collectors and Patrons." In *The Garrett Collection, Part I*. Pp. 9–59. Beverly Hills, CA: Numismatic Fine

Arts, 1984.

Lorber, Catharine. *Treasures of Ancient Coinage from the Private Collections of American Numismatic Society Members*. Lancaster, PA: Chrysopylon, 1996.

Lorber, Catharine. *Coins of the Ptolemaic Empire*. 2 vols. New York: American Numismatic Society, 2018.

Lovejoy, A.L., and Henry E. Reed. "Lovejoy's Pioneer Narrative, 1842–48." *Oregon Historical Quarterly 31* (1930): 237–60.

Mackay, James. *Key Definitions in Numismatics*. London: Frederick Muller, 1982.

Malafouris, Lambros, and Colin Renfrew, eds. *The Cognitive Life of Things*. Oakville, CT: David Brown, 2010.

Mallowan, Max. *Mallowan's Memoirs*. New York: Dodd, Mead & Co., 1977.

Martin, Felix. *Money: The Unauthorized Biography*. New York: Knopf, 2013.

Martin, Thomas. *Sovereignty and Coinage in Classical Greece*. Princeton, NJ: Princeton University Press, 1985.

Martire d'Anghiera, Pietro. *De Novo Orbe*. vol. 2. Trans. Francis MacNutt. New York: Putnam's, 1912.

Mastrolorenzo, Giuseppe, et al. "Herculaneum Victims of Vesuvius in AD 79." *Nature 410* (2001): 769–770.

Mattingly, Harold. "The 'Restored' Coins of Titus, Domitian and Nerva." *Numismatic Chronicle 20* (1920): 177–207.

Mattingly, Harold. "The Restored Coins of Trajan." *Numismatic Chronicle 6* (1926): 232–278.

Mattingly, Harold. "The Mesagne Hoard and the Coinage of the Late Republic." *Numismatic Chronicle 155* (1995): 101–108.

Mattingly, Harold B. *From Coins to History: Selected Numismatic Studies*. Ann Arbor, MI: University of Michigan Press, 2003.

McConnell, Joseph, et al. "Lead Pollution Recorded in Greenland Ice." *Proceedings of the National Academy of Sciences 115* (2018): 5726–5731.

McCullough, David. *The Wright Brothers*. New York: Simon & Schuster, 2015.

McNeil, Cameron, ed. *Chocolate in Mesoamerica: A Cultural History of*

Cacao. Gainesville: University Press of Florida, 2009.

Meadows, Andrew, and Kirsty Shipton, eds. *Money and Its Uses in the Ancient Greek World.* Oxford, UK: Oxford University Press, 2001.

Medd, Charles. *The Value of Numismatics in the Study of Ancient History.* Oxford, UK: Shrimpton, 1865.

Meijer, Miriam. *Race and Aesthetics in the Anthropology of Petrus Camper (1722–1789).* Amsterdam: Rodopi, 1999.

Metcalf, William, ed. *The Oxford Handbook of Greek and Roman Coinage.* Oxford, UK: Oxford University Press, 2012.

Milne, John G. "A Note on the Harkirke Find." *Numismatic Chronicle 15* (1935): 292.

Mionnet, Théodore-Edme. *Description de médailles antiques grecques et romaines.* 16 vols. Paris: de Testu, 1806–1838.

Momigliano, Arnaldo. "Ancient History and the Antiquarian." *Journal of the Warburg and Courtauld Institutes 13* (1950): 285–315.

Mommsen, Théodore. *Histoire de la monnaie romaine.* Vol. 3. Paris: Franck, 1873.

Montagu, Hyman. "On Some Unpublished and Rare Greek Coins in My Collection." *Numismatic Chronicle 12* (1892): 37–38.

Mooney, Annabelle. *The Language of Money.* New York: Routledge, 2018.

Morrisson, Cécile. *La Numismatique.* Paris: Presses Universitaires de France, 1992.

Mueller-Reichau, Wolf. *Naves in nummis.* Laboe, Germany: Privately Published, 1974.

Mühlenbrock, Josef, and Dieter Richter, eds. *Verschüttet von Vesuv: Die letzten Stunden von Herculaneum.* Mainz, Germany: Philipp von Zabern, 2005.

Napolitano, Maria Luisa. *Hubertus Goltzius e la Magna Grecia: dalle Fiandre all'Italia del Cinquecento.* Naples, Italy: Luciano Editore, 2011.

Natelson, Robert. "Paper Money and the Original Understanding of the Coinage Clause." *Harvard Journal of Law and Public Policy 31* (2008): 1017–1081.

Newell, Edward. *Royal Greek Portrait Coins.* Racine, WI: Whitman Publishing, 1937.

Newell, Edward. *The Coinage of the Eastern Seleucid Mints*. New York: American Numismatic Society, 1938.

Nicolet-Pierre, Hélène. *Numismatique Grecque*. Paris: Armand Colin, 2005.

Noe, Sydney. *Coin Hoards*. New York: American Numismatic Society, 1920.

Noe, Sydney. *A Bibliography of Greek Coin Hoards*. New York: American Numismatic Society, 1935.

Noe, Sydney. *A Bibliography of Greek Coin Hoards*. 2nd ed. New York: American Numismatic Society, 1937.

de Nolhac, Pierre. *La Bibliothèque de Fulvio Orsini*. Paris: F. Vieweg, 1887.

Novacek, Michael. *Time Traveler: In Search of Dinosaurs and Ancient Mammals from Montana to Mongolia*. New York: Farrar, Straus and Giroux, 2002.

O'Hara, Sara, et al. "Gastric Retention of Zinc-Based Pennies: Radiographic Appearance and Hazards." *Radiology 213* (1999): 113–117.

Oommen, Anitha, and T. Oommen. "Physiognomy: A Critical Review." *Journal of the Anatomical Society of India 52* (2003): 189–191.

Orrell, David, and Roman Chlupatý. *The Evolution of Money*. New York: Columbia University Press, 2016.

Orsini, Fulvio. *Familiae Romanae*. Rome: Tramezini, 1577.

Paine, Ralph. *The Book of Buried Treasure*. New York: MacMillan, 1911.

Pamuk, Orhan. *My Name Is Red*. Transl. Erdag Göknar. New York: Vintage, 2001.

Parker, James. *The Early History of Oxford*. Oxford, UK: Clarendon Press, 1885.

Patin, Charles. *Introduction à l'histoire, par la connaissance des mèdailles*. Paris: Jean Du Bray, 1665.

Patin, Gabrielle Charlotte. *De Phœnice in numismate imperatoris Caracallœ expressa epis- tola*. Venice, Italy: Franciscum Valuasensem, 1683.

Pellegrino, Charles. *Ghosts of Vesuvius*. New York: William Morrow, 2004.

Penna, Vasiliki. "Ancient Greek Coins on Greek Banknotes." *Abgadiyat 5* (2010): 50–61.

Penna, Vasiliki. "Coins and Words: Perception and Metaphor." In *Words and Coins from Ancient Greece to Byzantium*. Edited by Vasiliki Penna. Pp.

13–18. Ghent, Belgium: MER, 2012.

Perassi, Claudia. "Monete Amuleto e Monete Talismano." *Numismatica e Antichità Classiche 50* (2011): 223–274.

Perassi, Claudia. "Gioielli monetali romani dai cataloghi d'asta: Un aggiornamento (2006–2016)." *Rivista Italiana di Numismatica e Scienze Affini 118* (2017): 227–258.

Perrot, Sylvain. "Elephants and Bells in the Greco-Roman World: A Link between the West and the East?" *Music in Art 38* (2013): 27–35.

Petrie, Flinders. "The Use of Diagrams." *Man 2* (1902): 81–85.

Petrie, Flinders. *The Palace of Apries*. London: School of Archaeology in Egypt, 1909.

Phillips, Marcus. "Pelhauquins: Plumbeam Pecuniam de qua Luditur." *Journal of the London Numismatic Society 7* (1987): 39–40.

Pick, Behrendt. *Aufsätze zur numismatik und archäologie*. Jena, Germany: Frommannsche buchhandlung, 1931.

Pinkerton, John. *An Essay on Medals*. London: J. Dodsley, 1784.

Pointer, John. *Britannia Romana*. Oxford, UK: Litchfield, 1724.

Ponting, Matthew. "The Substance of Coinage: The Role of Scientific Analysis in Ancient Numismatics." In *The Oxford Handbook of Greek and Roman Coinage*. Edited by William E. Metcalf. Pp.12–30. Oxford, UK: Oxford University Press, 2012.

Ponting, Matthew, and Kevin Butcher. *The Metallurgy of Roman Silver Coinage: From the Reform of Nero to the Reform of Trajan*. Oxford, UK: Oxford University Press, 2014.

Poole, Federico. "'All That Has Been Done to the Shabtis': Some Considerations on the Decree for the Shabtis of Neskhons and P. BM EA 10800." *Journal of Egyptian Archaeology 91* (2005): 165–170.

Poole, Stanley Lane. "On the Coins of the Urtukis." *Numismatic Chronicle 13* (1873): 254–301.

Popper, Nathaniel. *Digital Gold*. New York: Harper Collins, 2015.

Portères, Roland. "La monnaie de fer dans l'Ouest-Africain au XXe siècle." *Recherches Africaines 4* (1960): 3–13.

Powell, Marvin. "Money in Mesopotamia." *Journal of the Economic and*

Social History of the Orient 39 (1996): 224–242.

Price, Martin. *The Coinage in the Name of Alexander the Great and Philip Arrhidaeus.* 2 vols. London: British Museum, 1991.

Puglisi, Mariangela. "Water Fauna and Sicilian Coins from the Greek Period." In *SOMA 2011: Proceedings of the 15th Symposium on Mediterranean Archaeology.* vol. 2. Edited by Pietro Militello and Hakan Öniz. Pp. 763–778. Oxford, UK: Archaeopress, 2015.

Rambach, Hadrien. "Collectors at Auction, Auctions for Collectors." *Schweizer Münzblätter 60* (2010): 35–43.

Regling, Kurt. *Terina.* Berlin: Georg Reimer, 1906.

Renfrew, Colin, and Paul Bahn. *Archaeology: Theories, Methods and Practice.* 3rd ed. New York: Thames and Hudson, 2000.

Reynolds, L.D., and N.G. Wilson. *Scribes and Scholars: A Guide to the Transmission of Greek and Latin Literature.* 4th ed. Oxford, UK: Oxford University Press, 2013.

Richardson, Darcy. *Others: Third Party Politics from the Nation's Founding to the Rise and Fall of the Greenback-Labor Party.* New York: Universe, 2004.

Richter, Gisela. "Late Hellenistic Portraiture." *Archaeology 16* (1963): 25–28.

Ripollès, Pere, and Alejandro Singer. "Coin Evidence for Palaeohispanic Languages." In *Palaeohispanic Languages and Epigraphies.* Edited by Alejandro Sinner and Javier Velaza. Pp. 365–395. Oxford, UK: Oxford University Press, 2019.

Roberts, Keith. *The Origins of Business, Money, and Markets.* New York: Columbia University Press, 2011.

Robertson, Anne. *An Inventory of Romano-British Coin Hoards.* London: Royal Numismatic Society, 2000.

Robson, Eleanor, Luke Treadwell, and Chris Gosden, eds. *Who Owns Objects? The Ethics and Politics of Collecting Cultural Artefacts.* Oxford, UK: Oxbow, 2005.

Rogoff, Kenneth. *The Curse of Cash: How Large-Denomination Bills Aid Crime and Tax Evasion and Constrain Monetary Policy.* Princeton, NJ: Princeton University Press, 2016.

Rouillé, Guillaume. *Promptuaire des médailles des plus renommées personnes qui ont esté depuis le commencement du monde*. Lyon: Rouillé, 1553.

Rowan, Clare. "Slipping Out of Circulation: The After-Life of Coins in the Roman World." *Journal of the Numismatic Association of Australia 20* (2009): 3–14.

Rowlandson, Jane. "Money Use among the Peasantry of Ptolemaic and Roman Egypt." In *Money and Its Uses in the Ancient Greek World*. Edited by Andrew Meadows and Kirsty Shipton. Pp. 145–155. Oxford, UK: Oxford University Press, 2001.

Russell, Ian. "Objects and Agency: Some Obstacles and Opportunities of Modernity." *Journal of Iberian Archaeology 9/10* (2007): 71–87.

Sanburn, Josh. "Waiting for Change." *Time 181*, no. 4 (2013): 37–40.

Sarianidi, Victor. *The Golden Hoard of Bactria*. New York: Abrams, 1985.

Sayles, Wayne. *Ancient Coin Collecting*. 4 vols. Iola, KS: Krause, 1996.

Scarth, Alwyn. *Vesuvius: A Biography*. Princeton, NJ: Princeton University Press, 2009.

Schaps, David. *The Invention of Coinage and the Monetization of Ancient Greece*. Ann Arbor: University of Michigan Press, 2004.

Schaps, David. "What Was Money in Ancient Greece?" In *The Monetary Systems of the Greeks and Romans*. Edited by William Harris. Pp. 38–48. Oxford, UK: Oxford University Press, 2008.

Schlanger, Nathan. "Coins to Flint: John Evans and the Numismatic Moment in the History of Archaeology." *European Journal of Archaeology 14* (2011): 465–479.

Schmidt, Christopher, and Steven Symes, eds. *The Analysis of Burned Human Remains*. 2nd ed. London: Academic Press, 2015.

Schwei, David. "The Reactions of Mint Workers to the Tumultuous Second Reign of Demetrius II Nicator." *American Journal of Numismatics 28* (2016): 65–104.

Seaford, Richard. *Money and the Early Greek Mind*. Cambridge, UK: Cambridge University Press, 2004.

Sehgal, Kabir. *Coined: The Rich Life of Money and How Its History Has Shaped Us*. New York: Grand Central, 2015.

Shell, Marc. *Wampum and the Origins of American Money*. Champaign:

University of Illinois, 2013.

Shelton, Maurice. *An Historical and Critical Essay on the True Rise of Nobility, Political and Civil.* 2nd ed. London: St. Paul's Church-Yard, 1720.

Sheppard, Kathleen. "Flinders Petrie and Eugenics at UCL." *Bulletin of the History of Archaeology 20* (2010): 16–29.

Simmons, Matty. "The Day Cash Died." *Saturday Evening Post 288* (March/April, 2016): 82–85.

Soren, David. *Kourion.* New York: Doubleday, 1988.

Spanheim, Ezekiel. *Les Césars de l'Empereur Julien.* Amsterdam: François L'Honoré, 1728.

Spelman, John. *Aelfredi Magni Anglorum Regis.* Oxford, UK: Theatro Sheldoniano, 1678.

Spinicci, Paolo. "Portraits: Some Phenomenological Remarks." *Proceedings of the European Society for Aesthetics 1* (2009): 37–59.

Spon, Jakob. *Recherches curieuses d'Antiquité.* Lyons, France: Thomas Amaulry, 1683.

Spufford, Peter. *Money and Its Use in Medieval Europe.* Cambridge, UK: Cambridge University Press, 1989.

Stahl, Alan. "Coinage in the Name of Medieval Women." In *Medieval Women and the Sources of Medieval History.* Edited by Joel Rosenthal. Pp. 321–341. Athens, GA: University of Georgia Press, 1990.

Stahl, Alan, ed. *The Rebirth of Antiquity: Numismatics, Archaeology, and Classical Studies in the Culture of the Renaissance.* Princeton, NJ: Princeton University Press, 2009.

Stahl, Alan. "Learning from the Zecca: The Medieval Mint of Venice as a Model of Pre-Modern Minting." *Numismatic Chronicle 171* (2011): 347–354.

Stannard, Clive, and Suzanne Frey-Kupper. "'Pseudomints' and Small Change in Italy and Sicily in the Late Republic." *American Journal of Numismatics 20* (2008): 351–404.

Stolba, Vladimir. "Fish and Money: Numismatic Evidence for Black Sea Fishing." In *Ancient Fishing and Fish Processing in the Black Sea Region.* Edited by Tønnes Bekker-Nielsen. Pp. 115–203. Aarhus, Denmark: Aarhus

University Press, 2005.

Strada, Jacopo. *Epitome Thesauri Antiquitatem*. Lyons, France: Strada and Guérin, 1553.

Strang, Veronica, and Mark Busse, eds. *Ownership and Appropriation*. Oxford, UK: Berg, 2011.

Stroud, Ronald. "An Athenian Law on Silver Coinage." *Hesperia 43* (1974): 157–188.

Suspene, Arnaud, and Maryse Blet-Lemarquand. "Un coin augustéen d'époque mo-derne conservé au Louvre." *Bulletin de la Société Française de Numismatique 71* (2016): 34–40.

Sutherland, C.H.V. *Roman History and Coinage 44 BC–AD 69*. Oxford, UK: Clarendon Press, 1987.

Sydenham, Edward. *The Coinage of the Roman Republic*. London: Spink, 1952.

Tarn, William W. *The Greeks in Bactria and India*. 1st ed. Cambridge, UK: Cambridge University Press, 1938.

Thierry, François. *Les monnaies de la Chine ancienne. Des origines à la fin de l'Empire*. Paris: Les Belles Lettres, 2017.

Thompson, J.D.A. *Inventory of British Coin Hoards A.D 600–1500*. Oxford, UK: Royal Numismatic Society, 1956.

Thompson, Margaret. *Alexander's Drachm Mints I: Sardesand Miletus*. New York: American Numismatic Society, 1983.

Thompson, Margaret, Otto Mørkholm, and Colin Kraay, eds. *An Inventory of Greek Coin Hoards*. New York: American Numismatic Society, 1973.

Thonemann, Peter. *The Hellenistic World: Using Coins as Sources*. Cambridge, UK: Cambridge University Press, 2015.

Thornton, John. *Africa and Africans in the Making of the Atlantic World, 1400–1800*. 2nd ed. New York: Cambridge University Press, 1998.

Toll, Christopher. "Minting Technique According to Arabic Literary Sources." *Orientalia Suecana 19/20* (1970/71): 125–139.

Trigger, Bruce. *A History of Archaeological Thought*. 2nd ed. Cambridge, UK: Cambridge University Press, 1996.

Trilling, Lionel. *The Liberal Imagination*. New York: New York Review

Books Classics, 1950.

Tselekas, Panagiotis. "Treasures from the Deep: Coins from Hellenistic and Roman Republican Shipwrecks." In *Les monnaies de fouille du monde grec (vie-ier s. a.C.): Apports, approches et méthodes*. Edited by Frédérique Duyrat and Catherine Grandjean. Pp. 147–156. Bordeaux, France: Ausonius, 2016.

Tucci, Pier. "Where High Moneta Leads Her Steps Sublime: The 'Tabularium' and the Temple of Juno Moneta." *Journal of Roman Archaeology 18* (2005): 6–33.

Tuplin, Christopher. "The Changing Pattern of Achaemenid Persian Royal Coinage." In *Explaining Monetary and Financial Innovation*. Edited by Peter Bernholz and Roland Vaubel. Pp. 127–168. Cham, Germany: Springer, 2014.

Tyrer, Frank. "A Star Chamber Case: *ASSHETON v. BLUNDELL*, 1624–31." *Transactions of the Historic Society of Lancashire and Cheshire 118* (1966/67): 19–37.

van Alfen, Peter. "Muddle Wrestling: Grappling for Conceptual Clarity in Archaic Greek Money." In M. Canevaro, A. Erskine, B. Grey, and J. Ober, eds. *Ancient Greek History and Contemporary Social Science*. Pp. 485–511. Edinburgh, UK: Edinburgh University Press, 2018.

van der Spek, R.J. and Bas van Leeuwen, eds. *Money, Currency and Crisis: In Search of Trust, 2000 BC to AD 2000*. London: Routledge: 2018.

Vargha, Mária. *Hoards, Grave Goods, Jewelry: Objects in Hoards and in Burial Contexts during the Mongol Invasion of Central-Eastern Europe*. Oxford, UK: Archaeopress Publishing, 2015.

Vaux, W.S.W. "On an Unique Coin of Platon, a King of Bactriana." *Numismatic Chronicle 15* (1875): 1–19.

Vico, Enea. *Imagini con tutti i riversi trovati et le vite degli imperatori*. Venice, Italy: Enea Vico, 1548.

Vico, Enea. *Discorsi di M. Enea Vico Parmigiano, sopra le medaglie de gli antichi*. Venice, Italy: Gabriele Giolito De Ferrari, 1555.

Vico, Enea. *Imagini delle Donne Auguste Intagliate in Istampa di Rame*. Venice, Italy: Erasmo, 1557.

Vigna, Paul and Michael Casey. *The Age of Cryptocurrency*. New York: Picador, 2015.

de Villenoisy, François. *Le denier de Judas du Convent des Capucins d'Enghien*. Enghien, Belgium: Spinet, 1900.

Von Reden, Sitta. *Money in Ptolemaic Egypt*. Cambridge, UK: Cambridge University Press, 2007.

Von Reden, Sitta. *Money in Classical Antiquity*. Cambridge, UK: Cambridge University Press, 2010.

Walckenaer, Charles-Athanase. "Notice historique sur la vie et les ouvrages de M. Mionnet." *Mémoires de l'Institut national de France 16* (1850): 201–219.

Walker, Obadiah. *The Greek and Roman History Illustrated by Coins & Medals, Representing Their Religions, Rites, Manners, Customs, Games, Feasts, Arts and Sciences Together with a Succinct Account of Their Emperors, Consuls, Cities, Colonies and Families, in Two Parts, Necessary for the Introduction of Youth into All the Useful Knowledge of Antiquity*. London: Croom, 1692.

Wang, Helen. *Money on the Silk Road*. London: British Museum, 2004.

Warburton, David. "Work and Compensation in Ancient Egypt." *Journal of Egyptian Archaeology 93* (2007): 175–194.

Weatherford, Jack. *The History of Money*. New York: Three Rivers Press, 1997.

Wenghofer, Richard, and Del John Houle. "Marriage Diplomacy and the Political Role of Royal Women in the Seleukid Far East." In *Seleukid Royal Women: Creation, Representation and Distortion of Hellenistic Queenship in the Seleukid Empire*. Edited by Altay Coskun and Alex McAuley. Pp. 191–207. Stuttgart, Germany: Franz Steiner Verlag, 2016.

Wigg-Wolf, David. "Dating Kalkriese: The Numismatic Evidence." In *Römische Präsenz und Herrschaft im Germanien der augusteischen Zeit*. Edited by Gustav Lehmann and Rainer Wiegels. Pp.119–134. Göttingen, Germany: Vandenhoeck and Ruprecht, 2007.

Willey, Gordon, and Philip Phillips. *Method and Theory in American Archaeology*. Chicago: University of Chicago, 1958.

Williams, Daniela. "Charlotte Sophie Bentinck, Joseph Eckhel and

Numismatics." *Virtus: Journal of Nobility Studies 25* (2018): 127–143.

Williams, Daniela. "Osman Bey of Constantinople: A Late 18th Century Forger of Ancient Coins." *Revue numismatique 176* (2019): 361–383.

Williams, Daniela, and Bernhard Woytek. "The Scholarly Correspondence of Joseph Eckhel (1737–1798): A New Source for the History of Numismatics." *Haller Münzblatter 8* (2015): 45–56.

Wood, John. *A Journey to the Source of the River Oxus.* 2nd ed. London: John Murray, 1872.

Woolf, Daniel. "Little Crosby and the Horizons of Early Modern Historical Culture." In *The Historical Imagination in Early Modern Britain.* Edited by Donald Kelley and David Sacks. Pp. 93–132. Cambridge, UK: Cambridge University Press, 1997.

Yourcenar, Marguerite. *A Coin in Nine Hands: A Novel.* New York: Farrar, Straus and Giroux, 1982.

Zeuner, Frederick. "Dolphins on Coins of the Classical Period." *Bulletin of the Institute of Classical Studies 10* (1963): 97–103.

Zhou, Xinyue, Sara Kim, and Lili Wang. "Money Helps When Money Feels: Money Anthropomorphism Increases Charitable Giving." *Journal of Consumer Research 45* (2019): 953–972.

Zwart, Pieter. *Islington: A History and Guide.* London: Sidgwick & Jackson, 1973.

索 引

（页码后的 f 表示相应页码上的图片，索引页码为英文原书页码，即本书页边码）

图书在版编目（CIP）数据

会说话的钱：钱币与钱币学的历史 /（美）弗兰克
·L. 霍尔特 (Frank L. Holt) 著；霍涵一，茆安然译 .
北京：社会科学文献出版社，2024.12. -- ISBN 978-7
-5228-4170-0

Ⅰ . F82

中国国家版本馆 CIP 数据核字第 2024ES9890 号

会说话的钱：钱币与钱币学的历史

著　者 /［美］弗兰克·L. 霍尔特（Frank L. Holt）
译　者 / 霍涵一　茆安然

出 版 人 / 冀祥德
责任编辑 / 杨　轩
文稿编辑 / 梅怡萍
责任印制 / 王京美

出　　版 / 社会科学文献出版社（010）59367069
　　　　　地址：北京市北三环中路甲29号院华龙大厦　邮编：100029
　　　　　网址：www.ssap.com.cn
发　　行 / 社会科学文献出版社（010）59367028
印　　装 / 三河市东方印刷有限公司

规　　格 / 开　本：889mm×1194mm　1/32
　　　　　印　张：12.25　插　页：0.25　字　数：240 千字
版　　次 / 2024年12月第1版　2024年12月第1次印刷
书　　号 / ISBN 978-7-5228-4170-0
著作权合同
登 记 号 / 图字01-2024-4558号
定　　价 / 98.00元

读者服务电话：4008918866